홀로 두 발로 삼천킬로미터

코리아 둘레길 남파랑길과 서해랑길 이야기

홀로 두 발로 삼천킬로미터

코리아 둘레길 남파랑길과 서해랑길 이야기

류규형 지음

경진출판

걷는다는 것은

걷는다는 것은
산처럼 갇힌 마음
활짝 열어보는 것이다

밤새 일렁이며 수평선 지키는
파도의 친구가 되고
파도와 함께 노는
갈매기의 친구가 되어 보는 일이다

해변의 주인 잃은 의자에 앉아 보고
염부가 피워 올린 소금꽃 머금고
뻘배 미끄러지는 갯벌에 서서
먼 듯 가까운 듯 나를 바라보는 일이다

등 굽은 해파랑길 750킬로미터
잔주름 깊이 파인 남파랑길 1470킬로미터
앞가슴 넉넉한 서해랑길 1800킬로미터
걸어온 길 아득하고

걸어갈 길 까마득해도

함부로 갈 수 없는 모든
차가 다니는 길 다니지 못하는 길
자전거가 가는 길 가지 못하는 길을
천천히 혼자 걸어가 보는 일이다

하루를 열흘처럼 마디게 살고
갉히고 뒤틀린 마음
갈고 바로잡아
한 걸음 또 한 걸음

당신에게 가까워지는 일이다

혼자 걷기 여행을 시작하였다. 딱히 그럴 듯한 이유를 찾지 못하였다. 직장생활을 하며 마라톤 풀코스를 28회 완주하고, 강화도와 천진암에서 100킬로미터 울트라 마라톤을 열네 시간에 완주했다. 정형외과 의사는 '아픈 왼 무릎보다 오른쪽이 더 나쁘다'며 더 이상 뛰지 말라고 했다. 뛰지 못하니 걷겠다는 보상 심리가 작용했는지 모른다.

2017년 9월 30일, 긴 추석 연휴를 어찌 보낼까 궁리하다 부산 오륙도를 찾았다. 처음엔 해파랑길을 시작하는 부산 구간만 걸어보자는 막연한 생각이었다. 3박 4일 부산 구간을 다녀오고 다음 구간이 궁금해졌다. 7차에 걸친 걷기 일정으로 21일 만에 750킬로미터를 걸어 최북단 명파 해변에 도착했다.

풍광은 바라보는 위치에 따라 느낌이 달라진다. 평지에서 볼 때와 높은 산 위에서 바라보는 감흥이 다르다. 걸으면서 보는 것과 멈추어 서서 보이는 것들이 있다. 혼자 걸을 때와 함께 걸을 때 보는 느낌도 다르다. 한발 한발 걸으며 느끼는 것과 승용차로 지나가거나 자전거로 페달을 저어가며 바라보는 풍광은 느낌이 같을 수 없다. 승용차나 자전거는 산길을 오르지 못하고 조붓한 바닷길을 가지 못한다. 오직 걷는 사람만이 누릴 수 있는 특권이다. 왜 걷는지 한마디로 표현하기 어렵다. 권두시 〈걷는다는 것은〉에 의미가 조금 담겨 있다.

해파랑길을 걷고 시와 소설을 공부하며 딴청을 부렸다. 아마도 내겐 아직도 내재되어 있는 욕심이 많은가 보다. 내재된 그 무엇이 4년 만에 다시 나를 바닷길로 내

몰았다. 이번 걷기 여행의 출발도 추석 연휴인 2021년 9월 21일이다. 집을 나서며 1470킬로미터의 남파랑길을 걷겠다는 생각은 하지 않았다. 우선 긴 거리도 문제지만 수도권에서 멀리 떨어진 접근성이 더 마음에 걸렸다. 남해안 길게 이어진 길은 걸어도걸어도 집과 가까워지지 않는다.

처음엔 남해도 바래길을 걸어보자고 생각했다. 남해도는 진주에서 근무할 때 한 달에 두 번씩 갔던 곳이다. 남해대교를 다녀온 대학 졸업여행도 아련함이 남아 있다. 남해 바래길 16개 코스는 11개 코스가 남파랑길과 겹친다. 바래길 걷기의 시작이 남파랑길에 발을 들여놓는 단초가 된 셈이다.

남파랑길의 중간 정도 되는 남해에서 걷기 시작한 것이 신의 한 수가 되었다. 아마도 부산이나 해남 땅끝에서 시작하였다면 두세 번 다녀오고 두 손 들었을지 모른다. 남해 바래길을 걷고, 해남 땅끝에서 강진, 그리고 남해대교에서 장흥까지 이어서 걸었다. 마지막으로 부산 오륙도에서 삼천포까지 걸어서 남파랑길 도보 여행을 끝마쳤다.

해남 땅끝 탑을 돌아 나올 때 본 왼편에 걸려 있는 서해랑길 안내 리본이 남파랑길을 걷는 내내 눈에 밟히더니 서해랑길을 걸어야 한다는 사명 같은 게 마음 한구석에 자리 잡았다. 남파랑길 걷기를 마치고 한 달 휴식기를 가졌다. 서해랑길은 해남에서 강화도 평화전망대에 이르는 1800킬로미터 구간으로 남파랑길보다 훨씬 더 길지만 걷는 내내 길게 느껴지지 않았던 건 걸을수록 집과 가까워지는 점이 크게 작용했을 것이다. 평택 구간부터는 당일치기로 다녀오니 3박 4일이나 4박 5일 걸으면서 숙소를 찾아야 했던 어려움이 해결되었다. 도시 구간을 지나므로 끼니 해결도 어렵지 않았다. 그 길을 2022년 3월 25일 시작하여 2023년 2월 26일에 마쳤다.

총 97일에 걸쳐 남파랑길과 서해랑길 3270킬로미터를 걸었다. 걸어온 구간에 대한 거리감이 없었는데 경부고속도로 416킬로미터 기준 서울에서 부산을 걸어서 네 번 왕복했다고 생각하니 실감이 난다.

아직 DMZ 평화의 길 구간은 걷는 길이 완성되지 않았다. 강화도 평화전망대에서 고성에 이르는 구간이다. 일부 구간을 완성하여 시범 걷기를 진행하고 있다. 그 길이 완성되어야 남한을 한 바퀴 도는 나만의 코리아 둘레길 지도가 완성될 것이다.

둘레길을 관리하는 단체에서 완주증과 기념 배지도 받았다. 그동안 걸었던 길의 흔적들이 흑백영화 필름처럼 끊어졌다 이어지고 다시 끊어진다. 가끔 EBS가 방영하는 둘레길 걷는 모습을 보면 까무룩했던 기억들이 되살아나곤 한다.

이 책은 코리아 둘레길에 대한 안내서가 아니다. 코리아 둘레길에 관한 여행 정보는 '한국관광공사'가 제공하는 코스 안내도가 있다. 코스는 물론 교통편 등이 빼곡하게 기록되어 있다. 두루누비앱에서 걷기 정보를 검색하고 앱을 켜고 따라 걷기를 해도 된다.

한 발 한 발 걷다 보니 둘레길에 대한 적지 않은 사연들이 쌓였다. 남파랑길과 서해랑길을 혼자 걸으며 느낀 이야기, 길에서 만난 사람들 이야기, 그 지역에 얽힌 이야기를 쓰고, 길을 걸으며 느낀 감정을 한 편의 시로 남기기도 했다.

일정이 바뀌고 새로운 코스를 걸으면서 칠순 기념으로 낸 첫 시집 ≪이화주 빚으며≫를 두 권씩 가지고 다녔다. 여행 중 도움을 받거나 인연이 맺어진 분들께 한 권씩 전했다. 해파랑길을 걸을 때 글을 남기지 못했다. 글 대신 시 아홉 편만 남았다. 이번에 걸으며 메모를 해 놓은 것이 발목을 잡고 글쓰기를 재촉했다. 기억이 더 희미해지기 전에 서툰 글솜씨지만 흔적을 남겨야겠다고 욕심을 부렸다.

이 글이 완성되면 7년 전 북진한 해파랑길을 이번에는 남진할 것인지 영남길을 걸을지 또 다른 고민거리가 생길는지도 모른다.

2024년 10월
주천(酒泉) 류규형

차례

제1부 남파랑길 1470킬로미터
(2021.09.21~2022.02.27)

제2부 서해랑길 1800킬로미터
(2022.03.24~2023.02.26)

제1부 남파랑길 1470킬로미터

2021.09.21~2022.02.27

01. 남해 바래길

5일간의 긴 추석 연휴다. 안성 요양병원에 계신 어머니도 뵙고 왔다. 98세 노모가 요양병원 현관에서 셋째아들을 보는 눈길이 애처롭다. 엄마는 손이라도 잡아보고 싶다며 제지하는 병원 직원의 손길을 뿌리치고 휠체어에서 몸을 흔들었다. 코로나를 관리하는 질병관리청에서 백신 완료자는 대면 면회도 가능하다고 하지만 현실은 그렇지 않았다. 노인들의 면역력이 약하다며 병원에서는 면회를 허락하지 않았다.

연휴를 이용하여 며칠 전부터 코스별로 거리와 소요 시간, 관광 포인트 등 꼼꼼하게 메모하고 '남해 바래길'을 걷기로 했다. 남해도를 선택한 까닭은 진주에서 영업국장으로 1년 근무할 당시 남해도가 관할 지역이라 매달 두 번씩 조회를 해주러 다녔다. 조회가 끝나면 팀장 회의도 하고 전 사원 회식도 하고 노래방에 가서 모두 친숙하게 지냈다. 그 정이 아직 기억 속에 남아 있다.

'바래'라는 말은 남해 어머니들이 식구들 먹거리를 마련하기 위해 바닷물이 빠지는 물때에 맞춰 갯벌에 나가 파래나 조개, 미역, 고동 등 해산물을 채취하는 작업을 일컫는 남해 토속어다. 바래길은 남해 어머니들의 애환과 정이 가득 담긴 길이다.

'2022년은 남해 방문의 해'란 포스터가 먼저 반겨준다. '오시다'는 '오세요'라는 남해 사투리인데 더 정겹게 다가온다.

남해 통합 브랜드는 '사랑해요 보물섬'이다. ≪신증동국여지승람≫에 따르면 '남해는 한양에서 1045리' 떨어진 섬으로 아득히 먼 거리였다. 바래길은 남해가 가지고 있는 천혜의 자연환경과 사람들을 만날 수 있는 걷기 여행길이다. 길을 만든 지 10주년을 맞아 2020년 리모델링한 길은 총 240킬로미터로 본선 16개 코스와 지선 4개 코스로 되어 있다. 본선 코스 중 섬 전체를 연결하는 순환형 종주길 11개 코스는 남파랑길 90개 코스 중 36코스에서 46코스와 겹친다.

추석 전날 준비물을 챙겼다. 메모지에 기록해 놓은 도보 여행 준비물 목록을 보며 하나하나 챙겼다. 옷가지 등은 여유 있게 가져가면 이용하기 편리하긴 해도 배낭 무게에 신경을 써야 했다. 다음날 남부터미널에서 출발하는 첫차 7시 10분 남해행 버스표를 예매했다. 초등학교 시절 소풍날처럼 아침 일찍 잠에서 깼다. 비가 꽤 많이 오고 있다. 미리 날씨를 확인해야 했는데, 늦은 후회를 하며 뒤늦게 네이버 날씨를 확인해 보았다. 다음날도 전국적으로 비 예보다. 어떡하지? 예약을 취소하고 이틀 뒤로 미룰까 하는 생각이 들었다. 가을비가 얼마나 오랴. 세운 계획을 시작부터 미룬다는 것은 톱니바퀴가 엇나가는 느낌이 들어 계획대로 그냥 출발했다. 대진 고속도로 무주 구간을 지나자 비가 갰다.

남해에 도착하니 흐린 날씨가 다시 비를 불렀다. 비닐 우의를 입고 작은 우산을 펼쳤다. 그런 조그만 불편은 감수할 수 있다. 해파랑길 걸을 때 망상해수욕장 부근에서 만난 찬비에 비하면 어린아이 수준이다. 터미널 근처 식당에서 점심을 먹고 걷기 시작했다. 터미널 가까이 있는 남해유배문학관은 추석 연휴로 문을 닫았다.

유배란 다섯 가지 형벌 중 하나로 귀양이라고도 한다. 조선시대에는 징역형이 없기 때문에 교도소가 따로 없었다. 따라서 유배형은 징역형 형태라고 할 수 있다. 죄의 정도에 따라 유배지의 거리가 정해지는데 남해 유배는 섬에 가두는 절도안치(絶島安置)로 이동이 남해섬으로 제한된다. 서포 김만중(1637~1692)은 남해에서 떨어진 노도(櫓島)에 유배되었다.

낚싯배 타고 노도에

남파랑길 코스에 노도는 없다. 노도를 지척에 두고 가지 않은 게 밟혔다. 남파랑길과 서해랑길 걷기가 끝나고 노도에 가기 위해 상주면 벽련포구로 갔다. 가는 날이 장날이라고 노도행 배는 사흘 동안 운행하지 않는다고 하여 낚싯배를 타고 들어갔다. 문학의 섬으로 불리는 노도는 백련포구에서 1.2킬로미터 떨어진 면적 0.41 평방킬로미터, 해안선 3.13킬로미터로 작은 섬이다. 서포는 이곳에서 3년 동안 유배되었다. 숙종 18(1692)년 56세에 생을 마쳤다. 선착장 오른쪽 언덕에 작가 창작실이 있다. 바다를 바라보고 있는 그곳에서 석 달 동안 고립되어 있으면 글재주가 부족한 나도 무슨 작품 하나는 나올 듯싶었다.

고증을 통해 지은 서포가 기거하던 작은 초옥은 펼쳐진 넓은 바다 위에 더 외로워 보였다. 그의 초장지에는 봉분을 만들어놓으면 좋을 듯한데 묘지터에 돌을 둘

남해 유배문학관. 세 번 방문하여 겨우 관람하였다.

러놓고 희미한 비석만 있어 을씨년스러웠다.

노도 정상으로 오르는 산책로에 사씨남정기 정원에 소설의 순서대로 조형물을 설치하고 그 아래 이야기를 요약해 놓았다. 소설 한 권을 천천히 읽으며 정상 부근의 전망대에 오른다. 전망대 뒤쪽 왼편으로 '길 없음' 표지판이 서 있고 죽은 나무로 길을 막아놓았다. 나무 앞으로 희미한 길이 보여 죽은 나무를 넘어 걷다가 비탈길에서 가시덩굴에 걸려 넘어지는 호사도 경험했다. 덕분에 쓰고 있던 단편소설 한 대목을 실감 있게 묘사할 수 있었다. 그 길을 조금 정비하면 창작실까지 연결이 가능한데 거기까지 생각이 미치지 않았는지 모를 일이다.

남해읍에 있는 유배 문학관은 화요일이 휴관이다. 세 번째 가서야 관람할 수 있었다. 우리나라 모든 박물관은 월요일 휴관인데 별스럽긴 하다. 이유를 물었더니 월요일 남해 방문객이 많아 11월부터 12월까지 화요일 휴관을 시범 운영한다고 한다. 노도에 있는 서포문학관은 수요일 휴관하는데 달리 무슨 말로 설명이 가능한지 궁금하다.

컵라면 물 구하기

창선교는 삼동면 지족리와 창선면 지족리를 잇는 다리로 1995년 개통된 다리다. 창선 하면 머리에 박힌 이야기가 있다. 진주에 근무할 때 영업소장이 해준 이야기다. '창선 사람 죽은 시체 하나가 육지 산 사람 열 명을 이긴다'고 했다. 그만큼 생활력이 강하다는 의미다. 보통 고향을 물으면 군 소재지를 말한다. 창선 사람은 남해라고 하지 않고 창선이라고 말한다. 창선 출신 동료에게 물었더니 그걸 어떻게 아냐고 되물었다.

창선에 도착한 시간은 아직 날도 훤한 저녁 6시다. 생각 같아서는 한 시간 정도 더 걷고 싶지만 그럴 수도 없다. 숙소와 끼니가 보장되지 않기 때문이다. 무리하지 말라고 자신에게 타이른다. 하나로마트와 음식점들도 보이고 잠자리를 구할 모텔도 보인다. 하나로마트에 들러 비상식량으로 컵라면 두 개와 빵을 샀다. 저녁에 남해 토속음식인 멸치쌈밥을 먹었다. 도심에서는 쉽게 접하지 못하는 별미다. 맛집인 모양이다. 음식점 벽에 손님들이 남긴 메모장과 낙서가 가득하다. 음식에 더 정감이 있고 맛이 있어 보였다. 야구선수 류현진의 낙서도 보였다.

걷기 여행에서는 먹고 자는 것이 큰일이다. 다행히 첫날밤은 마트도 있고 음식점도 있고 모텔까지 완벽했다. 모텔의 젊은 남자 주인은 여행객이 배가 고플 거라고 생각했는지 잡채를 주었다. 저녁을 잘 먹어 잡채를 받아서 먹을 수 없음에 미안해야 했다.

남해 창선면. 면 단위지만 아침을 일찍 하는 곳이 없다. 어제 저녁 하나로마트에서 사 온 사발면 하나를 먹고 출발한다. 이틀째 걷기다. 남해 바래길 이정표와 남파랑길 이정표가 어제보다 눈에 잘 보인다. 익숙해진 탓이다. 준비해 간 지도와 별도로 메모한 코스별 거리 이정표를 펴지 않고도 갈래길에서 방향 표시를 쉽게 찾을 수 있어 좋았다. 해안 길을 걷기도 하고 낮은 임도도 걸었다. 바다 내음과 초록 향기가 코끝을 자극한다. 머리가 개운하고, 발걸음도 상쾌했다.

남해 가인리 공룡 발자국 화석까지 여섯 시간 이상 걷는데 상황이 돌변했다. 시골 바닷가 길이라 그 흔한 편의점도 보이지 않았다. 식당은 언감생심이다. 배가 고프니 바닷가 바위에 남아 있는 공룡 발자국이 한층 희미하게 보인다. 금강산도 식후경이라는데. 아침

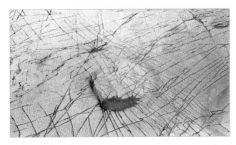

남해 가인리 공룡 발자국 화석 산지. 하늘을 날아다녔을 익룡 발자국 34개가 생생하다.

은 컵라면으로 해결했고, 비상식량으로 준비했던 빵도 먹었지만 배가 고팠다. 네이버앱으로 조회를 해도 근처에 편의점이나 식당은 없다. 배낭에 있는 사발면이라도 먹어야 했다.

공룡 화석이 있는 가까운 해변에 일가족인 듯한 네 명이 점심을 챙기는 모습이 보였다. 주변에 컵라면도 보이고 버너 위에서 무엇인가 끓고 있다. 끓는 물을 부탁할까 생각했다. 그들의 즐거운 시간을 방해하는 것 아닌가? 그들이 물이 부족하다며 거절이라도 하면 어쩌나 하는 망설임에 선뜻 다가가지 못했다.

화석 산지 입구에 있는 세심사에 가서 부탁하는 편이 좋지 않을까 하는 생각이 들었다. 작은 절이다. 담장이 낮아 담장 안에 있는 공양주 보살이 보였다. 용기를 내어 담 너머로 말했다.

"보살님 컵라면을 먹으려고 하는데 뜨거운 물 좀 주실 수 있나요?"

공양주 보살이 무슨 일인가 하고 담장 앞으로 귀를 대주었다.

"도보 여행 중인데 근처에 식당이 보이지 않네요."

속사정을 말했다.

보살님이 컵라면을 가지고 갔다. 잠시 후 뜨거운 물을 부은 컵라면을 작은 접시 위에 얹고 포도 한 송이를 곁들여 담장 너머로 가지고 나왔다.

"그런데 어디서 드시죠?"

"괜찮습니다. 저 앞 길가에서 먹으면 됩니다."

말은 그렇게 했다. 절 안에는 신도들이 식사를 하거나 앉아서 쉴 수 있도록 나무로 만든 식탁이 여러 개 보였다. '저기 앉아서 먹으면 안 될까요?'란 말은 코로나 상황에서 염치없다는 생각이 들었다.

"저기 앉아서 드시게 하시죠."

둘의 대화를 듣고 있던 다른 보살님이 사찰 내에 있는 나무 식탁을 가리켰다. 내가 차마 말하지 못한 것을 그 보살님이 말해주었다. 컵라면에 물을 부어 가지고 온 보살님이 그렇게 하라고 했다. 고맙다는 인사를 하고 야외 식탁에서 편하게 컵라면을 먹었다. 라면과 포도, 조합치고는 꽤 괜찮아 보였다. 캠벨얼리는 숙성이 잘 되어 단맛이 많고 향기로웠다. 고문헌에 소개된 전통 포도주는 캠벨얼리를 넣고 빚어야 포도향이 풍부하다. 와인을 좋아하는 친구 의사가 향이 좋다며 칭찬을 해주어 나는 매년 전통 포도주를 빚어 지인들과 나누어 마신다.

아침에 이어 컵라면을 먹어서 질릴 법도 하지만 아침에 먹은 것은 '사리곰탕면'이라 맛이 느끼했다. 이번에는 매운맛 쌀국수라 맛이 입에 감겼다. 역시 시장이 반찬이란 말은 진리임에 틀림없다. 거기다 맛이 다른 사발면을 선택한 탁월함에 스스로 감탄했다. 컵라면을 먹고 간식으로 포도까지 먹으니 갑자기 신분이라도 상승한 기분이 든다. 밀가루 음식을 싫어하지만 어쩔 수 없이 가지고 다니는 비상식량이 제 몫을 단단히 한 셈이다. 접시 위 빈 컵라면 통 밑에 만 원을 놓고 부처님께 시주한다며 인사를 했다. 보살님이 부처님처럼 환하게 웃었다.

세심사 보살님이 내어주신 포도. 쌀국수 뒤 후식으로 최상의 맛이었다.

컵라면을 먹고 절 입구 공터에 앉아 잠시 쉬었다. 타이탄 트럭을 대놓고 쉬던 노인이 여행객이냐며 말을 걸어왔다. 창선대교부터 걸었다는 말에 그가 놀라는 눈치다. 힘들겠다며 가는 길이니 태워주겠다고 한다. 나는 일부러 하는 걷기 여행이라며 정중하게 사양했다. 어렵던 점심을 쉽게 해결하고 나니 마음의 여유가 생겼다. 카톡으로 두 아들과 중학교 1학년인 큰손자에게 퀴즈를 냈다.

'길을 여섯 시간 이상 걷는데 식당은 물론 편의점도 없다. 컵라면이 있는데 어떻게 할까?'

(인근에 절이 있고, 바닷가 한 가족이 라면을 끓이며 점심을 준비하고 있는 상황)

첫째, 그냥 생라면을 먹는다.

둘째, 절에 들어가서 컵라면 물을 부탁한다.

셋째, 바닷가에 야유회 나온 가족들에게 뜨거운 물을 부탁한다. 두 아들은 셋째를 답했고 손자 준희는 둘째를 말했다. 할아버지와 준희가 마음이 통했다

아흐, 게새끼 놀랐잖아

창선 고사리 밭을 지나는 길을 걸었다. 산이 온통 고사리밭이다. 몇 년 전부터 고사리 축제도 연다고 한다. 처음에는 정부의 지원으로 감나무를 심었는데 땅이 척박하여 감나무가 자라지 않았다. 그 다음에 심은 것이 고사리였다. 땅이 고사리와 궁합이 맞는 모양이다. 전국 고사리 생산량의 3분의 1을 이곳 남해에서 생산한다고 하니 규모가 대단하다. 고사리 단지로 난 사잇길을 걸으며 죽은 뱀을 보고 잔뜩 긴장하며 걸었다. 고사리 수확철이 지난 탓인지 길 위에 잡풀이 우거지고 사잇길이 패여 걷기에 불편했다. 대나무 지팡이로 잡풀을 헤치며 걸었다. 작은 뱀 한 마리가 쏜살같이 지나갔다. 생긴 모습이 독사다. 발이 후들거렸다. 다시 내려갈 수도 없고, 걸어야 할 고사리길이다. 시골길을 걸을 때 풀어놓은 개를 쫓기 위해 가지고 다니는 대나무 지팡이의 필요성이 커졌다.

이왕 바래길과 남파랑길 코스로 길을 내어주었으면 뱀은 어쩌지 못해도 사잇길의 풀이라고 베어주어야 하지 않을까? 뱀에 대한 두려움이 더하여 눈을 치켜뜨고

창선 고사리밭. 넓은 고사리밭이 골프장 모습처럼 푸르르다.

바닥을 살폈다. 낙엽이 쌓여 있는 길에서 '스르륵' 하는 소리가 나서 '이크' 하며 깜짝 놀라 옆으로 피하고 보니 작은 '게'였다.

"아흐 게새끼 놀랐잖아."

산에서 사는 게는 처음 보았다. 텔레비전에서 게의 무리가 산길로 이동하는 것을 본 적이 있지만 직접 본 것은 처음이다.

바래길 탐방센터가 보여 들어갔다. 젊은 직원이 있었다. 개천절 대체 휴일로 쉬는 날인데 직원이 있어 의아했다. 그는 자신의 직무를 충실히 수행하고 있는 듯 내게 물었다.

"남파랑길 걸어요? 바래길 걸어요?"

"바래길 걷는데요."

"걸으며 불편한 점 있어요?"

"고사리길에 뱀이 많이 보이는데 풀을 정비하든지 아니면 한 코스로 고사리길을 넘고 창선을 한 바퀴 도는 코스로 하는 것이 좋을 듯한데요."

"뱀을 몇 마리 보셨는데요?"

"뱀 세 마리와 죽은 뱀 한 마리를 보았는데요."

뱀 한 마리를 추가하여 말했다.

"우리 집사람은 뱀 열두 마리를 보았어요. 선생님이 부정적인 사고를 가졌네요."

이게 무슨 말인가? 무엇이 부정적이라는 것인지 어이가 없어 할 말을 잃었다. 마음 편하게 걷고 있는데 그와 괜한 일로 시시비비를 가리고 싶지 않았다.

"요즘 뱀에 물려 죽었다는 소리 들었어요? 만약 물리면 정신 차리고 119에 전화하면 돼요. 물려서 죽는 사람은 기왕증이 있는 사람입니다."

말대답을 애써 참고 있는 내게 그가 한마디 덧붙였다. 코로나 담당 질병청에서 하는 듯한 그의 말을 어찌 이해해야 할지 혼란스러웠다. 그는 이유를 만들어 핑계를 찾았다. 다른 때 같으면 그와 말씨름이라도 했겠지만 즐겁게 둘레길을 걷는데 마음 상하고 싶지 않아 욱하는 성질을 다독거렸다.

해파랑길을 걸었다고 하는 내 말에 해파랑길을 자신이 설계했다고 말했다. 물론 사실일 수도 있지만 그렇지 않을 확률이 더 커 보였다. 걸으면서 자꾸 그 사람 생각이 났다. 내가 부정적인 사고를 가졌다고? 그 사람이야말로 부정적인 사람이 아닌가? 젊은 사람에게 긍정과 부정의 진정한 의미를 가르쳐 주었어야 하는데 그냥 지나친 것이 못내 아쉬웠다.

고사리길을 두 번 넘어갔다 왔다. 코스가 끝나는데 지도를 보지 않아 창선·삼천포대교 쪽은 한참을 돌아나가야 했다. 저녁이 소리 없이 다가오고 있었다. 숙소와 먹을 곳을 찾아 이동해야 했다. 시골길이라 버스 시간은 조회되지 않고, 있다 해도 오래 기다려야 할 것이다. 택시라도 불러야 했다.

핸드폰을 열고 남해 콜택시를 조회하는데 나이 든 부부가 바람처럼 나타났다. 지형을 설명해주고 아는 개인택시를 불러주어서 창선·삼천포대교 입구까지 나왔다. 도시처럼 손님이 기다리지 않아 이곳에서는 거의 콜택시 형태로 운영한다고 했다. 많이 걸어 지쳤지만 창선·삼천포대교를 걷고 싶어 창선대교 입구에서 내렸다.

창선대교, 늑도대교, 초양대교, 삼천포대교가 각기 다른 모습으로 연결되어 국내 해상 교량 박물관의 효시라 불리는 3.43킬로미터의 거리다. 걸으면서 삼천포 어시장까지 택시를 타야 했는데 하는 후회감이 들었다. 그곳에 몇 번 가본 적이 있지만 어시장이 문을 닫으면 어쩌지 하는 걱정이 생겼다. 어시장까지는 꽤 멀었다. 불이 꺼졌는지 시장은 컴컴하다. 다행히 두 곳에 불이 켜져 있어 가까스로 회 한 점에 맥주 한 잔을 했다. 내가 누룩으로 술을 빚어서 증류한 소주도 주인 허락을 받고 곁들였다. 오늘 걸어온 거리가 42킬로미터인 것을 확인했다. 풀렸던 맥이 알코올로 살아나는 느낌이 들었다. 삼천포 노산공원 박재삼문학관 근처에 숙소를 잡았다.

죽방렴 멸치길

지족 해협 죽방렴 멸치길을 걷는다. 남해군 삼동면 지족리(知足里)와 창선면 지족리(只族里) 사이에 있는 폭 350미터가 지족 해협이다. 한글로는 같으나 한자로 다른 지명이다. 이곳은 물살이 빠른 좁은 물목으로 죽방렴(竹防廉)을 설치하기에 좋은 자연 조건을 갖추었다. 죽방렴은 대나무로 만든 그물을 조수 간만의 차가 큰 갯벌에 설치하여 밀물 때 들어온 물고기들이 썰물 때 나오지 못하도록 하여 잡는다. 죽방렴 어업은 음력 2월 중순부터 10월 말까지 한다.

지족 해협에 군데군데 놓여 있는 죽방렴 발통을 가까이서 볼 수 있다. 이곳 죽방렴은 경관과 전통 어로 방식이 문화유산 가치를 인정받아 2010년에 명승으로 지정되었다. 명승은 유적과 더불어 주위 환경이 아름다운 경관을 이룬 곳을 국가가 법으로 지정한 문화재이다. 2022년 기준 명승으로 지정된 128개 중 인공 어업 시설이 명승으로 지정된 최초의 사례다.

죽방렴으로 잡히는 어종은 갈치, 학꽁치, 장어, 도다리, 농어, 감성돔, 숭어, 멸치 등 다양하지만 그중 멸치가 80퍼센트 정도 차지한다고 한다. 여기서 잡은 멸치는

죽방렴 안에서 왜가리들이 사람보다 먼저 물고기를 시식하고 있다.

살아 있는 상태로 살짝 삶아 은빛 비늘을 유지한다. 이것은 죽방멸치란 이름으로 최상급 대우를 받는다. 왜가리 몇 마리가 명승 구경은 제대로 하지 않고 발통 안에서 헤엄치는 멸치를 쪼아 먹으며 허기를 달래고 있다. 죽방렴에 대한 자세한 안내 글도 보였다. 죽방렴 안에 갇힌 고기는 바닷물이 빠져 해수면이 가장 낮아진 간조 때 하루에 두 번 작은 목선을 타고 들어가 뜰채로 건진다.

이렇게 잡은 멸치는 바로 삶는다. 멸치의 신선도를 유지하기 위해서다.

독일마을 맥주 한 잔

삼동면 작은 언덕을 오른다. 독일마을로 오르는 길이다. 1960년대에 산업 역군으로 독일에 파견되어 우리나라 경제발전에 기여한 교포들이 귀국하여 한국에 정착할 수 있도록 삶의 터전을 제공하고, 독일의 문화를 경험하는 관광지로 개발했다.

독일마을에서 바라보는 남해는 함부로 볼 수 없는 풍광이다.

남해군이 2001년부터 정성 들여 조성한 마을이다. 남해군 삼동면 물건리와 동천리, 그리고 봉화리 일대 약 3만여 평의 부지에 조성되어 있다. 이국적인 분위기 속에 산과 바다를 조망할 수 있어 참새가 방앗간을 그냥 지나칠 수 없었다.

독일풍 건물과 맥주를 파는 가게와 카페가 즐비하다. 마침 일요일이라 그런지 지금까지 걸어온 코스 중 사람이 가장 많다. 걷기를 멈추고 그 사람들 틈바구니에 끼어 하나가 되어 본다. 맥주집에 들어갔다. 이름도 생소한 독일 와인과 맥주가 가득 진열되어 있다. 어느 맥주를 선택하지 못하고 가장 많이 찾는 맥주를 달라고 했다. 카운터에서 권해주는 '아잉거 브로바이스'가 깔끔하게 목젖을 적시고 넘어간다. 안주가 따로 없어도 바다를 바라보며 야외 탁자에서 마시는 맥주 500밀리 한 잔으로는 갈증이 해소되지 않았다. 이번에는 700밀리를 추가했다. 누룩으로 전통주를 빚은 경력이 10년이 넘지만 이 더위에는 맥주가 제격이다. 입안이 상큼하다. 더위에 제대로 마시는 맥주 맛이었다. 지족 해협에서 본 죽방멸치가 생각났다. 죽방멸치의 맛이 궁금해서 조금 사고 싶었는데 메고 다니는 것이 짐스러워 사지 못했다.

독일마을에 빠져 계획에 차질이 생겼다. 나비생태공원을 지나고 시간을 보니 5시 30분이 넘었다. 천하마을까지는 편백숲 임도가 6.3킬로미터가 남았다. 임도이니 차를 부를 수 없고 진퇴양난이다. 독일마을로 다시 내려올 수는 없었다. 어둠이 찾아드는 임도로 올

해풍 속 독일마을에서 마신 맥주는 어디에서도 맛보지 못한 최상의 맛이었다.

라갔다. 해가 넘어가고 어둑어둑해진다. 이곳에는 산돼지도 출몰하니 조심하라는 문구가 여기저기 보인다. 무언가 방어 수단이 필요할 듯했다. 벌목해 놓은 나무 중 조금 단단한 나무를 하나 골랐다. 그리고 외쳤다.

"산돼지 니들 나타나면, 너 죽고 나 죽는 거야."

마음을 굳게 다지며 걸어보지만 길 가운데 희미하게 보이는 굽은 나뭇가지를 보고 혹시 뱀일지 모른다고 화들짝 놀란다. 이러면서 정말 산돼지라도 나타나면 낭패가 아닌가? 산돼지가 출몰하면 풀벌레 소리가 멈출 거라며 소리에 귀를 기울이고 마음 졸이며 핸드폰 불빛에 의지하여 몽돌 해변에 도착했다.

미조항 쪽에 숙소와 음식점이 많이 있다. 콜택시를 타고 도착한 미조항 횟집은 얄팍한 상혼이 마음을 아프게 했다. 주인 여자가 수족관에서 횟감을 건져 들고 몇 번 주방을 들락거렸다. 혼자 온 손님에게 얼마큼 줄까 계산하는 모습이 역력했다. 그의 계산은 빗나갔다. 5만 원짜리 회가 혼자 먹기도 적은 양이었다. 주인은 혼자면 충분히 막을 양이라고 생각했을까? 회가 너무 적다고 주인에게 말하지 않았다. 그 순간 기분이 상하니까.

남해 미조항은 진주에 근무할 때 서너 차례 왔던 곳이다. 남해 보리암 절경에 반하고 미조라는 항구 이름이 예뻐서 찾던 곳이다.

상주해수욕장

아침에 미조항 작은 어판장에 들어서니 갈치가 든 상자들이 즐비하다. 호기심에 빠져 어판장 안에 들어가 기웃기웃하며 사진을 찍으니 경매 중개인이 "아저씨 나오세요" 하는 말에 머쓱해져 어판장을 빠져나왔다. 걷기 위해 왔으면 걷기에만 충실해야지, 무에 그리 관심이 많은 게야, 자신을 나무라며 길을 걷는다. 차도 옆에 안전을 위하여 펜스까지 만들고 데크길을 만들어놓았다. 남해 바래길은 연륜이 더해져 비교적 걷기 길이 잘 조성되어 있다. 데크길을 따라 걸었다.

데크길에 난 풀을 예초기로 깎고 있는 사람이 있어 그 앞에서 먼저 "수고 하십니다"라고 인사를 했다. 그는 내 인사를 예초기 속으로 집어 던졌는지 돌아오는 대답이 "차도로 나가세요"였다. 어안이 벙벙했다. 보행자 우선 아닌가? 결국 보행자를 위하여 데크길도 만들어놓고, 풀도 제거하는 것인데? 걸으면서 화를 내지 말자고 마음속으로 다짐한지라 속으로 투덜거리며 높은 난간을 넘어 차도로 들어섰다. 승용차 두 대가 경적을 울리며 쌩 하고 지나갔다. 데크길이 있는데 왜 차도로 들어서냐고?

50여 미터 지나니 데크길에 난 풀을 깎는 또 다른 사람이 있다. 이 사람은 어찌하나 보자 했는데 그 사람이 먼저 "수고하십니다" 인사를 하더니 예초기를 멈추었다. 그 말이 고마워서 한참 서서 그와 이야기를 나누었다. 원주가 고향이라는 남자는 65세라는 나이보다 늙어 보였다. 남은 앞니 두 개가 그를 더 나이 들어 보이게 했다. 풀을 베는 두 사람이 대조적이다. 그는 심성이 너무 착해서 힘들게 사는 것은 아닐까? 세상일이 곧이곧대로 산다고 잘 풀리는 것도 아니다. 임기응변이 필요한 삶도 있지 않을까?

송정 해변을 지나 상주해수욕장에 도착했다. 30여 년 전에 아내 그리고 어머니와 장모님 처제 내외, 처조카 등 3대가 여행을 왔던 곳이다. 보리암을 들러 미조항에서 식사하고 해수욕장에 왔었다. 초등학교 2학년인 처조카와 70대 후반의 어머니까지 함께한 잡탕 휴가였다. 그야말로 큰 세월의 차이는 관광하는 것이나 먹는 것의 공통분모를 찾기에 어려움이 컸다.

철 지난 해수욕장이지만 넓은 백사장을 품에 안으니 마음이 후련해진다. 인물 사진을 별로 찍지 않던 나는 옛 추억도 떠오르고, 바다 풍광에 반하여 해변에서 만난 중년 부부에게 사진을 부탁했다.

"어디서 오셨어요?"

사진을 찍어주던 여자가 물었다.

"부천에서 왔는데요."

"저도 부천성모병원에서 7년 근무했어요."

여자가 반색하며 말했다. 결혼해서 남편 고향인 진주에 산다고 했다.

"저도 진주에서 1년 근무했어요."

산다는 것이 조금만 따지다 보면 이리 엮이고 저리 엮인다. 우연히 만난 그녀가 부천에서 근무했고, 남편의 고향이 진주라니, 처음 보는 그들 부부와 한층 가까워지는 느낌이었다.

나는 진주에서 짧다면 짧고 길다면 긴 1년간 근무했다. 1년 동안 많은 추억을 남겼다. 그중 잊지 못할 일이 둘 있다. 새천년 일출을 지리산 천왕봉에서 두 아들과 같이 맞았다. 투덜거리며 억지로 개 끌리듯 아내와 함께 내려온 중학생과 고등학생이던 녀석들이 천왕봉에 올라온 수많은 사람들과 떠오르는 일출을 보며 환한 웃음을 지었다. 아내는 천왕봉에 오르지 못하고 법계사에서 기다렸다.

지리산에 얽힌 또 다른 이야기가 하나 있다. 진주에 근무할 때 한 달에 두 번 집에 올라갔는데 산행을 좋아해서 집에 올라가지 않는 주일에는 지리산을 자주 찾았다. 중산리에서 지리산을 오르다 산 중턱에서 혼자 내려오는 60대 후반으로 보이는 남자를 만났다. "수고하십니다" 인사를 하며 저분 나이에 나도 혼자서 지리산을 오를 수 있을까 생각해 보았다. 쉽지 않을 거라는 생각이 들었다.

천왕봉 정상에 오른 후 하산하다 중산리 가까운 산자락에서 그를 다시 만났다. 비가 조금씩 오고 산속은 어둑어둑해졌다. 그는 몇 차례 미끄러졌는지 엉덩이가 흙투성이다.

"어디서 오셨어요?"

그를 부축하고 내려오며 물었다.

"진주에서 왔어요."

큰길로 내려와서 손수건을 꺼내 계곡물을 적셔 엉덩이에 묻은 흙을 닦아주었다. 차 시트가 지저분해질 것 같아 닦아주었는데 노인은 감동한 모양이다. 너무 어두워서 하산길이 무서웠다고 한다. 다음날 큰아들이 선물을 가지고 국장실로 찾아왔다. 아버지 생명의 은인이라고. 고개를 숙였다. 나는 단지 등산하다 만난 인연이고 목적지가 같아 차량에 태워드린 것뿐인데.

가천 다랭이마을

남면 가는 버스를 타고 가는데 우측에 미국마을이라는 푯말이 보인다. 미국에서 생활하는 교포들에게 노후를 건강하게 보낼 여건을 제공하고 이를 통해 실질적인 인구 유입을 도모하기 위하여 추진했다고 한다. 이동면 용소리 일원 7500평 규모로 미국식 주택 스물한 동과 복지 시설, 체육 시설 등을 조성했다. 미국마을은 독일마을에 비해 규모도 작지만 활성화되지 않은 모양이었다. 이곳을 경유하던 바래길 코스를 가파른 임도로 걷게 바꾸어놓은 이유를 모르겠다. 도보길이 없어서일까? 미국마을을 알리고 활성화시키려면 그 지역을 경유하는 것이 맞는 방법인 듯한데 말이다.

가천 다랑이마을. 108개 층층 계단 680여 개의 논 위로 때마침 황금물결이 일었다. 논이 작아서 농사짓는데 아직도 소와 쟁기가 필수라고 한다. 남해 다랑이 논은 2005년 국가명승 제15호로 지정되었다. 작은 계단식 논에 누렇게 익은 벼를 베어 지게에 지고 비탈길을 오르내리던 사람들을 생각해 본다. 지게를 지고 다랑이 언덕을 오르시는 키 작은 아버지의 모습이 보였다.

가천 다랑이 논에 벼가 익어가고 있다.

다랭이마을 근처에 식당이 있지만 11시에 점심 먹기가 어중간하여 그냥 지나쳤다. 걸으면서 식당이 나타나지 않아 계속 후회했다. 살아가며 순간적으로 닥치는 수많은 일 중에는 당장 결정을 해야 하는 일들이 많다. 1초 후의 일을 모르는 인생인지라 지나고 나서 후회도 하고 잘한 일이라고 스스로에게 칭찬하기도 한다. 식당이 보이면 이른 식사라도 해야 했다. 어제 풀 베는 데크길을 지나다 혼자 남파랑길 걷는 여자를 만났다. 그녀에게 컵라면 물 구하기가 어렵다고 했더니, 인절미를 준비하라고 팁을 주었다. 그녀 말대로 남해읍에서 준비한 떡을 12시 넘어서 먹었다. 떡은 속은 든든하지만 생목이 올라왔다. 식사대용으로는 뜨거운 물을 구해야 하는 조건이 있지만 컵라면이 좋은 듯싶다. 2시가 훨씬 넘어 산등성이에 식당이 있어 먹은 장어탕은 정말 맛이 있었다.

결국 오늘도 저녁 늦게 임도를 걸어야 했다. 6시를 앞두고 4.5킬로미터라는 표지판이 보였다. 애매한 거리다. 되돌아 나오기는 더 난감해서 그냥 걸었다. 날이 컴컴해져서 작은 마을 앞으로 내려왔다. 숙소가 있는 남해읍으로 가기 위해 콜택시를 불렀다. 전화를 받은 택시기사에게 도로명 주소를 말했더니 알아듣지 못한다. 지방 택시기사에게는 아직 익숙하지 않은 도로명 주소다. 택시기사는 마을 이름을 알려 달라고 한다. 어두운 시골길에 다니는 사람이 없다. 10여 분 길가에 서서 기다렸다. 경운기를 몰고 오는 사람이 있어 길을 막고 물어보니 '장항마을'이라고 한다.

임진성과 호국길

임진왜란 당시 관민이 힘을 합쳐 쌓았다는 임진성은 남면 상가리 기왕산, 일명 기림산 정상(해발 105미터)에 있다. 정확한 축성 연대는 알려지지 않았지만, 처음 축성 시기는 통일신라 이전으로 추정하고 있다. 현재 남은 성벽 높이는 6미터 내외이고, 둘레 300미터이다. 돌로 쌓은 내성과 토성으로 쌓은 외성으로 된 이중으로 된 성이다. 흙으로 쌓은 외성은 흔적만 희미하게 남아 있다. 성 안의 동쪽과 서쪽에 성문 터가 남아 있으며, 성내에 건물 터와 우물 터에 안내판을 설치해 놓았다.

천황산 임도. 나지막한 산길이 호젓하다. 가끔씩 남해바다가 눈에 들어왔다 사라진다. 멀리서 푸른 바다를 보는 아쉬움은 장항 해변을 걸으며 만끽한다. 해변 자갈밭에 앉아본다. 오랜만에 혼자서 즐겨보는 여유다. 무리하지 말고 한 시간 걷고 10분 휴식하자고 생각하지만 걷다 보면 잊어버린다. 등산화 끈을 풀고 바닷물에 발이라도 담그고 싶은 충동을 억누른다. 해변길을 벗어나 남해스포츠센터가 있다. 야구장, 축구장 등 여러 운동 시설이 있다. 규모도 커 보인다. 지난해 코로나 때문에 전지훈련을 가지 못한 프로야구 팀들이 이곳에서 훈련한다는 소식을 들은 적이 있다. 축구를 하는 초등학교 5학년 손자 담희가 여름방학에 전지훈련을 다녀온 곳이기도 하다. 그 힘든 운동을 한다고 비 맞은 생쥐처럼 땀에 젖어 뛰는 모습이 안쓰럽다.

점심때 백설기를 먹었다. 인절미보다 먹기가 거북했다. 날이 더워서 준비했던 500밀리 물 두 병을 다 먹었다. 편의점도 보이지 않는다. 이순신 순국공원을 가기 전

남면 상가리에 있는 임진성. 임진왜란 때 왜적을 막기 위하여 관·민이 힘을 합쳐 쌓았다 하여 붙여진 이름이다.

작은 마을에서 염치 불고하고 문이 열려 있는 집으로 들어갔다. 이마에 주름이 자글자글한 할머니가 마루에 앉아 있다.

"할머니 물 좀 주실 수 있어요?"

"여행하며 물도 가지고 다니지 않아요?"

할머니의 퉁명스러운 대답이 돌아왔다. 노인의 말은 당연하지만 수돗물을 정수한 물 인심이 이렇게 야박한가 하는 생각이 들었다.

"너무 더워서 가지고 있던 물을 다 마셨어요."

할머니는 물을 사서 먹는다며 냉장고에서 생수를 꺼내 물통에 채워준다. 그 앞에서 물을 벌컥벌컥 마셨다. 할머니는 다시 물을 채워주었다. 마음이 너무 고맙다. 자신이 먹으려고 준비했던 물이 아니던가?

이순신 호국길을 지나 설천면 노량선착장에 도착했다. 고증을 거쳐 복원한 거북선이 늠름하게 노량 바다를 지키고 있다. 충무공 이순신은 이곳 노량에서 정유재란의 마지막 전투를 승리로 이끌며 장렬한 최후를 맞이했다. 충무공의 가묘가 있었던 충렬사도 있다. 노산 이은상 선생은 충무공 이순신을 일컬어 '인격이 정돈된 사람'이라고 했다. 박경리 선생은 '정치를 예술로 승화시킨 분'이라고 했다. 내가 충무공에게 어찌 사족을 달 수 있으랴.

남해도와 하동을 연결하는 남해대교는 동양 최대의 현수교다. 대학 졸업여행으로 왔던 한려수도. 1973년 개통된 남해대교가 이제 쉰 살 나이를 먹어 2018년 개통된 노량대교와 나란히 자리 잡고 있다. 세월은 세상 모든 걸 늙게 해 어쩌지 못한다.

옛 팀장들과 조우

바래길 완주 기념으로 옛날 직장의 남해지점 팀장들이 보고 싶었다. 혼자서 하는 완주 기념은 의미가 적을 터였다. 팀장의 전화를 알기 위하여 점심때 콜센터에 연락하여 근무하는 곳을 찾았다. 남해지점은 폐쇄되고 주재반이 있다고 했다. 수석팀장이었던 하 팀장은 회사를 그만두었고, 공 팀장은 진주지점에서 일하고 있었다. 콜센터에서 공 팀장의 연락처를 알려주지 않고 진주지점의 전화번호를 알려주었다. 지점에 전화해도 연락처를 알려주지 않고, 나의 신분과 연락처를 물어서 알려주었다. 두 시간 정도 지나서 공 팀장의 전화가 왔다. 20년도 더 지났지만 목소리만 들어도 반가웠다. 저녁을 함께하자고 했지만 하 팀장과 연락하여 결정하겠다고 하더니 전화는 오지 않고 이도 저도 아닌 약속이 되었다.

마라톤을 하던 시절 남해군에서 주관하는 하프마라톤에 두 차례 참가했다. 한 번은 동료 영업소장 두 명과 함께 뛰었다. 풀코스를 뛰며 발목 부상을 당했지만 나의 제안에 따라 참가한 소장들에게 둘이서 뛰라고 할 수 없어 함께 뛰었다. 또 한 번은 마라톤 클럽 회원 두 명과 함께 참가했다. 뛰는 도중에 자원봉사자 중에서 '국장님!' 소리치는 바람에 처다보니 하 팀장이었다. 뛰기를 멈출 수는 없고 오른손만 번쩍 들어주었다. 그 많은 달리는 사람 중에서 어떻게 나를 알아보았을까.

공팀장의 전화가 왔다. 하 팀장과 연락이 안 된다고 했다. 전임 국장을 오랜만에 만나는 것이 부담도 될 터였다. 여섯 시가 다 되어 가고 있어 조금 더 걸을까 했으나 2킬로미터 걸으면 대국산성 오르는 임도가 나타나므로 걷기를 마치기로 했다. 남해 바래길 12코스 중 대국산성 코스만 남기고 다 걸었다. 그래도 남파랑 코스와 겹치는 구간은 모두 걸었다. 오늘로 남해 일정은 모두 마치기로 마음을 잡았다. 대국산성 코스를 걷는다고 하루 일정을 잡기에는 아쉬운 일정인 듯했다. 이가 빠진 듯 허전하지만 어쩔 수 없는 선택이다.

6시 40분 남해읍으로 가는 버스를 기다렸다.

"읍내에 나가시려고요?"

승용차에 탄 남자가 창문을 내리고 묻더니 태워주었다. 그의 차를 타고 남해읍에 들어오는데 공팀장에게서 하 팀장과 연락이 닿았다고 전화가 왔다.

우리는 참으로 오랜만에 만났다. 오랜만이지만 거리감도 사라지고 바로 옛날로 들어갔다.

"국장님! 옛날 그대로에요. 머리만 조금 빠졌지."

활발한 공 팀장이 웃으며 말했다. 머리가 빠졌다는 말을 해도 그냥 좋았다. 수석 팀장이었던 하 팀장의 모습도 여전했다. 남편이 세상을 뜨고 나서 보험영업도 그만 두고 여가를 즐긴다고 했다. 공 팀장은 진주로 출근하며 아직도 활기찬 영업을 하고 있단다.

식사를 했으니 차라도 한 잔 하자며 나온 그들은 횟집을 순순히 따라 들어왔다. 횟집은 회도 싱싱하고 푸짐했다. 세 명이 10만 원짜리 회 한 접시면 충분했다. 작은 읍내이고 보니 두 팀장도 주인과 잘 아는 사이였다. 주인은 전날 그곳에서 저녁을 먹으며 혹시 하 팀장이나 공 팀장을 아느냐고 물었더니 모른다고 대답했다. 낯선 남자에게 함부로 전화번호를 줄 수는 없을 터였다.

술자리가 끝나며 팀장들은 내일 점심을 하자고 했다. 나는 내일 아침 6시 차를 타고 올라간다고 말했다.

남해 노도 국화주

소심한 성격은 남파랑길과 서해랑길을 마치고 나서 빠진 이를 끼웠다. 별도로 1박 2일 일정으로 남해에 내려가 대국산성길을 걸었다. 남해군 설천면에 있는 해발 376미터 정상에 지어진 산성으로 통일신라 시대 축성한 것으로 추정하고 있다.

다음날 김만중 선생의 유배지 노도를 답사하며 길옆에 핀 산국에 눈이 꽂혔다. 무심코 꽃을 따서 비닐에 담았다. 문득 국화주를 빚고 싶었다. 국화 향기가 코 끝을 자극했다.

노도에서 두 시간 머물다 나왔다. 아직 시간이 많이 남아 있어 그냥 올라가기에는 아쉬움이 남는다. 남해 금산에 걸어서 올라갔다. 금산은 해발 681미터의 산으로 산세가 아름답다. 보리암에서 보는 남해는 그야말로 절경이다. 산이름이 보광산이었는데 이성계가 왕이 되면 바단으로 덮어준다고 기도를 했다. 그래서 왕이 되고 산 이름을 금산(錦山)으로 바꾸었다고 한다. 오를 때보다 내려오는 길이 가팔라서 더 힘이 들었다.

12년 술을 빚은 내공을 모아 죽으로 밑술을 빚고 덧술을 빚을 때 노도에서 따와 말려두었던 국화를 넣어 술을 빚었다. 어쩌면 이 술이 어머니 빈소에 올려드릴 술일 거란 생각이 얼핏 들었다.

2024년 2월 설을 앞두고 101세 세월을 사신 어머니가 하늘나라로 가셨다. 아주 편안한 모습이었다. 어머니 빈소에 노도 국화주를 올려드렸다. 설 전날에 발인식을 했다. 남파랑길 창원 지역을 걸을 때 부인과 함께 나와 저녁 자리를 마련해 주었던 이정규 씨가 아내와 함께 먼 거리에서 문상을 와서 몸 둘 바를 몰랐다. 그는 정작 아들 결혼식 축의금을 받지 않았던 사람이다. 빈소에 찾아준 문상객들에게도 국화주 몇 잔씩 맛을 보여드려서 의미가 더했다. 창원에 빚은 술 두 병과 증류주 한 병을 보내주었다. 아주 보잘것없는 작은 성의 표시다.

어떤 손길

아이 잔등에
엄마 손길이 내려쳤다
-땅바닥 더럽다고 했잖아

엄마 손 놓은
네 살 사내아이
남해 시장 횟집 앞 땅바닥에
두 팔 짚고 엎드렸다

넓은 수족관 바닥
엎드려 있는 가자미
엄마의 시선이 아이의
순간을 놓쳤다

지나가는 사내
아이의 등을 어루만지며
-그래 물고기가 엎드려 있지 하는 말에
네 살 아이 펑펑 울었다

다섯 살 적 동생 생각하지 않고
식탐 부린다며
등짝 올려붙이던 힘이 넘치던 엄마 손길

이제 백수白壽된 당신
천근 같은 수저 골똘히 들어 올렸다

02. 땅끝에서 시작하다

해남 땅끝마을

　남파랑길과 11개 코스를 함께하는 남해 바래길을 걷고 나서 남파랑길 도전의 꿈을 키웠다. 남해도를 걸었으니 이번에는 해남에서 시작해 강진까지, 다시 남해대교에서 장흥까지, 마지막으로 부산에서 시작해 삼천포에서 마무리하기로 계획을 세웠다. 남파랑길 모든 코스는 서울이나 부천에서 접근성이 떨어지므로 지역을 이동하며 걸으면 덜 지루할 것 같았다.

　땅끝에 가기 위해 오후 5시 55분 해남행 버스를 예약했다. 해남 도착 예정 시간이 밤 10시 30분이다. 해남에 도착하니 시내에 불이 꺼져 폐허의 도시처럼 보였다. 출발 전 센트럴시티 터미널에서 식사를 해서 다행이다.

　터미널에서 가까운 남도모텔을 찾았다. 시설이 낡았지만 깨끗하다. 1980년대풍 현관문의 시건장치와 방문에 있는 갈고리가 정겨웠다. "화재와 도난 등 예방을 위하여 문단속과 잠을 잘 때 소등하십시오"라는 문구가 방문에 적혀 있다.

내일 출발 지점인 땅끝탑이 해남읍에서 가까운 곳에 있을 거라고 믿고 아침 일찍 일어나서 걸어가면 되겠지 생각했다. 모텔방에서 내일 계획을 구체적으로 세우려고 메모해 가지고 온 수첩과 지도를 펼쳤다. 아뿔사! 땅끝은 해남읍에서 30킬로미터 넘게 떨어져

땅끝이자 시작 지점에 땅끝탑이 있다. 2022년 노후 관광지 재생사업을 통해 땅끝탑 앞 전망대를 스카이 워크로 리모델링했다.

있다. 땅끝마을 가는 버스를 이용하라고 코스를 정리한 A4지에 별도로 메모까지 해 놓고 왜 그런 착각을 했는지 모를 일이다. 가끔 당치도 않은 일들이 벌어진다. 일요일 약속인데 토요일에 약속 장소에 가기도 하고, 잘 둔 물건을 못 찾기도 한다. 제아무리 자신만만해도 치매 검사가 필요한 나이이다.

다음날 해남읍에서 버스를 타고 땅끝마을에 도착했다. 진주에서 근무할 때 승용차로 보길도에 가며 이곳에 주차했던 기억이 희미하게 떠올랐다. 잘 조성되어 있는 둘레길을 돌아 땅끝탑에 도착했다. 위도와 경도를 표시해 놓은 10미터 높이 삼각형의 땅끝탑이 바다 가까이 세워져 있다. 탑을 돌아 나와 조금 걸으니 직진 방향으로 남파랑길 리본이 보였다. 왼쪽으로 서해랑길 리본이 다음은 이쪽이라며 팔랑거렸다. 이곳이 남파랑길과 서해랑길의 갈림목이다. 남파랑길에 발을 디디며 또 다른 목표가 머리 한편에 자리 잡았다. 그건 남파랑길을 완주하고 나서나 생각해 볼 일이라며 밀어냈다. 땅끝전망대에 올라갔다. 지하철을 공짜로 이용하는 '지공대사'가 된 지 오래다. 이곳에서도 경로 우대를 받으니 작은 횡재라도 한 듯 묘한 기분이 든다.

전망대에서 내려와 작은 산길과 바닷길을 걸었다. 남해도 바래길을 걸을 때 끼니 때문에 많이 고생했다. 11시가 조금 지나 '본동 기사식당'이 보였다. 조금 이른 점심이지만 아침도 부실했던지라 식당에 들어갔다. 열두 가지 반찬에 된장찌개가 나왔다. 심봉사 문고리 제대로 잡은 격이다.

"아주머니 이렇게 주고 뭐가 남아요?"

송지면 송호리 갈두산 사자봉 정상에 있는 땅끝전망대. 전망대에서 진도에서 완도까지 그림처럼 펼쳐진 바다 풍경을 볼 수 있다.

내 말에 나이 든 아주머니는 빙그레 웃음으로 대답한다. 전복을 많이 양식하는 곳이라 그런지 새끼 전복으로 만든 전복장이 나왔고, 찌개에도 전복이 세 마리 들어 있다. 오늘 점심 한 끼는 제대로 횡재했다. 점심을 먹고 나니 힘이 솟는다. 넘치는 힘으로 걷기 속도가 빨라져 남파랑길 리본을 잃어버리고 코스를 이탈했다.

미황사에서 만난 작은 인연

네이버지도를 보며 달마고도길을 걸어 미황사에 도착했다. 이곳도 전에 와본 곳이다. 미황사 뒷산 달마산을 산행하고 싶었지만 시간이 늦어서 정상까지 다녀오긴 무리일 것 같다. 비도 조금씩 뿌려 망설이지 않고 산행을 빨리 포기했다.

산문(山門)만 한 바퀴 돌아 나오다가 주차장에서 달마산 산행을 마치고 내려오는 사람을 만나 이야기를 나누었다. 대구에서 오신 분이다. 걸어서 들어온 미황사 입구까지 태워준다는 그의 호의를 받기로 했다. 그는 점심도 먹지 못하고 산행을 시작하여 정상 600미터를 남겨두고 비가 오기 시작하고 어두워져서 그냥 내려왔다고 했다. 나는 비상식량으로 가지고 있던 건빵을 한 봉지 건네주었다. 그는 허겁지겁 먹으면서 건빵이 요기가 된다는 걸 처음 알았다며 고마워했다.

"다음 코스가 어딥니까?"

"완도입니다."

그가 완도까지 태워다준다는 걸 거절하고 남창시장에서 내렸다. 건빵 한 봉지의 힘인지, 그의 친절함인지 아무튼 서로가 윈윈한 작은 사건이었다. 해남군 북평면에 있는 남창시장. 2일과 7일에 5일장이 서지만 평일에는 오전에만 장이 선다. 아직 훤한 시간인데 이미 파장이다. 아낙 세 명이 조금 남은 해산물을 팔고 있다. 오랜만에 시골 장 구경을 하고 싶었는데 볼 것이 없었다.

해남군과 완도군 사이의 작은 섬 달도. 행정구역은 완도군 군외면이다. 바닷가에 있는 달도테마공원을 지나 완도대교를 건넜다. 육교 밑으로 원동터미널과 숙소 몇 개가 보인다. 해가 지려면 한 시간 정도 여유가 있지만 다음 코스가 완도수목원으로 이어져서 오늘 일정을 이곳에서 마쳐야 했다. 완도 관광지도를 얻으려고 원동터미널 근처 군외면 사무소에 들어갔다. 완도군 관광지도는 보이지 않고 군외면 관광지도를 하나 준다. 완도군 것을 찾으니 다른 직원이 잠시 기다리라고 하더니 하나 찾아준다. 그 성의가 고마웠다.

군외면사무소 아래로 내려가다 작은 회센터를 발견했다. 아래층에서 회를 떠주고 2층에는 양념을 파는 곳이다. 혼자 먹을 거면 우럭 두 마리 2만 5000원이라는데 굳이 광어 3만 5000원 짜리를 주문했다. 해파랑길을 걸으며 포항 죽도시장에서 3만 원짜리 회를 먹은 후 가장 싼 가격이다. 보통 음식점에서 작은 것을 시켜도 5만 원이니 말이다. 회를 좋아하냐는 아주머니 말에 좋아한다고 말했다. 스티로폼 긴 접시에 광어회가 넉 줄로 가득 찼다. 둘이 먹으면 좋을 만큼 양이 많았다. 첫 줄부터 먹기 시작했다. 그 다음 둘째 줄, 다음은 셋째 줄을 반쯤 먹었다. 맥주 한 병을 시켜, 가지고 간 증류 소주를 조금씩 섞어 마셨다. 얼큰히 취하니 기분이 좋다. 가까운 곳에 숙소도 있고, 아침에 출발지로 이동할 일도 없고, 그냥 이어서 걸으면 되니 마음까지 편안하다.

완도 상왕봉에 오르다

작은 어촌 마을이니 아침 먹을 곳이 없다. 아침을 컵밥이나 컵라면으로 때우는 것이 조금 익숙해졌다. 완도수목원 입구에 도착했다. 남파랑길 리본도 보였다. 안내하는 나이 든 여직원이 마침 출근한 모양이다. 수목원이 그냥 지나가는 코스인 줄 알고 사진이나 몇 장 찍을 생각이었다. 안내원에게 상왕봉을 물으니 알지 못했다. 단지 이곳 수목원을 다 보려면 몇 날 며칠이 걸릴지 모른다는 업무에 충실한 고지식한 대답을 해준다. 코스도에 보면 수목원 뒷산이 상왕봉인데, 어디로 올라가는 길인지 감이 잡히지 않았다.

완도식물원은 약 600만 평 규모에 201과, 3698종의 식물이 있다고 하니 안내원 말이 맞기는 했다. 수목원으로 올라온 데크길을 다시 내려왔다. 수목원 왼쪽으로 난 큰길을 따라 걸어 오르니 다시 수목원 정문이 나온다. 이번에는 젊은 청원경찰이 주민등록증을 확인하고 경로 우대 무료입장권을 건네준다. 아홉 시가 넘어 수목원 개장 시간이 되었다.

"상왕봉에 이르는 남파랑길 코스를 어디로 가나요?"

무료입장권을 받아들고 청원경찰에게 물었다.

"남파랑길이라고요? 처음 듣는데요."

"다른 시군 지도에는 남파랑길 코스를 표시하고 있는데 완도군 관광지도에는 없어서요."

"저는 도청 소속이라 그런 것 몰라요."

왜 모르냐고, 왜 안내판도 없느냐고 언쟁할 수는 없었다. 여자는 수목원 뒷산인 상왕봉도 모르고, 청원경찰은 남파랑길을 처음 듣는다고 한다. 젊은 청원경찰이 수목원을 통과하여 상왕봉을 오를 수 있다고 왼쪽 방향을 가리켰다. 수목원을 통과하는 것이 아니라 별도의 코스가 있는 게 아닌가 생각했다. 그의 말을 듣고 수목원으로 들어섰다. 넓은 수목원에 가로세로로 미로처럼 갈라진 길들, 여러 가지 식물들에 대한 설명이 상세하다. 갈등(葛藤)의 유래가 적힌 푯말을 보고 제대로 뜻을 이해했다. 갈등의 어원은 칡나무와 등나무다. 칡나무는 오른쪽으로 회전하며 성장하는데, 등나무는 왼쪽으로 회전하며 성장한다. 서로 반대 방향으로 나간다. 따라서 갈등이란 "목표나 이해관계가 달라 서로 적대시하거나 충돌함, 또는 그런 상태"를 말한다.

사진 속 도토리들이 키재기 하는 모습이 재미있다. 도토리는 참나무에 열리는 열매이다. 도토리가 열리는 신갈나무, 갈참나무, 졸참나무, 굴참나무, 떡갈나무, 상수리나무를 총칭하여 참나무라 부른다. 여섯 종류의 나무에 열리는 도토리는 다른 듯 서로 닮았다.

숲의 웅장함을 소개하는 수목원 안내 간판과 수목원 리본이 지배하고 있다. 수목원 리본에 주눅 들어 어깨 늘어뜨린 남파랑길 리본이 가끔씩 나타났다가 사라지곤 한다. 지자체에서 남파랑길 코스에 관심이 적다는 뜻이리라. 남해 바래길은 지도를 보지 않고도 코스를 따라 걸을 수 있도록 이정표나 리본이 촘촘히 있었다.

수목원 팔부 능선쯤 지나자 산의 본래 모습이 나타났다. 가파르게 경사진 곳을 힘내어 해발 644미터 상왕봉에 오른다. 정상에서 강진에서 등산을 온 여섯 명의 일행을 만났다. 그들에게 사진을 부탁했다. 이번 길에서 만난 사람들과 처음으로 긴 이야기를 나누었다. 막걸리를 마시는 그들에게 내가 가지고 간 증류주를 조금씩 맛 보여주자 모두 감탄했다. 초등학교 동창이라는 말띠 네 명과 그들의 선배 두 명의 모습이 평화로웠다. 가지고 간 시집의 여유가 없어 한 사람에게만 시집을 건네주

완도 오봉산은 북쪽부터 숙승봉, 업진봉, 백운봉, 상왕봉, 쉼봉 다섯 봉우리로 이루어져 있다. 상왕봉은 상황봉이라고도 부르며 해발 644미터로 가장 높은 봉우리이다.

었다. 상왕봉 정상에서 만난 참묘한 인연이다. 술을 주문하면 보내주냐는 말에 그럴 수도 있다고 말은 했지만, 그런 일은 일어나지 않았다. 그들과 인연으로 술을 조금 보내줄까 하는 생각도 들었지만 하지 않았다. 주세법상 자가 소비 목적의 술만 빚을 수 있다. 술을 빚은 사람이 택배비 부담하며 지인에게 술을 보내주어도, 빚은 술을 함께 마셔도 주세법 위반이다. 웃기는 주세법이지만 따라야 한다. 법은 법이니까.

상왕봉에서 골프선수 최경주가 나온 화흥초등학교 쪽으로 내려와 도심 구간을 걸어 완도타워전망대에 오르는 언덕길을 오른다. 주변에 정원을 아름답게 꾸며놓았다. 갖가지 식물들 구경하는 데 정신이 팔려 힘든 줄 몰랐다. 타워 입장료는 무료이다. 이곳저곳에서 경로 우대를 해주니 조금은 미안하다는 생각이 든다. 완도타워의 높이는 해발 132미터라니 꽤 높다. 전망층 높이는 51미터다. 전망대에서 바라본 다도해는 그냥 그림이다. 바다를 수놓은 듯 전복 양식장이 이채롭다. 1층 바닥에 다도해 해상국립공원 여객선 항로가 표시되어 있다. 여객선 항로에 표시된 청산도를 보니 어린아이처럼 문득 그곳에 가고 싶은 충동이 생긴다.

느림의 섬 청산도

청산도는 이번 걷기 코스 계획에 없었다. 완도타워에서 본 보길도와 청산도 항로가 마음을 흔들었다. 보길도는 오래 전에 다녀왔다. 텔레비전에서 본 청산도의 청보

느림의 섬. 청산도. 달팽이 조형물이 선착장에서부터 걸음을 느리게 한다.

리가 생각났다. 지금은 청보리철이 아닌 10월도 막바지다. 완도여객터미널에 전화를 해 보니 오후 5시 30분에 출발하는 마지막 배가 있고 그곳에 숙소와 식당도 있다고 한다. 조금 서두르면 시간도 넉넉할 것 같다.

넓은 여객터미널에서 청산도행 배표를 샀다. 커다란 터미널 규모에 비하면 손님은 한산하다. 청산도행 뱃전에 적혀 있는 노란 글씨 SLOW, 시작부터 느림이다.

청산도는 '슬로우시티'에 걸맞게 달팽이들이 많이 살았다. 도착하자마자 느림을 거슬러 빠르게 숙소를 정하고 저녁을 먹으러 식당에 들어갔다. 저녁 7시도 채 되지 않았는데 영업이 끝났다고 한다. 슬로우시티에서 음식점은 빨리 닫는 것이 이해하기 어려웠다. 아마도 손님이 없어서 그렇게 운영하는지 모르겠다. 점심도 굶었다며 사정했다. 궁하니 사정이 통했다. 찌개 종류는 안 되고 멍게, 전복, 성게를 재료로 한 세 가지 종류의 비빔밥 중 주문하라고 했다. 성게는 먹어보지 않은 음식이다. 그래도 익숙한 멍게비빔밥을 시켰다. 조금 비릿하지만 시장기가 다른 음식 맛을 만들어주었다.

마을 주민들이 공동으로 운영하는 서편제 주막은 코로나로 닫혀 있었다.

슬로시티에서 나는 서둘러야 했다. 이번 남파랑길 도보 여행에 충동적으로 끼어든 청산도이기에 아침 9시에 출발하는 두 번째 배를 타기 위해 아침 6시가 되기 전에 일어났다. 모텔에 배낭을 두고 나와 몸이 가볍다. 나지막한 언덕을 오르니 영화 〈서편제〉 촬영지다. 유채꽃이 없어도 청보리가 없어도 아기자기한 시골길이 정겹다. 작은 계단식 논과 밭 아래 넘실거리는 파도가 조화롭다. 초가집 서편제주막은 문이 굳게 닫혀 있다. 송화의 판소리도 들리지 않는다. 조금 떨어진 곳에 〈봄의 왈츠〉 촬영지도 보인다. 나지막한 산길을 걸었다. 슬로시티에서 천천히 걸어야 하는데 자꾸 발길을 재촉했다. 짧은 시간에 조금 더 많은 것을 눈에 담아야 한다는 욕심이 앞에서 나를 이끌었다.

청산도

뱃전의 노란 글씨 SLOW
눈발이 날리자
배의 발목을 잡고 속도를 더디게 했다

슬로우 시티 슬로우 장터가
코로나로 문을 걸어 닫고
섬 전체를 더 게으르게 만들었다

달팽이가 여기저기 기어 다녔다
아침 해는 늦게 기지개 켰다

수탉이 점심때 게으르게 울었다
순환 버스가 느리게 지나갔다

뒷짐 지고 느린 걸음으로
완도항 앞바다에서 불어오는 꽃샘바람
난분분 흩날리는 눈
가만가만 녹여
산수유 언 발 간지럼 태워보지만
꽃망울은 천천히 입술 여미고

매달리던 배낭 숙소에 남겨두고
옷깃 여민
내 발걸음만 빨라졌다

장군섬 청해진의 장보고와 송징 장군

장보고공원이 넓고 푸르다. 캠핑족도 보인다. 2008년 개관한 장보고 기념관은 말끔하게 단장하고 사람들을 기다렸다. 제1전시실에는 '장보고의 흔적을 찾아서'란 타이틀로 완도 개요, 장보고의 유적, 청해진 유적, 문헌 속 장보고 등 주제로 전시하고 있다. 제2전시실은 '바닷길을 열다'란 주제로 장보고와 해상 실크로드, 장보고 선단의 무역 활동을 주제로 중국과 일본에서의 활동을 전시하고 있다. 장보고가 완도 출신이라는 걸 처음 알았다. 장보고 대사의 국가표준 영정을 보니 강직한 무인이다. 드라마 〈해신〉에서 열연하던 최수종의 모습이 떠올랐다.

청해진 유적지인 장도. 장도는 '장군섬'이라 불리는 7만 2천여 평에 불과한 작은 섬이다. 유적지는 1957년 사라호 태풍의 피해로 목책을 덮고 있던 갯벌이 깎이면서 발견되었다는 안내문이 유독 눈에 띈다.

'아, 태풍도 좋은 일을 하는구나' 하고 생각했다. 바다에 나무 말뚝을 박아 두른 방책, 1만 명의 식수로 사용하였다는 청해정(淸海井)이 너와지붕을 이고, 뚜껑에 덮여 있다. 일부 남아 있는 토성, 잘 조성되어 있는 둘레길을 따라 걸으며 사방의 바다 풍경을 혼자 만끽한다. 이 작은 섬 장도를 근거지로 한 장보고 대사가 중국과 일본 사이에서 해상 무역의 패권을 장악했다니 실감이 나지 않았다.

장도의 주인공은 청해진대사 장보고다. 그러나 나이 많은 마을 주민이나 민속학자들은 1980년대 초반까지 작은 섬 주인으로 '송징', 송 장군을 꼽는다고 한다. 송징은 고려 삼별초군과 함께 완도로 들어와 조운선을 털어 주민들에게 곡식을 나눠주는 선정을 베풀었다고 전해진다. 완도읍을 비롯한 죽청리, 장도리 등에서는 송 장군을 마을신으로 모셨다. 송 장군을 장보고와 같은 인물로 보는 이도 있다. 이들은 송징을 장보고의 별호로 해석하기도 한다. 장보고가 장도의 당집에 좌정한 때는 1990년대다. 송징을 마을신으로 모셨던 당집은 '장군당'으로 바뀌고 주신으로 장보고 영정이 걸리게 되었다. 이제 완도에서 모든 것은 장보고로 통한다고 한다

사라호 태풍으로 모습을 드러낸 청해진 유적지. 청해진은 신라 흥덕왕 3(828)년 장보고가 설치한 해군기지이자 무역 기지였다.

준 광주전남연구원 연구위원, 《완도의 길은 '장보고'로 통한다》, 전남새뜸편집실, 2018.3.5.

　장좌리 장군샘을 지나 일반국도를 걷는다. 일부 구간은 도보길이 따로 없어 조심해서 걸어야 한다. 다행히 차들이 많지 않았다. 점심때가 지나 배가 고파온다. 식당은 보이지 않고 식당이 있는 원동터미널은 1박을 한 곳이고 완도대교는 이미 걸은 길이라 버스를 타고 완도대교를 지났다.

　남창정류장에 내리며 버스기사에게 식당을 물었다. 승객 중 음식을 잘하는 식당을 안다며 중년 남자가 앞장서 식당을 안내했다. 점심시간이 한참 지났는데 좁고 침침한 식당에 손님 두 팀이 있다. 빈 식탁에 앉아 짱뚱어탕을 시켰다. 중년 남자는 내가 앉은 식탁 반대편에 앉았다. 앉자마자 그는 소주를 시키더니 안주도 없이 마셨다. 그는 앞에 앉은 내게 빈말이라도 술을 권하지 않았다. 빈 식탁이 몇 개 있는데 그가 내 좌석 앞에 앉아 합석 아닌 합석이 된 것이다. 그에게 왜 여기 앉느냐고 말하기도 어정쩡했다. 상차림으로 기본 반찬이 나왔다. 그에게 안주로 먹으라고 하였더니 게장을 연신 먹는다. 게장은 내가 먹지 않는 유일한 음식이다. 주인은 짱뚱어탕을 두 개 내왔다. 한 개는 내 앞에 한 개는 중년 남자 앞에 내려놓았다.

"나는 시키지 않았는데…"

남자가 말하자 주인 여자는 테이블 옆에 서서 멈짓거렸다.

"그냥 주세요. 외상으로 하고 다음에 드릴 테니."

남자 말에 주인은 가타부타 말없이 그냥 식탁에 다시 내려놓았다. 18세 때 오른쪽 팔을 다쳤다는 그는 불편한 팔이 문제가 아니라 더듬는 말이 문제였다. 말꼬리가 사라지는 그의 말은 계속 지껄여대는데 반은 알아들을 수 없어 건성으로 대답했다. 혼자 산다는 그는 이곳 음식점에서 반찬을 사서 먹는다고 했다. 이곳 식당이 그의 단골인 모양이었다. 그 사람의 밥값과 소주값을 포함하여 계산하였다. 고맙다는 말을 남기고 그가 먼저 자리를 떴다. 본의 아니게 그의 식대와 술값을 내주었다. 그것도 살아가며 맺은 작은 인연이다.

다산을 만나러 가는 길

다산(茶山)이 18년 동안 유배생활을 한 강진. 10월도 막바지다. 다산을 만나러 가는 산길이 고요하고 아늑하다. 사색의 길을 걸으며 풍광에 빠져 우쭐거리던 마음이 나도 모르는 사이에 차분해진다. 만덕산 기슭에 자리 잡은 다산초당 앞에 선다. 다산은 이곳에서 500여 권의 책을 집필했다. 어쩌면 평생 관직에만 있었다면 그 많은 저서를 남기지 못했을지 모른다는 엉뚱한 생각을 해 본다.

정약용(1762~1836)의 자는 미용(美鏞)이다. 호는 다산(茶山), 사암(俟菴), 여유당(與猶堂)이다. 다산이라는 호는 강진 귤동 뒷산 이름으로 이 기슭에 머물면서 자신의 호로 쓴 것이다.

다산초당 현판에 추사(秋史) 김정희(1786~1856)의 필체가 살아 있는 듯 꿈틀거렸다. 추사는 김정희의 자(字)이다. 예전에는 이름을 소중히 여겨 함부로 부르지 않고

본이름 외에 부르던 이름이 추사다. 정약용은 호가, 김정희는 자가 많이 불린 셈이다. 추사의 호는 완당(阮堂), 보담재(寶覃齋) 등 일흔두 가지나 있다. 그의 시문집으로 완당집이 있다. 추사는 제주도 유배 시절 초의선사에게 차를 보내달라고 졸라대기도 했다.

초의선사(1786~1866)는 24세 때 학문과 배움을 얻고자 다산초당을 찾았다. 정약용을 스승으로 섬기며 유학의 경서를 읽고 실학 정신을 계승하였으며 다산의 큰아들 정학연(1783~1859)과 평생 친구로 지냈다.

다도를 정립하여 다성(茶聖)이라 불리는 초의선사는 차의 덕을 찬미하는 동다송(東茶頌)을 남겼으며, 다산 정약용과 추사 김정희는 물론 소치 허련과 폭넓게 교유(交遊)했다. 다산초당은 다산이 거처하던 동암과 제자들이 유숙하던 서암이 있다. 다산이 차를 끓였던 반석인 다조가 작은 뜰에 놓여 있다. 또 병풍바위에 새긴 정석(丁石)이라는 글자, 연못 가운데 조그만 산처럼 쌓아놓은 연지석 가산, 유배생활을 하며 정조와 흑산도 유배 중인 형 정약전을 마음에 그리워하던 언덕에 세워진 작은 누각 천일각은 하늘 끝 한 모퉁이란 뜻이다.

다산초당을 지나 백련사로 가는 산길. 다산이 백련사의 혜장선사를 만나러 가는 느낌이 이러했을까. 괜스레 마음이 설레었다. 동백나무 푸르름 속에 야생 녹차 향기가 났다. 녹차는 이미 수확을 마쳤지만 늦게 핀 녹차꽃이 군데군데 바람에 날려 유혹한다. 이미 지나간 계절. 녹차 새순은 보이지 않았다. 겨우 어린 순 하나를 찾아 입에 넣고 오물거려보았다. 쌉싸름한 녹차 향이 입안을 상쾌하게 맴돈다. 사색의 산길을 걸으며 차와 인연이 이어진 다산과 초의선사, 완당의 인연을 다시금 생각해

추사 선생이 쓴 다산초당 현판. 다산은 이 초당에서 10여 년 머물며 500여 권의 책을 집필했다.

혜장 스님이 머물며 추사와 교류했던 백련사. 839년 신라 승려 무염이 창건한 절이다.

본다.

다산초당과 백련사는 오래 전에 한 번 와본 곳이다. 백련사에서 정식적인 템플스테이는 아니지만 인문학 기행으로 15명이 하룻밤 잔 적이 있다. 저녁 공양 후 작은 스님이 녹차를 끓여 우리 일행에게 한 잔씩 따라주셨다. 야생 녹차를 직접 따서 덖은 것이다. 종일 녹차를 따느라고 힘든데 저녁에 큰스님이 '녹차향이 좋지?' 하고 묻는단다. '힘들다'는 말은 하지 못하고 입 속으로만 맴돌았다며 웃으셨다. 하루 종일 서서 똑같은 일을 한다는 것은 힘도 들지만 얼마나 지루한 일일까? 녹차 따는 것이 수행일 터였다.

스님이 준 녹차를 마시며 고민거리가 생겼다. 누룩으로 직접 만들어 가지고 간 전통주를 절에서 마셔도 되는지 스님에게 조심스레 작은 소리로 물었다. 고려시대 절에서 빚던 법주(法酒)였다.

"스님 제가 만들어 온 곡차가 있는데 마셔도 되나요?"

절에서 술을 곡차로 부른다는 걸 주워들은 것이 생각났다.

"예, 드셔도 됩니다."

스님의 허락에 식품 건조기에서 직접 말려서 가지고 온 사과와 배를 작은 접시에 펼쳐놓았다. 인사치레로 스님에게 곡차를 권하였다.

"스님도 곡차 한 잔 하시겠습니까?"

스님은 우리 일행을 둘러보더니 내게 작은 소리로 말했다.

"이왕 주려면 가득 주세요."

잔이라야 준비해 가지고 간 종이로 만든 소주잔이다. 아마도 큰스님과 안면이 있는 우리 일행을 편하게 해주려는 배려이리라.

다산의 동백숲 길을 걷다

길 위에서 길 밖에서
다산과 혜장선사의
그림자를 밟으며
동백숲 흙길을 걷는다

키가 훌쩍 큰 동백나무 사이로
구강포 바다가 서너 차례
들어왔다 나갔다

사색하며 거닐라는
동백숲 길
10월도 막바지라
동백꽃 대신
야생 녹차꽃 몇 송이 피었다

동박새가 없어 더 조용한 길
기울어진 마음의 무게추
발걸음마다 생각의 먼지가 일었다

구도求道하는 마음으로
백련사 동백숲 길을 걷는다

03. 자동차와 함께 남해고속도로를 걷다

하동 가는 길을 잃고

남해도를 한 바퀴 도는데 아흐레가 걸렸다. 그 다음에 해남에서 강진까지 닷새 걸었다. 다시 남해대교에서 출발하기로 했다. 남파랑코스는 전 구간이 집에서 접근성이 멀다. 해파랑길 동해안을 걸을 때는 오륙도부터 북쪽으로 이어 걸었다. 남해안은 다채롭게 코스를 걷는 것이 코스의 지루함을 덜어줄 수도 있다.

남해행 버스표가 매진이다. 하동행도 오후 2시 30분 버스표 석 장만 남아 있다고 했다. 금요일이라 귀향하는 사람들이 많은가 보다. 그래도 인구 4만 2000명의 작은 고을에 버스 손님이 많은 까닭이 의아했다. 만석이 된 하동행 버스가 구례에 도착하자 절반이 내렸다. 화개장터에서도 몇 명이 내리고 악양에서도 내렸다. 하동까지 간 승객은 여섯이다. 작은 도시를 묶어 버스가 운행되고 있었다. 많은 지역을 경유하며 시간이 걸려도 그걸 감수해야 하는 현실이다. 아예 교통편이 없으면 인접 큰 도시로 가서 이용해야 할 테니까.

하동에서 남해까지 가는 버스는 없고 진교까지 가서 환승해야 한다. 버스는 한 시간마다 있다. 늦게 도착하면 저녁이 걱정된다. 하동에서 밥을 먹고 가려고 눈에 뜨이는 동바리 해장국·설렁탕·감자탕을 하는 음식점에 들어갔다. 자리에 앉아 주문하려니 2인 이상만 주문이 가능하단다. 해장국이나 설렁탕은 반찬도 간단하고 1인 음식 아닌가? 고깃집도 아니고 설렁탕집에서 혼자 식사할 수 없다니…. 깍두기나 김치 정도만 나오는 음식점에서 1인 손님을 거절하는 건 시대에 엇나가는 영업방법이 아닌가? 쫓겨나듯 그냥 나오다 보니 문 앞에 '2인 이상 식사를 할 수 있습니다'란 작은 안내 문구가 보인다. 김밥집에서 저녁을 먹었다. 시작부터 모래를 씹는 기분이다.

식사하고 하동에서 진교, 진교에서 남해행 버스를 타고 남해대교에서 내렸다. 모텔이 여럿 보인다. 식당은 보이지 않고 횟집들은 모두 문을 닫았다. 모텔 이름을 보고 들어선 파라다이스모텔은 아주 깨끗했다. 관광지라 그런지 모르겠다. 편하게 잠을 자고 아침 일찍 일어났다. 배낭을 모텔에 두고 모텔 주인이 알려준 식당에서 아침을 해결했다. 밀어내기 뒷일까지 보고 샤워까지 하고 나니 아주 산뜻한 출발이다. 배낭을 메고 나오다 모텔 옆 작은 공터에 심은 채소를 손보는 파라다이스모텔 주인 여자와 만났다. 아침에 보니 나이는 들었어도 아주 편안한 모습이다. 그녀가 하룻밤 자신의 모텔을 이용한 내게 이야기보따리를 풀기 시작했다.

그녀는 포목 장사를 하던 남편이 죽자, 혼자서 포목 장사를 하며 아들 하나와 두 딸을 키웠다. 그녀는 딸보다 아들 자랑에 많은 시간을 할애했다. 아들이 성악을 전공하여 고등학교 음악 선생을 하다 그만두고, 지금은 개인 레슨을 하는데 수입이 더 좋다고 했다. 사는 게 돈이 전부는 아닐 텐데. 나라면 음악 선생의 길을 갔을 것이다. 파라다이스모텔은 큰딸과 경영하고, 옆에 있는 작은 모텔을 사서 작은딸이 경영하고 있다. 이야기 중에 작은딸이 나와 인사를 했다. 출발하기 위해서 끝없이 이어지는 그녀의 말을 끊어야 했다.

시작은 그렇게 좋게 아침까지 먹고 남해대교를 건넜다. 1973년 하동군 금남면 노량리와 남해군 설천면 노량리를 연결한 다리다. 이 구간이 600미터밖에 되지 않은 좁은 수로와 같은 노량 해협이다. 충무공의 마지막 승전을 울린 노량대첩이 있었고

장렬한 최후를 맞은 곳이기도 하다. 다리 위에도 남파랑길 리본이 붙어 있고, 바닷길을 따라 안내 표지와 라벨이 붙어 있어 따라 걸었다.

점심때가 지나 배고픔에 정신이 혼미해졌다. 식당이나 편의점은 보이지 않고 논길과 낮은 산길을 걷다가 안내 리본을 잃어버렸다. 네이버지도나 카카오앱에서 목적지 검색을 해도 지도가 뜨지 않는다. 국도의 하동 이정표를 보고 걷다가 국도도 끊어졌다.

작은 언덕을 올라 넓은 도로에 들어섰다. 얼핏 남해고속도로가 아닌가 하는 생각이 들었다. 갓길로 역주행하며 걸었다. 갓길이 제법 넓지만 빠르게 달려드는 차들이 긴장하게 했다. 한참을 걸으니 두려운 생각이 들었다. 남해고속도로에서 탈출하려 해도 하동으로 가는 방법을 알 수 없다. 차라리 고속도로 순찰대에게 적발이라도 되었으면 좋겠다고 자포자기하며 걸었다. 한 시간 정도 고속도로 갓길을 걷는데 순찰대가 나타났다. 지나가던 차가 신고를 하였는지 아니면 정기 순찰인지 모르지만, 경찰 두 명 중 한 사람이 순찰차에서 나와 물었다.

"어디 가고 있어요?"

"도보 여행 중 남해에서 하동으로 가는데 길을 잃었어요."

"고속도로를 걸으면 벌금 물어야 합니다."

내겐 벌금이 문제가 아니었다. 목적지를 가는 것이 중요했고, 당장 고속도로에서 벗어나는 것이 중요했다. 순찰차에 타라고 했다. 그들은 나를 고속도로에서 탈출시켜 하동으로 들어가는 초입에 내려주었다. 신분증을 확인하지도 않았고, 처음 말하던 벌금 문제는 나이 들고 지친 나를 동정했는지 다시 꺼내지 않았다. 그들은 편의점에서 음료라도 하자는 나의 제의를 거절하며 잘 걸으라는 인사를 남기고 돌아갔다.

아침의 좋은 출발이, 큰일이라도 벌어질 사건을 완벽하게 해결해주었다. 남파랑길 구간인 남해대교에서 하동까지는 28킬로미터인데 돌고 돌아 38킬로미터를 걸었다. 날이 어둑해져 하동 입구에 들어섰다. 섬진강에 노을이 지고 있다. 섬진강 초입부터 데크길에 미등이 켜져 있어 어두워도 걷기에 지장은 없었다.

천연기념물로 지정된 송림. 조선 영조 21(1745)년 광양만의 해풍과 섬진강의 모래바람을 막기 위해 조성한 것이다.

송림 앞 섬진강에서 재첩 잡는 사람들. 작은 재첩을 회로 먹는 것은 또 다른 맛이다.

하동송림

처음은 메마른 백사장이었지 날마다 불어오는 모래바람에 뜬눈으로 뒤척이며 내게도 내일이라는 게 있기는 한 것인가 생각한 적이 많았지 우린 모두가 가녀린 몸이었지 서로가 의지하니 그나마 힘이 되더군 시간 날 때마다 헤너르고 푸른 섬 진강에 뛰어들어 미역 감으며 갱조개와 눈 맞추고 친구 되어 이야기하며 개구쟁이 시절을 보냈지 강 건너 넓은 광양 땅 바라보며 조금 더 큰 꿈을 그리게 되었지 그 꿈을 하나하나 키워 가며 비록 꿈이라도 크게 꾸어야 한다는 걸 알게 되었단다

이제 두툼해진 나이테 나이가 벼슬인 양 거들먹거리지 않고 애써 알리려 하지 않고 살고 있지 경로우대해주며 천연기념물*로 지정해주었지만 마음은 언제나 편안하게 푸르름 잊지 않고 아직도 오래된 친구 갱조개와 세상 돌아가는 이야기 하며 산단다

지난여름 우기의 강풍에 맞장 뜨다가 큰 가지 하나 우지끈 내려놓았지 이제 가지고 있는 것 하나둘 내려놓을 때가 온 게야 우리 하동송림을 대표하는 '맞이나무 소나무'가 젊은이 늙은이 오는 사람 가는 사람 경상도 전라도 여자 남자 가리지 않고 왜 다소곳 고개 숙여 인사하는지 생각해 보렴

*하동 송림은 조선 영조 21(1745)년에 조성된 소나무 숲으로, 2005년 2월 18일 천연기념물 제445호로 지정되었다.

어제 늦게 도착하여 제대로 보지 못한 송림. 광양으로 건너가기 전에 다시 찾았다. 지리산 둘레길을 걸으며 와본 곳이다. 천연기념물 445호로 지정된 하동 송림은 백사장과 섬진강과 어울려 제법 운치가 있다. 아침 일찍 재첩 잡는 사람들이 나와 있다. 부지런한 사람들이다.

광양으로 넘어가는 섬진교를 건넌다. 하동군 화개면의 화개장터는 광양에서 나룻배 타고 건너오고, 하동 사람과 구례 사람들이 만나던 곳이다. 지금은 다리가 하동과 광양 두 고을을 연결해준다. 섬진강을 따라 둘레길이 잘 조성되어 있다. 섬진강변을 보며 걷다가 반대편에서 걸어오는 부부를 만났다. 서로 인사를 하며 잠시 멈추었다. 대구에 사는 그들은 주말을 이용하여 남파랑길을 걷는다고 했다. 반가웠다. 13일 정도 걸으면서 길에서 두 번째 만난 사람들이다. 여자가 배낭을 열더니 핫바와 단감 하나를 내민다. 나도 시집 한 권을 꺼내주었다.

윤동주 육필 원고를 보관했던 정병욱 집

섬진강이 광양만으로 흘러드는 하구 좌측에 망덕산(해발 197미터)이 있다. 백두대간을 거쳐 호남정맥의 마지막인 망덕산이 바다로 빠지며 부려놓은 곳이 망덕포구다. 망덕이란 지명의 유래는 왜적이 침입하는 것을 망(望)보았다는 설과, 덕유산을 바라보고 있어서라는 설이 있다. 망덕포구에 있는 정병욱 가옥은 윤동주 육필 원고를 보관했던 곳이다. 점심시간이라는 안내문이 붙어 있어 근처 음식점에서 회덮밥을 먹었다.

정병욱 가옥에서 윤동주 필사본 시집의 복사본 표지를 보았다. 윤동주보다 다섯 살 어린 후배 정병욱이 있었기에 윤동주 시인의 시가 햇빛을 보게 된 것이다. 두 사람은 연희전문에서 만나 교류했다. 필사본 3본 중 하나를 받은 정병욱이니 두 사람 사이가 짐작이 간다. 한 부는 스승인 이양하 교수, 한 부는 윤동주 본인이 보관했다고 한다. 이 중 정병욱 생가에 보관되었던 유고 원본만 남아 연세대학교 윤동주 기념관에 전시되어 있다. 정병욱이 1943년 학병으로 끌려가면서 어머니에게 맡겼는데 어머니는 필사본을 명주 보자기에 곱게 싸서 항아리에 담아 마루 밑에 숨겨놓았다고 한다.

나는 윤동주 생가가 있는 만주 북간도 명동촌을 중국 여행 때 다녀왔다. 그가 연희전문학교에 다니던 시절 하숙집이 종로구 누상동에 있었다. 자하문고개에 있는 윤동주 문학관에 가면 윤동주 시인의 일생을 담은 영상을 볼 수 있다. 문학관 뒤로 '시인의 언덕'인 산책로가 조성되어 있다. 윤동주는 해방을 6개월 남겨둔 1945년 2월 후쿠오카 형무소에서 28세에 사망했다.

해방 후 정병욱이 ≪하늘과 바람과 별과 시≫란 시집을 발행하여 비로소 윤동주 시가 세상에 나오게 되었다. 해설사가 한 여자 방문객에게 설명해준다. 잠시 귀를 기울여 보았다. 해설사의 서사가 너무 길었다. 짧게 마치면 다 듣고 싶었지만 도중에 나오기가 조금 민망해서 양해를 구했다. 그 와중에도 해설사가 진열대에 있는 광양 관광지도를 챙겨주었다.

등록문화제 제341호 정병욱 가옥은 1925년에 지은 양조장과 주택을 겸한 점포형 주택이다.

−윤동주: 1917.12. 북간도 명동촌~1945.2.

−정병욱: 1922.3. 남해 설천~1982.10.

망덕포구를 지나 광양제철소 옆으로 걸었다. 끝없이 이어지는 넓은 제철소가 바다를 매립한 부지에 세워졌다니 놀라울 뿐이다. 섬진강을 끼고 백운 그린랜드 길을 걸었다. 섬진강이 길긴 길다. 걷는 도중에 포스코에 31년 다녔다는 갑장 친구를 만났다. 그는 건강한 체격에 걸음이 빨랐다. 생각 같아서는 숙소를 잡고 술이라도 한잔 나누고 싶었다. 그도 그러고 싶지만 선약이 있다고 했다. 서울 화곡동에 집이 있어 광양과 서울을 오가며 생활한다고 했다. 그는 광양이 서울보다 살기 좋다고 했다. 타향도 정이 들면 고향이라는 대중가요 가사처럼, 포스코에 근무하며 많은 정이 쌓였을 터였다.

터미널 근처 숙소로 정한 온돌방. 텔레비전 위에 매어진 줄 위에 양말이 널려 있다. 그냥 보아 넘겼다. 그럴 수도 있지. 샤워를 하고 나서 침구를 펴니 요 솜이 뭉쳐 있다. 누웠더니 샤워로 개운해진 몸을 뒤척일 때마다 등이 배긴다. 요며 이불이며 베개에서 냄새가 심하게 났다. '이렇게 하고 숙박업을 하나' 하는 한심한 생각이 들었다. 걷기 여행을 하며 이런 일을 그냥 넘기는 나 자신이 신기하다. 혀를 끌끌 차며 투정 부리지 않고 그냥 잠을 청했다.

순천왜성과 충무사

아침 일찍 일어났다. 창밖을 보니 비가 많이 온다. 어떻게 하나? 잠시 마음이 흔들렸다. 빵 한 개를 먹고, 현관에 있는 정수기에서 뜨거운 물을 받아 스프를 타서 한 잔 마셨다. 이른 시간이라 그런지 비가 와서 심란해서인지 아침을 먹기가 부담스러웠다. 짐을 챙기고 밖에 나오니 우산을 펴지 않고 걸을 수 있는 정도로 빗방울이 약해졌다. 30여 분 지나 빗줄기가 강해졌다. 배낭 위에 비닐 우의를 입었다. 우산까지 펼쳐 들고 걸었다. 우의까지 입었지만 11월 초인데도 날씨가 덥지 않아 걷기에 그리 불편하지 않았다.

순천시 해룡면 신성리. 나지막한 소나무 숲길을 걸어 순천왜성에 들어섰다. 왜성은 임진왜란과 정유재란 당시 남해안 지역을 점거한 왜군이 근거지를 확보하고 상호 연락 등을 위해 축조한 성이다. 부산왜성, 사천 선진리 왜성, 울산왜성, 진해 웅천왜성 등 서른한 개가 남아 있다.

전라도 지방에는 순천왜성이 유일하게 남아 있다. 이 성은 보기에도 견고했다. 1597년 정유재란 당시 쌓은 성으로 본성과 외성으로 조성되어 있다. 성곽 내에 천수기단, 문지, 해자 등 주요 건물지가 남아 있다. 1963년 사적으로 지정되었다가 1999년 전라남도 기념물로 지정되었다.

순천왜성은 정유재란(1597) 때 1598년 10월 19일부터 11월 7일까지 조명 연합군과 왜장 고니시 유키나가(小西行長)가 이끄는 왜군 1만 4000명 사이에 7년 전쟁의 마지막 전투가 벌어진 격전지이다. 명나라 유정과 조선의 권율이 이끄는 육군 3만 6000명과, 명나라 수군 제독 진린과 이순신이 이끄는 수군 1만 5000명이 왜성을 비롯해 장도(노루섬) 등을 오가며 왜군을 격퇴하였다.

이 왜성에서 멀지 않은 곳에 충무사(忠武祠)가 있다. 처음에 사찰인 줄 알았다. 임진왜란 때 공이 큰 충무공 이순신과 정운, 송희립을 모신 사당이다.

순천왜성과 충무사를 지나 계획이 꼬이기 시작하였다. 비기 많이 내려서 지도도 펼치지 못하고 별도로 메모한 것만 보며 걸었다. 걷기앱도 카카오앱이나 네이버지도도 뜨지 않았다. 왜성을 들른 후 충무사를 보고 여수 율촌파출소 쪽으로 가야 하는데 충무사 앞에 리본이 있어 따라 걸었다. 작은 수로를 따라 몇 번인가 리본이 보이더니, 얼마 가지 않아서 리본이 사라졌다. 농로 중간 중간 배수로 공사 구간이 있는데 비는 내리고 등산화에 빗물이 들어차 양말이 젖어 찌걱거렸다. 농로를 따라 작은 수로를 끝까지 따라가니 고속도로와 만나는 지점에서 끝났다. 다시 돌아 나와

임진왜란 때 왜군이 쌓은 순천왜성. 정유재란 당시 왜군과 조명 연합군이 두 차례에 걸쳐 격전이 벌어진 곳이다.

도로 쪽으로 갔다. 갓길이 좁은 도로에는 트럭이 많이 다녔다. 하동에 갈 때 길을 잃어 남해고속도로 갓길을 걷던 생각이 났다.

3킬로미터 정도 걸어서 다시 충무사 앞으로 왔다. 주위를 살펴보며 리본을 찾아보지만 되돌아 나온 리본 말고는 보이지 않았다. 농로 길에서 코스가 바뀐 듯하다. 아무리 주변을 살펴보아도 다른 리본은 보이지 않았다.

비는 하염없이 내리고 길도 잃어버리고 오늘 걷기를 마쳐야 했다. 젖은 옷이 몸에 달라붙는다. 지쳐서 더 걸을 수도 없다. 에라, 집에 가야겠다. 순천왜성은 여수, 순천, 광양의 접경 지역이다. 거리상으로 광양터미널이 가까워 광양콜택시를 불렀다.

광양에 도착하여 먼저 서울행 버스표를 예매했다. 광양에 왔으니 이곳 대표 음식인 '광양 불고기'를 먹으며 순천왜성에서 꼬인 것을 풀어야 했다. 버스터미널에서 조금 떨어진 곳에 불고기 거리가 있다. 어느 집으로 들어갈까 이곳저곳 기웃거렸다. 나이 든 아낙이 어른거리는 음식점으로 들어간다. 불고기 2인분을 시켰다. 늙은 아낙은 남편에게 숯불을 지피라고 신경질적으로 명령하듯 말한다. 혼자 온 손님이라 별로 내키지 않아 하는 화풀이로 들렸다.

착하게 생긴 주인 남자가 숯에 불을 지펴 가지고 왔다. 기다리는 동안에도 불이 늦는다며 아낙은 궁시렁거렸다. 광양불고기는 숯불에 석쇠를 얹고 그 위에서 양념한 소고기를 굽는다. 고기는 국내산이 아닌 호주산이다. 국내산 소고기는 6개월 이상 국내에서 키운 소의 고기를 의미한다. 소를 수입하여 국내에서 6개월 이상 키우면 국내산이다. 국내산은 한우, 육우, 젖소가 있다. 한우는 외래종과 피가 섞이지 않은 우리나라에서 기른 순수 혈통의 소를 말한다. 육우는 고기를 얻기 위한 목적으로 키운 소로 수컷 젖소나 새끼를 낳지 않은 암컷 젖소, 교잡우 등을 말한다. 젖소는 새끼를 낳은 경험이 있고 우유를 생산하는 암소를 말한다.

양념한 소고기를 구분할 입맛을 가지지 못한 나는 한우를 달라고 말하지 않았다. 주인이 호주산 소고기라고 말했다. 숯불에 구워서 불내도 나고 맛이 있다. 배낭에 조금 남아 있던 증류 소주를 주인 눈치를 살피며 두 잔 홀짝였다. 계산하려고 일어나니 늙은 아낙은 3000원을 깎아준다며 천원권 석 장을 내민다. 현금을 달라는 말이다.

"카드 하려고 했는데."

"카드는 안 돼요."

일부러 장난스레 말한 내게 되지도 않는 말을 했지만 그래도 눈치가 있는 아낙이다.

원학동공원과 오동도 동박새

여수공항은 작은 공항이라 식사할 곳이 없다. 공항에서 청소 일을 하는 여자에게 식당을 물으니 2킬로미터쯤 가면 곰탕을 하는 집이 있다고 한다. 일반적으로 사람들이 거리 감각이 적어 거리를 가깝게 이야기하는데 이번에는 거리가 비슷했다. 곰탕과 족탕, 도가니탕이 주메뉴인 '홍가네곰탕'은 꽤 유명세를 타는 음식점이었다. 주변에 음식점이 없기도 하지만 사흘 동안 정성으로 고아냈다고 여기저기 붙여놓은 문구에 넘어간 때문인지 모른다. 외진 곳인데도 제법 손님이 있다. 곰탕이 1만 4000원이다. 싸지 않은 가격에 혹시 한우라 그렇겠지 하며 먹었다. 나오다 보니 청정 호주산이라는 말에 머리를 얻어맞은 느낌이 들었다. 아무튼 맛있게 먹었으니 다행이다.

비싼 곰탕을 먹고 국도를 따라 힘차게 걸었다. 여수 소라초등학교 앞에서 남파랑길 리본을 찾았다. 반대편 길을 걸었으면 찾지 못했을지 모른다. 오랜만에 리본을 보니 꽤 반가웠다. 소라초등학교 뒤편으로 원학동공원이라 불리는 전라선 옛길을 공원화하여 조성한 걷기 길이 있다. 2012년 여수세계박람회 개최를 계기로 여수엑스포역과 익산역 구간에 KTX가 개통되어 폐선로 구간을 단장한 것이다.

곳곳에 그림이며 시 액자가 걸려 있고, 간단한 운동기구도 설치해 놓았다. 시민들이 자유롭게 걷고 있다. 도심 속에 참 잘 꾸며놓은 걷기 길이다.

여수터미널 근처 모텔에서 자고 아침 일찍 일어났다. 여수엑스포세계박람회 기념관에 도착했다. 이른 시간이라 아직 문을 열지 않았다. 오동도 길로 들어섰다. 섬으로 들어서는 도보길과 차선이 분리되어 있다. 20여 년 전인가 왔을 때는 방파제 도보길만 있었다. 가끔은 자연을 살리는 것이 편할 때도 있다.

처음에는 관광객을 태운 차도 오동도에 오갔지만 교통이 혼잡하여 지금은 오동도에서 장사하는 사람들만 이용한다고 한다. 결국 오동도 상인들을 위해 넓은 도로를 낸 격이 되었다. 인도를 걸어가는 동안 왕복 차선에 차량이 보이지 않았다. 처음부터 그걸 예측하지 못한 것일까? 도로 건설과 넓은 주차장을 만드느라 예산은 늘었겠지만 효용성이 떨어졌을 것이다. 일반 승용차는 통제하고 단체 관광버스나 노선버스를 허용하는 방법은 어떨까? 오동도와 여수 홍보에 더 도움이 될 일이 아닌가. 분명 시설물을 이용할 효율적인 방법이 있을 것이다. 차량 통행을 막는 것이 능사는 아닐 것이다.

섬 모양이 오동잎처럼 보이고, 예전부터 오동나무가 많아서 오동도라 부른다는 섬. 지금은 자생하는 동백나무가 군락을 이루고 있다. 그래서 '동백섬', 또는 '바다의 꽃섬'으로 부르기도 한다. 해안선 길이가 14킬로미터로 제법 길다. 섬 전체가 구릉성 산지로 이루어져 있다. 소라바위, 병풍바위, 코끼리바위, 용굴 등 기암절벽이 볼

오동도 환영 벽화에 동백꽃이 바다로 뛰어들고 있다. 오동도에는 자생하는 동백이 군락을 이루어 '동백섬' 또는 '바다의 꽃섬'으로 불리기도 한다.

거리를 더해준다. 섬 남단에는 1952년 5월에 불을 밝힌 오동도 등대가 있다. 2002년에 개축한 이 등대는 우리나라 아름다운 등대 16개 중 하나라고 한다.

오동도는 잘 가꾸고 정리되어 있다. 입구에 환영하는 벽화 속 동백꽃이 바다로 뛰어들고 있다. 여수시에서 2011년 오동도 산책로에 깔려 있던 콘크리트 구조물을 모두 걷어내고, 황톳길을 만들어 웰빙 트레킹 코스로 바꾸었다. 걷는 내내 마음이 통통 뛰는 기분이 들었다. 동백나무 군락을 비롯하여 조릿대의 일종인 이대, 후박나무, 팽나무, 쥐똥나무 등 193종의 수목이 울창한 숲을 이루고 있어 고요한 적막감마저 들었다. 곳곳에 유명 시인들의 시(詩)가 걸려 있어 운치를 더해준다. 문태준 시인의 〈섬〉이 내게 다가왔다. 시로 읽는 여수. 제대로 오동도를 읽는다.

아직 동백은 피지 않았다. 꽃망울이 꽤 붉어져 있다. 성급한 동박새가 기다림에 지쳐 동백꽃 보고 싶다며 여기저기서 울었다. 동백은 붉거진 눈망울로 동박새 울음을 귀담아듣고 있는 모습이다.

문태준 시인의 〈섬〉. 그의 시처럼 오동도는 조용한 섬이다.

04. 산 넘고 다리 건너

돼지국밥의 힘으로 고봉산을 넘다

여수 화양면에 있는 고봉산(해발 362미터)을 오르는 코스를 가기 전에 맛집으로 유명세를 타고 있는 나진국밥집을 찾았다. 그곳은 화양면 소재지라고 하지만 아주 작은 행정구역이다. 할머니가 한다는 원조국밥집은 오늘 쉰다는 쪽지가 붙어 있다. 가는 날이 장날이다.

하는 수 없이 옆에 있는 토박이국밥집으로 갔다. 두 집이 면 소재지에 있는 유일한 음식점인 듯했다. 지나가는 길목에 있어 꽤 알려진 듯하다. 그냥 돼지국밥이다. 역시 시장은 값비싼 반찬이다. 텔레비전 허영만 식객에도 나오고 성시경이 추천한 맛집이라는데 나진국밥을 먹지 못해 약간 서운했다. 그래도 토박이국밥집에서 맛있게 먹었으니 땡큐다. 수육이 맛있다는 낙서가 많이

가는 날이 장날. 나진국밥집은 휴무였다. 꿩 대신 닭이다. 나진국밥집 옆 토박이국밥.

보였지만, 혼자서 국밥에 수육까지는 탐내기에는 어려운 욕심이다.

돼지국밥은 진주 영업국에 근무할 때 처음 먹었다. 돼지고기가 들어 있어 선입감은 느끼하다고 생각했는데 쉽게 익숙해진 음식이다. 순대를 넣지 않고 돼지고기만 넣은 음식이라 거부감이 사라졌다.

고봉산 등산로 입구에서 길을 잘못 찾아 제대로 헤맸다. 몇몇 인가가 있는데 작은 길들이 이리저리 나 있다. 원래 산길을 오르는 코스는 여럿이다. 고봉산 등산이 아니라 넘어가는 코스다. 비닐하우스 옆으로 난 길에서 리본을 찾았다.

높지 않은 임도를 따라 걷는 코스이지만 고봉산을 넘어 숙박할 수 있는 카페촌까지 가려고 서두르다 보니 힘이 들었다. 산등성이에 오르니 여기저기 바다가 보이는데 한 곳이 가막만이다.

가막만이라는 명칭 유래가 재미있다. 하나는 여수 지역 대부분의 섬은 나무가 잘 자라지 못해 붉은빛을 띠지만, 까막섬은 숲이 우거져 검게 보여서라는 설이다.

다른 하나는 겨울철이면 이 섬에 가마우지가 날아와서 섬을 새카맣게 덮어 섬이 까맣게 보여 까막섬이라고 했다는 설이다.

여수만, 여자만은 안개 베일이 막아서서 보여주지 않았다. 잠시 앉아 물을 마시며 쉬고 있는데 남녀 두 사람이 걸어와 반갑게 인사를 하며 지나간다. 남파랑길을 걷는 사람들이라 말을 나누고 싶어 뒤에서 그들을 따라갔다. 함께 걸으면 어떤 기분일까 하는 생각이 들었다. 등산로를 내려와 정자각이 있는 쉼터에서 그들이 쉬고 있다. 나도 쉬며 그들과 대화를 나누었다. 마산이 고향이라는 남자는 전남대학교 여수캠퍼스 생명공학과 교수이다. 같은 생각으로 길을 걷는다. 전통주를 빚는 나에게 발효란 친숙하다. 술에 대한 이야기를 나누니 더 가까워지는 기분이다. 가지고 있던 증류주 반 잔을 종이컵에 따라 두 사람에게 맛보여주었다. 알코올 도수에 비해 순하고 향이 좋다고 교수가 말했다. 8년 숙성한 이런 소주 어디에서도 맛볼 수 없다고 생색을 빠뜨리지 않았다. 여자가 배낭에서 단감 두 개를 꺼내준다. 나는 여자에게 시집을 주었다. 조금 쉬고 나서 함께 걸었다. 여자의 걸음이 빨랐다. 교수와 이야기를 나누며 걷는데 두 사람의 동행을 방해하는 것 같아 신경이 쓰였다.

한 시간 정도 함께 걸었다. 화양면 이목리를 지나 서촌마을에서 그들과 헤어졌다. 그들은 여수터미널로 간다며 버스정류장으로 갔다. 아직 이른 시간이라 나는 더 걷기로 했다. 한 시간 정도 더 걸었다. 날씨가 어둑해졌다. 석교마을정류장을 지나 조금 더 걸었다. 석교삼거리정류장이다. 버스에 대한 정보가 아무것도 없다. 인터넷으로 조회하니 버스번호만 나온다. 원래 외진 지역이다.

가까운 여천으로 숙소를 찾아가려고 콜택시를 불렀다. 50대의 택시기사는 15년 운전 경력에 여천은 처음이라며 내게 여천터미널을 어떻게 가냐고 물었다. 젊은 나이에 뇌출혈을 경험했다는 그의 말이 어눌한 이유를 알았다.

여천은 화학단지가 들어서면서 1986년에 여천시로 승격하였다. 여천시는 1998년 여수시, 여천군과 함께 통합 여수시로 출범하면서 여천은 이름을 잃게 되고 여수시청 제1청사를 가지게 되었다. 여천은 퇴락한 도시의 전형적인 모습이다. 작은 터미널과 식당이 있지만 내일 시작할 석교삼거리 방향으로 가는 버스가 없다. 다시 버스를 타고 여수터미널로 왔다. 터미널에 도착하여 석교삼거리 방향으로 가는 버스시간을 알아보니 거의 두 시간 간격이다. 출발 지점의 시간만 있고 여수역 도착 시간은 없다. 시간을 예측하여 버스를 타야 하고 석교삼거리는 버스로 한 시간 반 정도 가야 하는 먼 거리다. 내일 아침에 기다려서 버스를 탈 것인지 택시를 이용할 것인지 고민거리가 생겼다.

여수와 고흥을 잇는 여섯 개 다리

어제 저녁을 먹으며 여수에서 고흥으로 연결되는 팔영대교 사진을 음식점에서 발견했다. 여섯 개의 다리가 연결된 수려한 경관에 빠졌다. 다음 행선지인 석교삼거리 버스편도 마땅치 않아 이번에 정식으로 남파랑길 경로를 이탈하여 팔영대교를 걸어 고흥 땅으로 넘어가고 싶었다. 숙소에 들어와 정보를 검색해 보니 여수 쪽에서 너무 외진 곳이다. 버스를 이용하려면 환승하고 빙 돌아가야 한다. 차편도 몇 번 없다. 시간도 절약할 겸 택시를 탔다.

"기사님 팔영대교 건너기 전까지요."

"그곳은 아주 먼 곳인데요?"

나이가 든 택시기사가 걱정스레 말한다.

"예, 알고 있어요."

내 대답에 그의 표정이 밝아졌다. 승객이 잘 알지 못하는 먼 거리를 간다면 행여 요금 시비라도 일어날까 걱정한 모양이다. 택시운전사도 그곳을 처음 간다고 했다. 택시기사와 이야기하다 보니 갑장이다. 그래서인지 대화가 잘 통한다. 대장암 수술을 한 그는 1년 요양하다 다시 운전대를 잡았다. 마흔 넘은 2대 독자 아들이 딸 둘을 낳고 그만이라며 걱정을 털어놓았다. 나는 큰아들은 딸만 하나 낳고, 둘째아들이 손자 둘을 낳아 그 걱정은 면했다고 했다. 화양조발대교 초입까지 요금이 3만 1200원이나 나왔다.

택시에서 내려 숨 고르기를 하고 첫 번째 화양조발대교를 건넌다. 여수시 화양면과 화정면 조발도를 잇는 다리다. 다리 이름이 썩 마음에 와 닿지 않는다. 두 번째 둔병대교, 세 번째 낭도대교는 이름이 어렵다. 4번째 적금대교도 그랬다. 다리가 놓인 인근 섬 이름에서 따온 이름이다. 다섯 번째 다리는 그냥 지나칠 뻔했다. 이름도 요상한 길이 255미터의 짧은 요막교. 마지막 여섯 번째 다리는 1300미터의 팔영대교다. 여수 서쪽 끝인 조발도, 둔병도, 낭도, 적금도를 통과하여 고흥 땅에 발을 디딘 것이다. 여섯 개의 다리 길이가 4.5킬로미터인데 풍광에 빠져 힘들지 않게 걸었다. 파란 하늘빛이 바다와 맞닿았다. 다리 이름은 이상해도 아름다운 섬들과 바다를 넉넉하게 품고 있어 건너는 내 마음은 부풀어 올랐다. 언제 다시 이런 감흥에 잠겨 다시 이 길을 걸을 수 있을까?

팔영대교는 고흥 쪽에 있는 봉우리가 여덟에서 유래된 팔영산에서 따왔다 한다.

여수시 화정면 적금도와 고흥군 영남면 우천리를 잇는 팔영대교

팔영산(해발 608미터)은 2011년 다도해해상국립공원으로 지정되었다. 기암괴석이 많고 험준하다. 제1봉 유영봉(儒影峰)에서 성주봉(聖主峰), 생황봉(笙簧峰), 사자봉 (獅子峰), 오로봉(五老峰), 두류봉(頭流峰), 칠성봉(七星峰)을 거쳐 제8봉인 적취봉 (積翠峰)으로 이어진다. 팔영산의 팔봉에서 바라보는 팔영대교와 다도해가 어떤 모습으로 내게 다가올까 숙제처럼 궁금해진다.

이 지역에는 섬도 많고 다리도 많아 지역 간 다리 이름을 짓는데 갈등은 없었을 거라는 느낌이 들었다. 삼천포와 남해 지역의 다리 이름을 삼천포 창선대교로 한 것이나, KTX 천안 아산역도 지역의 이기심이 작용하여 오랫동안 갈등을 겪다 두 지역의 이름을 조합해서 어색한 이름으로 지었는데 말이다.

팔영대교 끝에서 다리를 건너가는 사람이 보여 급한 걸음으로 따라갔다. 분명 걷는 사람이다. 진도가 고향이고 서울 중화동에서 왔다는 62세의 남자. 해파랑길과 남파랑길, 서해랑길을 마치고 섬 여행을 한다고 했다. 외형상 몸이 뚱뚱하여 걷기와 거리가 먼 줄 알았는데 대단한 사람이다. 등산화를 신은 나를 보며 운동화를 신으면 발이 편하다고 훈수를 한다. 코리아 둘레길을 걸었다는 사람이 하는 말로는 이해하기 어려웠다. 짧은 거리 하루이틀이면 운동화가 편할 수도 있지만 장거리 걷기는 등산화를 신어야 발도 편한 것을 그는 모를까? 트랭킹화도 하루 30킬로미터 걸으면 발바닥이 아픈데 말이다. 그는 운동화를 신고 편하게 걸었을까. 등산화를 신고 걸어보지 않았으면 차이를 모를 것이다. 트래킹화를 신고 걸었더니 발바닥이 아파 등산화를 신고 걷는다고 했다. 그에게 등산화를 신어보라는 말을 하자 그는 입을 다물었다. 고흥땅은 그 사람과 이야기를 나누며 걸으면 좋겠다는 생각을 했지만 그는 다시 순천으로 돌아간다고 했다. 그 사람도 그냥 헤어지기 서운한지 팔영대교 아래 있는 쉼터에서 이야기를 나누었다. 그는 쉽게 마음을 열지 않았다. 점심때도 되고 수산물센터 2층에 있는 식당에서 식사를 하자고 권했다. 그는 거절했다. 배낭에 시집이 한 권 남아 있지만 내주지 않았다. 그와 헤어지고 수산물센터에서 여느 때처럼 혼자 점심을 먹었다.

주인 남자에게 남열마을로 가는 길을 물었다. 직진하다가 첫 번째 삼거리에서 좌회전하고 다음 정류장에서 다시 좌회전하라는 그의 말을 따랐다. 두 번째 좌회전하며 남파랑길 리본을 만났다. 경로 이탈했다가 제자리로 돌아왔다. 리본만 보면 언제나 마음이 편해진다.

남열해수욕장의 일출

우주발사대 전망대에 올라 카페에서 커피 한 잔의 여유를 찾았다. 바다 건너 우주발사대가 보인다. 텔레비전에서 본 모습이다. 이곳은 큰 해수욕장이라 숙소가 있을 듯해서 마음이 편했다. 카페 주인인 듯한 여자에게 모텔이 있느냐고 물었다. 남열해수욕장 초입에 펜션이 있다고 했다. 카페 여자는 펜션 여사장과 잘 아는 사이인 듯했다. 식사할 곳을 묻는 내게 카페 여주인은 펜션 주인 여자의 남편이 최근에

고흥 우주발사대 전망대. 우주발사체 발사기지인 나로우주센터와 17킬로미터 거리에 위치해 누리호 발사 장면을 생생하게 관람할 수 있다.

죽지 않았다면 자신이 부탁하면 식사도 가능한데 하며 뒷말까지 장황하게 했다.

카페 주인이 알려준 곳에서 하룻밤 지내기로 마음을 잡았다. 전망대 카페는 남편이 운영하고 여자는 남열보건소에 근무하며 휴일에 카페 일을 도와준다고 했다. 오늘이 일요일이라 남편을 도와주러 나왔단다. 잘 곳은 찾았어도 먹을 곳이 없다. 피서철이 아니라 식당은 영업하지 않는다고 했다. 그녀는 해수욕장 안에 작은 마트가 있다고 친절하게 알려주었다. 그나마 다행이었다. 마트에서 무엇을 살까 망설였다. 도보 여행하며 민박이나 펜션을 이용한 적은 아직 없다. 햇반 한 개와 컵라면 두 개를 샀다. 한 끼 먹으려고 쌀을 사서 밥을 지을 수도 없는 일이고 반찬도 문제였다.

해오름펜션. 이름은 펜션이지만 민박 수준이다. 방은 넓고 깨끗하다. 방에 있는 작은 주방 기구와 식탁이 펜션임을 알려주고 있다. 주인 여자에게 식당이 없어 컵라면을 먹어야 되는데 김치 좀 달라고 했다. 여자는 김치를 접시에 잔뜩 담아 가지고 왔다. 아침까지 먹어도 될 듯했다. 컵라면을 끓였다. 컵라면에 햇반 반 그릇을 넣고 김치를 곁들이니 한 끼 식사로 충분했다. 남은 햇반 반은 내일 아침에 먹으면 될 터였다. 아침에 해수욕장 백사장에서 일출을 보기로 생각하고 일찍 자리에 누웠다.

2021년에는 매년 새해의 시작으로 하는 해맞이를 코로나 때문에 보러 가지 못하였다. 그래도 섭섭하여 새해 첫날 집 근처 성주산 오르는 중턱으로 일출을 보러 갔다. 20여 명이 손을 호호 불며 가랑이 사이에 넣기도 하며 고개를 빼들고 일출을 기다렸다. 흐린 날씨가 방해꾼이 되어 붉게 물드는 동쪽 하늘만 보았다.

남열해수욕장 너른 백사장이 마음에 와 닿았다. 일출도 볼 수 있을 것 같아 올해 못 이룬 일출이나 보자고 마음먹었다. 저녁 일기예보에 따르면 내일 날이 흐리고 오후에 비가 온단다. 그래도 아침 6시 30분에 일어났다. 펜션집 개가 어제 들어올 때도 사납게 짖어서 아침에 조심스레 나왔다. 주인이 일찍 깰까 조심했는데 결국은 개가 짖었다. 펜션에서 1킬로미터 떨어진 남열해수욕장으로 갔다. 관광객 10여 명이 넓은 백사장에서 서성였다. 가족인 듯한 일가족 4명이 막걸리 세 병을 앞에 놓고 천수경 녹음을 틀었다. 남자는 엄숙했고 부인과 자녀인 듯한 남매도 정자세로 서 있다. 날씨가 흐려 해가 늦장을 부렸다. 7시 12분이 훨씬 지나서 구름을 동반하고 희뿌옇게 해가 얼굴을 내밀었다.

나는 해님을 바라보며 지금까지 걷게 해준 튼튼한 몸을 주신 부모님께 감사하다는 말씀을 드렸다. 어제부터 조금 불편한 왼발을 앞으로 내밀었다. 왼발의 아픔을 덜어주시고, 앞으로도 오랫동안 걸을 수 있도록 해달라고 기도했다. 늦장 부리던 태양 빛이 바다를 가르며 기도를 들어주려는지 내 몸으로 들어왔다. 펜션에 돌아와 엊저녁에 남긴 햇반 반 그릇을 끓인 사발면에 넣어 먹었다. 사발면 끓는 물을 붓지 않고 물을 부어 끓여 먹으면 더 맛이 있다. 두 끼를 연속하여 라면을 먹으니 속이 좀 불편했지만 굶지 않고 출발할 수 있어서 다행이다.

다음 코스는 남열해수욕장에서 도화공용터미널까지 가는 37킬로미터가 목표다. 걷기 4일차에 조금 무리한 거리다.

녹동의 힘 장어탕

KTX를 타고 순천까지 갔다. 그곳에서 고흥행 버스를 이용하는 편이 시간도 절약되고 편하다. 고흥터미널 근처 식당에서 점심을 먹으러 두 군데나 갔다가 거절당했다. 고기류나 생선찌개 등이 아니고 간단한 김치찌개나 된장찌개도 1인 손님은 안 된다니 어이가 없다. 사정한다고 될 일도 아니다. 요즈음 1인 가족이 늘어난다고 하는데 1인 가족에 대한 서비스는 거꾸로 가는 느낌이다. 할 수 없이 분식점에서 김치찌개를 먹었다.

오늘은 도화공용터미널에서 시작하여 녹동항까지 29킬로미터를 걷는 코스다. 당일 내려와 점심 이후 걷는 거리로는 조금 먼 거리다. 날이 저물 때까지 걷다가 버스를 타거나 택시를 불러 녹동으로 가면 된다. 정보에 따르면 녹동에는 숙소도 많고 식당도 많이 있다.

고흥터미널에서 도화행 버스는 한 시간 이상 기다려야 한다. 돈으로 시간을 샀다. 택시를 타고 도화고등학교 앞에서 내려 걷기 시작했다. 지루한 시내 구간을 벗어나 임도를 따라 해발 550미터의 천등산을 오른다. 봉우리가 하늘에 닿는다는 설, 옛날 승려들이 정상에 올라 천 개의 등불을 바쳤다는 설, 금탑사 승려들이 도를 닦으려고 산에 올라 밤이면 수많은 등불이 켜졌다는 설 등이 천등산 이름에 얽혀 있다. 산 중턱 전망대에서 쉬는데 스님 두 분이 사진을 찍어달라고 해서 마스크를 벗으라고 했더니 모자를 벗고 민머리를 보여주어서 함께 웃었다. 나도 스님에게 부탁하여 사진을 찍었다. 전망대에서 보이는 두 개의 섬이 거금도와 소록도라고 알려주신다. 해안선을 걸으며 이청준 소설 ≪당신들의 천국≫이 생각났다. 소설 무대인 소록도가 갑자기 궁금해졌다. 자꾸 둘레길을 탈출하면 안 되어 그곳은 숙제로 남겨두기로 했다.

77번 국도를 따라 발길을 재촉한다. 녹동까지 5킬로미터 정도 남았는데 노을이 붉게 물들고 있다. 해변에서 노을 사진을 찍으며 시간이 흘러갔다.

녹동 5킬로미터 전 해안에서 잡은 일몰(2021.12.2)

어두운 길을 핸드폰 플래시에 의지해 걸을 것인지 아니면 택시를 불러 녹동으로 들어갈지는 잠시 뒤로 미루어 두었다. 거리도 가까우니 택시를 부르는 것은 그리 서두르지 않아도 될 일이다.

그곳에서 노을 사진을 찍던 50대 남자를 만났다. 그는 녹동에 산다며 자신의 승용차를 태워준다고 해서 신세를 지기로 했다. 서울에서 살았다는 그는 허리 수술을 세 번이나 했는데 후유증으로 복대까지 하고 있었다. 아내의 고향인 녹동에 내려와 아내는 해운회사에 근무한다고 한다.

녹동에 들어와 그는 자신이 근무했다던 선비치호텔을 소개했다. 혼자 하루 잘 건데 호텔은 호강이라고 했더니 말이 호텔이지 모텔 수준이라고 한다. 그의 안내로 호텔에 들어가 배낭을 두고 나왔다. 그의 말이 맞았다. 가격도 시설도 모텔 수준이었다.

그에게 고마움을 전하기 위해 저녁 식사를 제안하였다. 처음에는 인사차 거절한다. 음식 잘하는 곳이라도 소개해 달라고 하자, 그는 장어탕을 하는 식당으로 안내하였다. 장어 한 마리를 잘라 통으로 나왔다. 서울 중부 지방은 장어탕을 갈아서 추어탕처럼 나오는데 통으로 나오는 것은 처음 먹는 음식이다. 알고 보니 장어탕은 녹동의 대표 음식이었다. 식사 후 그는 내심 미안했는지 내일 자기 차를 타고 가고 싶은 곳이 있으면 가자고 했다. 목적이 도보 여행이라며 정중하게 거절했다. 걷다 보니 그의 신세를 지고 걷기 코스를 이탈하여 당신들의 천국 무대인 소록도를 다녀 왔으면 좋았을 걸 하는 아쉬움이 남는다.

그와 식사 후 혼자서 녹동항을 걸었다. 도양읍이라는 이름보다 녹동이 더 알려 진 도시이다. 생각보다 도시가 크고 화려했다. 소화도 시킬 겸 내일 출발 지점인 녹 동공용터미널을 미리 답사하며 남파랑길 리본을 찾아 미리 눈에 담아두었다.

05. 순천만에서 보성 득량만까지

도덕 공부는 여기서 해야지

아침 일찍 일어나 컵밥을 먹었다. 어제 저녁 몇몇 음식점에 들러 아침이 되냐고 물어보았는데 일찍 문을 여는 곳을 찾지 못했다. 녹동터미널까지는 어제 저녁에 사전 답사한 터라 남파랑길 리본을 따라 녹동현대병원을 지나 시골길을 걸었다. 도덕을 내세운 간판이 많이 보였다. 도덕초등학교 앞에서 도덕어린이집이라고 쓴 노란 봉고차가 지나갔다. 괜히 웃음이 났다. 아직 소양이 부족한 나는 도덕 공부하려면 이곳이라도 와야 하나 하는 생각이 문득 들었다. 조금 더 걷다 보니 도덕중학교가 보였다. 교문 위에 학교 연혁이 보인다.

일반적으로 학교 이름은 학교가 소재한 큰 지명을 사용한다. 이곳은 도양읍에 속하여 도양동중학교로 인가를 받았으나 도덕이란 면의 이름을 학교에 넣어 개명했다.

해파랑길을 걸으면서 기장읍 대변리(大邊里)에 있는 대변초등학교가 55년 만에 용암초등학교로 개명하고 교문에 내건 현수막이 생각났다.

−1946년 1월 기장초등학교 대변 분교

−1963년 3월 대변초등학교 승격

−2018년 3월 용암초등학교로 개명

초등학교 이름은 바꾸었지만 지명인 대변항이 살아 있고 지명을 따라 이름 붙인 '대변식품'은 어떻게 하지? 오랜 기간 갑론을박하며 대변초등학교 승격 55년 만에 대변이란 지명을 버렸을 것이다.

조금 더 가니 왼쪽에 교회 건물이 보인다. 도덕제일교회다. 이곳에서 도대체 몇 년을 살아야 도덕이 엉망인 내가 도덕을 제대로 배우게 될까. 아무리 생각해 보아도 어려운 일일 듯하다.

맨발로 걷고 싶은 갯벌 사이에 난 길. 석양의 검은 구름이 분위기를 마음껏 연출하며 걷는 이를 유혹한다.

이참에 찾은 도덕

기울어진 삶으로 내몰려
멈추어 선
도덕초등학교 정문

웬 도덕?
사내가 중얼거리자
개나리 활짝 핀 울타리 오른편
도덕어린이집 버스가 달려왔다

고개 숙이며 걷는 사내 왼편
화강암 교문에 학교 이력을 써 붙인
도덕중학교가 나타났다
 -1979.1.31 도양동중학교 인가
 -1983.3.28 고흥도덕중학교 개명
 -2000.2.20 교문 설립(화강. 원석)

이곳 도덕면에 와서
적게 잡아 3년
도덕 공부 제대로 해야겠다며
골똘히 걸어가는데

그것만으로 어림없다며
사내의 왼편
도덕 제일교회 빨간 지붕 위로
아침이 떠오르고 있었다

별량화포의 뻘배

별량면 구룡마을을 지나 해변길을 걷는다. 작은 마을에 생각지 않은 음식점이 있어 무조건 들어갔다. 아직 12시도 되지 않은 시간이지만 여길 지나치면 식당이 없을지도 모른다. 혼자 먹을 수 있는 건 짱뚱어탕뿐이었다. 혼자서 도보 여행을 하며 제일 설움 받은 것이 '혼자는 음식점 출입이 제한되는 것'과 '혼자는 먹을 수 없는 음식'이다. 부모와 함께 온 가족팀은 석화찜을 먹고 금방 들어서는 남자 손님 두 명은 숭어회를 시켰다. 석화찜이나 숭어회 모두 구미가 당기지만 점심시간이고 오늘 걸을 거리가 만만치 않아 식사 후 곧바로 출발했다.

갯벌에 뻘배 몇 척이 빠르게 이동한다. 엎드려 뻘배를 타고 일하는 사람은 힘들겠지만, 나는 처음 보는 아름다운 풍경이다. 가까이서 뻘배를 보고 싶었다. 마침 경운기에 아내를 태우고 도착한 노인을 만났다. 여자가 다른 일행과 함께 뻘배를 타고 바다로 미끄러지듯 들어갔다.

뻘배를 타고 칠게잡이 나서는 아낙들. 한쪽 다리는 뻘배 위에 올리고 한쪽 다리는 갯벌 바닥을 밀어 미끄러지듯 밀며 이동한다. 널배라고도 한다.

"아저씨는 왜 같이 안 하세요?"

"나이도 여든이고 허리가 아파서 일을 할 수가 없지라."

대신 아내를 경운기에 태워 바다에 데려다주고 잡아 온 해산물을 받으러 나온다
며 앞니가 빠진 사이로 말을 던지며 천상병처럼 웃었다. 요즘 칠게가 많이 나오는
데 많이 잡으면 하루에 100킬로그램도 잡는다고 아내 자랑이다. 칠게는 작아서 통
째 튀겨 먹거나 볶아서 먹는다. 전라도 지역의 칠게장(칠게젓)은 신선한 칠게를 갈
아서 만드는 향토음식이다.

작은 어촌 마을을 지난다. 마을 길가에서 아주머니 셋이 석화를 까고 있다. 한쪽
껍질에 굴이 붙어 유통되는 굴을 일반 굴과 구분하여 석화로 부르기도 한다. 자연
산 아주 작은 '어린 굴'로 담근 어리굴젓도 있으며 섬진강에 사는 '강굴'도 있다. 벚
꽃이 피는 계절이 제철이라고 '벚굴'이라고도 부른다. 서 있던 노인이 구경도 하고
쉬었다 가라고 한마디 한다. 잠시 서서 석화 까는 모습을 구경했다.

한 아주머니가 굴을 까서 내민다. 사양할 생각도 없이 받아먹었다. 석화를 좋아

굴 까는 아낙들. 앞에 있는 아낙이 굴을 까 입에 넣어주었다.

하는데 이렇게 싱싱한 맛이라니. 향이 입에 착 달라붙어 짭조름한 맛이 감긴다.

"아주 맛있어요. 향도 좋고요."

아낙이 다시 하나를 까서 내민다. 새끼 제비처럼 입을 벌리고 받아먹었다. 아주머니는 이제 가라며 웃는다.

"잘 먹었습니다. 수고하십시오."

인사를 하고 그곳을 떠났다. 한참 동안 굴 향이 입안에 맴돌았다.

별량면 학산리 화포 해변을 걷는다. 화포는 우리말 '곶개'에서 만들어진 예쁜 이름이다. 꽃의 옛말 '곶'을 '꽃 화(花)'자로 바꾸고, 바닷물이 드나드는 개울은 바닷가 포자를 써서 화포(花浦)다. 예쁜 지명처럼 잘 만들어놓은 데크길을 따라 눈부신 풍광을 연출했다.

이제 순천만 습지가 지척이다.

160만 평 습지 순천만 갈대밭

별량면 화포 해변은 넓은 순천만 들머리에 있는 해변이다. 이곳에서 순천만 습지까지는 10킬로미터 거리다. 해변의 아기자기한 풍광에 취해 비몽사몽 걸었다.

순천만 갈대밭은 시작이 어디서부터인지, 끝이 어디까지인지 구태여 알 필요가 없다. 160만 평 습지에 갈대가 몸을 비비며 서로 의지하고 바닷바람에 맞서고 있다. 끝이 보이지 않는 650여만 평의 넓은 갯벌을 찾아 겨울이면 각종 철새가 찾아온다. 흑두루미, 재두루미, 노랑부리저어새, 큰고니, 검은머리물떼새 등 국제적으로 보호되는 희귀종이 많다. 순천만에서 발견되는 철새는 230여 종이나 된다. 순천만은 2003년 습지 보호 지역으로 지정되고, 2006년 람사르협약 등록, 2008년 국가지정문화재 명승 41호로 지정되었다.

겨울철이라 철새를 보호하기 위해 일부 우회도로를 운영하고 있다. 여기저기 갈대를 묶어 세워놓고 철새를 보호하기 위해 출입을 통제한다는 안내판이 보인다. 역시 벌교 쪽에서 걷기를 잘했다는 생각이 들었다. 습지 여기저기서 철새들이 바람 소리를 일으키며 날아오르고 괴상한 울음을 울기도 하여 핸드폰 카메라에 담았다. 이런 때 성능이 좋은 카메라가 있으면 좋겠다는 생각이 들었지만, 장거리 도보 여행에서 카메라를 들고 다닐 수는 없는 일이다. 한 가지를 얻으려면 또 다른 하나를 희생해야 하는 것이 세상 이치이니 말이다.

순천만 입구에 초소 같은 작은 사무실에 40대로 보이는 관리인이 있다. 그에게 여기 어떤 새들이 오는지? 먹이는 무엇을 주는지 물어보았다. 마침 새떼가 괴상한 울음으로 하늘을 맴돌며 군무를 연출하였다. 길지 않은 2분 정도의 짧은 시간이었다. 나는 감탄사를 연발하며 핸드폰을 들이댔다. 작은 사무실 안에 있던 관리인도 나와서 사진을 찍었다. 나는 이번 여행 중 처음 동영상에 담은 새떼의 울음소리를 큰 작품으로 남겼다.

관리인 말에 따르면 순천만에 오는 조류는 천연기념물인 흑두루미와 가창오리

순천만 습지의 새떼가 날아오르는 모습. 그야말로 장관이다. 이번 걷기 여행 중 처음 동영상에 담았다.

그리고 청둥오리가 대부분이라고 했다. 가창오리가 3만여 마리, 청둥오리가 5000여 마리, 흑두루미가 4000여 마리인데, 새에게 좋은 환경을 만들어주어 천연기념물인 흑두루미 수가 점점 늘고 있다고 한다. 먹이는 순천만에서 재배한 무농약 벼를 준다고 한다. 오리떼가 어지간한 사람보다 좋은 대접을 받는 셈이다. 처음엔 이것저것 물어볼 때 그의 대답이 퉁명스러웠다. 마지못해 말해주었다. 새떼가 보여준 군무를 보며 이야기를 나누다 보니 관리인도 마음을 열었다. 퉁명스럽게 대답한 게 미안했던 모양이다. 이야기 도중에 사무실로 들어가자며 손을 이끌었다. 그는 믹스커피한 잔을 타주었다. 나도 답례로 마지막 남은 시집 한 권을 배낭에서 꺼내 건네주었다. 서로 조금만 마음을 열면 쉽게 가까워지는데 작은 이치조차 실천하기 어려운 세상이다.

순천에 왔으면 순천만 국가정원 얼굴이라도 보아야지. 수박 겉핥기일지라도 다녀온 것은 다녀온 거니까. 남들에게 국가정원 다녀왔다는 허풍도 떨고. 입장 마감이 5시라고 하는데 가까스로 5분 전에 도착했다. 헐레벌떡 매표소로 뛰어갔다. 경로라 그냥 입장하려니 또 미안하다.

해는 어둑어둑해지고, 오늘 집에 갈 생각에 마음이 급하다. 빠른 걸음으로 다니며 넓게 조성한 정원을 한 시간도 되지 않은 시간에 대충 눈에 담는 기술을 발휘했다. 걷기 여행에서 주변 풍경에 혹해 샛길로 빠지면 세월아 네월아가 되어 늘어지기 때문에 어쩔 수 없는 선택이다.

2013년 순천만 국제정원 박람회를 개최하고, 2015년에는 국가정원 1호로 지정했다. 순천만 국제정원 박람회는 많은 관광객을 유치한 성공한 박람회로 평가받았다.

순천역에서 저녁 6시 27분 기차를 기다리며 구내 분식점에서 라면과 유부 하나를 먹었다. 집에 10시가 조금 넘어 들어왔다. 교통이 편리해져서 살기 좋은 세상이다. 몸이 천근만근 무겁다. 집에 오니 역시 편하다. '집 떠나면 개고생'이란 말을 생각하며 온몸 구석구석에 뭉쳐 있는 긴장의 끈을 풀어놓았다.

소설 〈태백산맥〉 무대 벌교

기차로 순천에 도착하여 벌교행 버스를 탔다. 이번 출발지는 망동마을에 있는 팔영농협 망주지소 앞이다. 벌교터미널에서 팔영농협 가는 버스는 90분을 기다려야 한다. 90분을 돈으로 사기로 했다.

택시를 타고 기사에게 목적지를 말했다. 기사는 고개를 갸웃거리며 팔영농협지소가 여러 개라고 한다. 고흥군에 팔영농협 지점 다섯과 지소 하나가 있다. 팔영농협 남양지점이나 팔영농협 망주지소나 일반인들은 팔영농협만 기억한다. 시간을 절약하려고 택시를 타고 가는데 엉뚱한 곳으로 가는 것이 아닌가 불안했다. 택시기사는 목적지를 알았다고 말은 하지 않았지만 용케 목적지에 내려주었다. 2만 원으로 90분을 산 셈이다. 팔영농협 망주지소 근처에서 남파랑길 리본도 쉽게 찾았다.

망주마을을 지나 해변길을 걷다 점심때가 되어 바닷가 왕주마을에 도착했다. 꼬막을 선별하는 어부들이 보였다. 처음 보는 모습이라 걸음을 멈추고 구경했다. 그 옆에 횟집이 두 곳 있다. '여자만'이라는 간판을 단 식당으로 손님들이 몰려 들어가기에 나도 따라 들어갔다. 홀과 방까지 거의 만석이고 자리 하나에 손님이 나간 빈 접시가 있다.

"여기 앉아도 되나요."

"몇 분이세요."

"혼자인데요."

"예약석입니다."

서빙하는 여자는 거절하는 방법을 알고 있다.

그냥 나올까 하는데 바로 앞서 들어온 손님 세 명이 방으로 들어가다 홀의 빈자리로 나왔다. 일행 중 한 사람에게 합석할 수 있냐고 물었다. 그는 그럴 수 없다고 거절했다. 4인석이니 나만 따로 음식을 시키면 되지 않나 생각했다. 그들 입장에서 메뉴도 다르고, 공동 반찬이 나오는데, 코로나 상황에 쉽게 허락하기는 어려울 터였다.

여자만을 나와 옆에 있는 '은혜횟집'으로 들어갔다. 넓은 홀에 손님이 한 명도 없다. 그렇다고 달리 방법이 없다. 장어탕을 시키고 앉아 있으니 손님 네 명이 들어왔다. 이 집은 무슨 일이 있기에 손님이 적은지 생각해 보았다. 우선은 문을 여는 시간이 늦다. 11시에 영업을 시작하는 것으로 써 있다. 점심 장사를 하려면 준비하기에 늦은 시간이다. 장어탕을 보니 녹동에서 먹던 것하고 질과 양이 다르다. 장어 반 마리를 넣은 듯 양도 적고 값도 9000원이다. 3000원 차이라면 녹동에서 먹은 장어탕을 고를 것이다.

작은 어촌 마을을 지나 벌교숲공원에 이르렀다. 아직 이른 시각이라 천천히 벌교 읍내 태백산맥길을 음미할 순서다. 10여 년 전에 기행을 온 경험이 있어 조금 익숙하게 다가왔다. 벌교역은 작았지만 초라해 보이지 않았다. 보성여관은 새 단장이 잘

소설 〈태백산맥〉에 남도여관으로 나온 보성여관. 등록문화재 제133호이다. 1층 로비에 카페 공간이 있으며 별채 공간에 객실 7개는 숙박 시설로 운용하고 있다.

되어 있다. 경로는 무료지만 방문한 손님도 보이지 않아 그냥 티 내지 않고 입장료를 내고 들어섰다. 1층 객실 앞 댓돌 위에 희고 검은 고무신이 정겹다. 이제 여행자들을 상대로 여관업도 개시했다고 한다. 2층 다다미방은 신발을 벗는 번거로움이 있다. '언제 다시 이곳에 오겠는가' 하는 생각에 등산화 끈을 풀었다.

벌교금융조합 건물이 단장하고 반겨준다. 현재의 농협 역할을 하던 기관이다. 안내하는 여직원 목소리가 찰지다. 채동선 선생 생가를 지나며 나지막이 가곡 〈그리워〉를 불렀다. 하나의 곡에 네 개의 노랫말이 있는 아픈 사연이 있다. 정지용의 시 〈고향〉에 채동선이 곡을 붙였는데 정지용 시인이 월북하면서 금지곡이 되었다. 이곡에 박화목 시 〈망향〉을 붙인 노래와 이은상 시 〈그리워〉를 붙인 가곡이 탄생했다. 또 서울대학교 음대 이관옥 교수가 작사한 〈고향 그리워〉도 있다.

소화다리라고 불리는 부용교와 보물로 지정된 홍교를 이리저리 살펴본다. 보물로 지정되었으니 귀한 다리다. 김범우의 집과 현부자 집을 둘러보다가 태백산맥문학관은 시간이 늦어서 가지 못했다. 보성여관에 들어갈 때 6시 30분이었으니 다른 것을 포기해야 볼 수 있었을 터였다.

아침 일찍 출발해서 벌교 시내를 헤집고 다녔더니 피곤하다. 그래도 벌교에 왔으니 꼬막정식은 먹어야지. 벌교시장 들머리에서 꼬막을 파는 여자에게 꼬막정식 잘하는 집을 물었다. 여자는 상세하게 장소를 알려주었다. 1인분도 파냐고 묻는 내게 1인분을 파는지는 모르겠다는 뒷말을 남겼다. 그녀가 알려준 식당은 찾지 못하고, 꼬막 거리를 기웃거리다 '거시기꼬막정식'에 들어갔다.

"혼자인데 꼬막정식 되나요?"

퇴짜를 맞을지 몰라 음식점에 들어서며 물었다.

"앉으세요."

별로 내키지 않는 듯한 주인 여자의 대답이 돌아왔다. 맞다, 내가 주인이라도 혼자 온 손님은 기분이 썩 내키지 않을 것이다. 그래서 고마웠다.

자리에 앉아 메뉴판을 살펴보다가 '거시기꼬막정식'을 시켰다. 일반 꼬막정식보다

영조 10(1734)년 완공된 홍교는 보물 제304호이다. 홍교는 길이 27미터, 홍예 높이 3미터로 세 칸의 홍예를 연결, 축조한 석교이다. 순천 선암사 승선교와 함께 그 구조 형식이 가장 뚜렷하다.

비싼 2만 5000원이다. 반찬이 열 가지 넘게 나오지만 주메뉴인 꼬막을 삶아서, 구워서 내고, 찌개에도 들어 있다. 밥에 넣어 비벼서 먹으라며 빈 그릇과 꼬막무침도 나왔다. 나머지는 김치, 파래무침, 콩나물, 게장, 낚지뱅뱅이, 국수무침, 콩자반, 탕수육, 홍합전 두 개, 파프리카꼬치, 작은 생선 등이다. 기분에 소주 한 병을 시켜 홀짝이며 다 마셨다.

식사를 하고 터미널 옆에 숙소를 잡았다. 소화도 시킬 겸 터미널 옆 언덕으로 올라가보니 조정래문학관이 있다. 두 차례 태백산맥길을 따라 걷던 적이 있지만 문학관에는 와 보지 못했다. 이번에 혼자서 찬찬히 들러보려 했지만 다음날 아침 이른 시간에 길을 떠나야 하는데 문을 여는 시간까지 기다릴 수 없었다.

장선 해변과 율포해수욕장

신기 수문동 버스정류장으로 가기 위해 6시 40분에 벌교터미널에 갔다. 어제 저녁 버스터미널에서 사람들에게 확인한 바로는 이곳에 신기라는 지명이 세 군데나 있다고 했다. 아침에 표를 파는 여직원이 신기행 버스를 안내해주어서 그걸 기다렸다. 7시 출발하는 버스를 타고 신기행이냐고 물어도 운전기사의 대답이 시원찮다. 대서면에 있는 수문동 버스정류장이라고 하니 마지못해 종점까지 가면 된다고 말해준다. 어쨌든 한 시간 걸린다는 종점까지라니 편하게 갈 일만 남았다. 군내버스라 하여 가깝거나 멀거나 요금이 1000원이다. 출발점에서 혼자 타고 가는 게 또 부담스럽다. 그것도 종점까지 가는데…. 중간에 타고 내린 손님까지 합하여 버스를 이용한 손님이 모두 여덟 명이다. 이러니 지방 중소도시의 버스 운행이 제대로 되겠는가? 국가에서 재정 지원을 받는다 해도 농어촌 교통 대책이 심각한 것은 분명하다.

아침에 스프만 먹고 장선 해변길을 걸었다. 솔밭과 어우러진 조용한 바닷가다. 방조제길을 건너면 보성군 득량만이다. 두 시가 넘도록 걷다보니 허기졌다. 작은 마을이라 식당이 보이지 않았다. 주민에게 물으니 구판장에 가서 라면이라도 부탁해보라고 말해준다. 장선 해변가에 있는 작은 구판장으로 들어갔다. 라면을 부탁하니 여자는 일을 나설 듯한 채비로 일을 나갈 거라며 이도저도 아닌 대답을 한다. 40대 중반으로 보이는 주인 남자가 앉으라고 한다. 원탁이 있는 의자에 앉았다. 여자가 주방에서 라면을 끓여 왔다. 김치까지 곁들여주니 시장기를 더해 맛있게 먹었다. 남자가 믹스커피를 타주었다. 구판장 규모에 비해 물건이 별로 없다. 이용하는 손님이 적은 탓이고 악순환만 반복될 터였다.

"구판장이 넓은데 물건 좀 들여놓아야 장사를 제대로 하죠."

장소가 넓은데 물건이 없다며 오지랖을 떨었다.

"군청에 임대료를 2년에 70만 원 내는데, 돈이 안 되니 외국인에게 세를 준다고 하여 가게를 접어야 합니다."

주인 남자가 대답하며 답답해했다. 이곳 남파랑길은 지방도로와 겹쳐 있어 걷기 길로 적당하지 않고, 먹을 곳은 더 문제인데 구판장마저 문을 닫아야 한다니 안타깝다. 군청에 민원이라도 넣어야겠다는 마음을 다져본다. 라면값으로 남자에게 1만 원을 내밀며 다 받으라고 했다.

"받을 것만 받아야죠."

남자는 7000원 거스름을 내어놓는다. 조금 게으른 듯해 보여도 착한 사람들이다. 거스름돈을 성의라며 억지로 식탁에 놓고 나왔다.

장선 해변 구판장에서 먹은 라면의 힘으로 오늘 목표로 삼은 율포해수욕장에 4시에 도착했다. 해변이 넓고 부대 시설도 많았다. 모텔도 보였다. 어판장 구경도 하

율포해수욕장. 바위들이 대가족처럼 옹기종기 앉아 있다.

면서 망설였다. 해가 지는 시간을 고려하면 한 시간 반 정도 더 걸을 수 있다. 더 걸을 것인지 아니면 여기서 숙박할 것인지 결정을 내리지 못하고 걸었다. 30분 정도 걸어 명교해수욕장에 도착했다. 더 갈 것인지 아직 결정하지 못했다. 키조개마을까지 가려면 두 시간 걸린다. 그곳에 먹을 곳과 잠잘 곳이 있는지 의문이었다. 길옆에 있는 집 앞에서 장작을 패는 나이 든 아저씨에게 물었다.

"아저씨, 키조개마을에 모텔과 먹을 곳이 있나요?"

"키조개마을에는 숙소가 없고 먹을 곳도 마땅치 않아요. 여기서 자는 것이 좋으실 텐데요?"

옆에 있던 중년의 아들이 대신 대답해준다. 미련 없이 율포해수욕장으로 돌아섰다.

회천 수산물센터에서 회를 떠서 2층에 있는 초장집으로 올라갔다. 확 트인 전망이 시원하다. 베란다 쪽에 손님 한 팀이 있지만 추운 듯하여 실내로 들어갔다. 맥주 한 병과 소주 한 병을 다 마셨다. 목표 달성에 대한 일종의 보상이다. 녹차탕은 운영 시간이 끝났다고 하여 차를 파는 건물에서 찻잔으로 나온 사기컵을 세 개 샀다. 한 개에 3000원씩이다.

모텔은 무인텔이다. 값을 깎지도 못하고 5만 원을 계산했다. 일반적으로 혼자인 경우 5000원에서 1만 원 정도 깎아준다. 작은 방이지만 깔끔하다. 실내 온도도 적당하여 오랜만에 푹 잤다.

06. 덕촌 방조제길과 눈보라 치는 강진만

한승원 문학 산책로

아침 6시 50분에 출발한다. 오늘 걸을 두 개 코스가 45킬로미터이니 최대한 걸어 보고 마지막 숙소 이동은 택시를 이용하자고 생각했다. 일기예보대로 이슬비가 내렸다. 우의는 불편하여 우산을 펼쳐 들었다. 어둑한 날씨에 남파랑길 안내 표시와 리본이 잘 보이지 않는다. 다행히 명교해수욕장까지는 어제 저녁에 가본 길이라 익숙했다. 어제 왕복을 하고 세 번째 걷는 길이다. 어제 저녁에 부서진 의자 밑에 던져놓았던 대나무지팡이를 용케도 챙겨 들었다. 길가에서 덤벼드는 개를 쫓고, 해변가의 잡풀이나 도꼬마리를 헤집는 용도다. 덕분에 오늘은 새 지팡이 구하는 일을 덜었다.

키조개마을에 9시쯤 도착하였다. 어제 길을 걸었더라면 깜깜한 밤에 위험한 길을 걸었을 것이다. 작은 마을이라 숙박업소도 보이지 않았다. 어제 율포해수욕장에서 숙박하길 잘했다. 키조개 맛이라도 볼까 기웃거렸다. 아침 시간에 문을 연 곳은 없었다. 한곳에 사람이 보여 물었더니 11시에 영업을 시작한다고 한다. 문을 연다고 해도 혼자서 먹을 수 있을지 장담하기 어렵다. 그냥 키조개마을을 지나쳤다.

한승원 시비 〈저녁 노을〉. 여다지 해변 모래언덕에 한승원 문학 산책로에 시비 30여 개가 있다.

정남진 종려거리 조성기념탑. 장흥 지역민들의 성금으로 1583그루의 종려나무를 심은 것을 기리기 위해 세운 탑이다.

장흥군 안양면 여다지 해변 모래언덕에 한승원 문학 산책로가 있다. 600여 미터의 산책로에 시비 30개가 세워져 있다. 이 시들은 작가 한승원이 여다지 해변이 내려다보이는 율산마을로 내려온 뒤 쓴 작품들이라고 한다. 뒤늦게나마 문학 공부를 한다면서도 그분을 제대로 알지 못한 것이 죄송스럽다. 몇 개의 시는 천천히 읽어보기도 하고 몇 개는 사진도 찍었다. 작가는 평소 "내 소설의 9할은 고향 바닷가 마을 이야기"라고 말했다고 한다. 한승원 작가의 딸, 한강은 2024년 10월 10일 노벨문학수상자로 선정되었다.

장흥 원동마을

78코스가 끝나는 장흥 원동마을까지 가는 동안 먹을 곳을 찾지 못했다. 아침에 컵밥을 먹어 속이 허전했다. 오후 2시가 넘었다. 그냥 갈 것인가 여기서 비상식량인 쌀라면을 먹을 것인가 잠시 고민했다. 제법 큰 마을이니 이곳에서 해결하기로 했다. 문을 열어놓은 집이 보이지 않았다. 몇 집을 기웃거리며 돌아다녔다. 사람이 보이지 않고, 문 닫은 집을 열고 들어갈 자신감은 아직 없다. 한 집에서 담장 밖으로 사람 소리가 들려 대문을 열고 들어갔다.

"도보 여행 중인데 컵라면 물 좀 부탁해도 될까요?"

"지금 나갈 거예요."

마루 쪽 마당에 쪼그려 앉아 쪽파를 다듬던 여자가 말했다.

"여기 남의 집입니다."

여자 옆에 있던 서 있는 50대 남자가 말했다.

파를 다듬다가 나갈 수는 있다. 그런데 남의 집에서 쪽파는 왜 다듬지? 거절하더라도 그럴 듯하게 이유를 댔더라면 덜 서운할 텐데.

몇 집을 또 기웃거리다가 낮은 담장으로 나이 든 아주머니가 보여 들어가서 물을

이름도 알지 못하는 작은 섬. 자라섬인지 모르겠다. 방조제길의 단조로움을 달래준다.

부탁했다. 마뜩찮은 대답을 한 노파는 끓지도 않은 물을 부어주고는 일 나간다며 먼저 일어섰다. 컵라면을 들고 밖으로 나왔다. 담장 옆 공터에서 배낭을 벗었다. 마땅히 앉아서 쌀국수를 먹을 곳이 보이지 않았다. 그렇다고 길바닥에 앉아서 라면을 먹을 수는 없다. 물이 끓지 않아 쌀국수가 익지 않고 불었다. 익지 않은 쌀국수를 요기라고 생각하며 서서 먹었다. 먹으면서 배탈만은 제발 나지 않게 해 달라고 빌었다. 무슨 열량이라도 내지 않을까 해서 국물까지 다 마셨다. 걷는 내내 혹시 배탈이라도 날까 잔뜩 긴장한 탓인지 뒤탈은 나지 않았다.

남해안에는 긴 방조제도 많다. 방조제길은 걷는 재미도 없다. 그냥 방파제에 부딪치는 파도만 보고 하염없이 걷는다. 고마방조제를 지나 삼산방조제에 이른다. 저녁 5시가 넘어 어두워진다. 회진터미널까지는 5킬로미터쯤 남았다. 가로등도 없는 컴컴한 길을 걸을 자신이 없다. 조금 걷다가 회진 개인택시에 전화를 했다. 삼산방조제를 반쯤 걷는데 택시가 왔다. 회진터미널 번화가에 내려 카드를 내미니 택시기사는 카드기가 고장 났다고 한다. 실랑이하기 싫어 현금을 주었다. 받아든 동전이

주머니에 쩔렁거린다. 기사는 음식점을 묻는 내게 호남식당 삼겹살이 맛있다는 팁을 주었다.

달리 마땅히 먹을 곳도 보이지 않아 호남식당에 들어서니 홀과 방에 손님이 가득하다. 고기가 주메뉴인 식당에서 혼자 들어오는 손님을 받아주는 나이 든 주인 여자가 고마웠다. 삼겹살 반근이라며 접시를 내왔다. 각지지 않고 뭉텅뭉텅 접시에 올려진 삼겹살이 보기와는 달리 맛이 있었다. 좋은 삼겹살 안주가 있는데 술은 마시지 않았다. 40여 킬로미터 걸으며 지쳤나 보다. 식사 후 커피를 두 잔이나 마신 탓인지 속이 시끄럽다. 낮에 설익은 쌀국수 먹고 괜찮았던 것을 대신하는가 보다.

덕촌방조제길에서 만난 백재국 씨

회진버스터미널에서 4킬로미터 떨어진 회진면 진목리에 있는 미백(未白) 이청준 작가 생가를 찾았다. 그의 호 미백은 일찍 머리가 센 작가가 모친에게 절을 할 때마다 "절하지 말고 그냥 앉거라. 에미보다 머리 센 자식 절을 받으려니 민망스러워 못당할 꼴이다" 했는데, 미백은 머리가 아무리 셌더라도 노모 앞에선 아직 센 머리가 아니다. 절대로 세어서는 안 되는 머리라는 뜻이다.

어촌 마을에 있는 작은 집. 행랑도 없는 일자집이다. 가난하게 자라며 어촌 마을에서 자란 것이 소설의 주 무대가 되었다. 이청준 작가의 장편소설 ≪당신들의 천국≫은 오래전에 읽어 소록도 간척사업에 관한 나병 환자들의 애환만 생각났다. 단편 〈눈길〉은 눈시울이 뜨거워진 기억이 남아 있다. 소설을 읽으며 처음 일었던 감정이다. 영화 〈석화촌〉, 〈이어도〉, 〈서편제〉, 〈축제〉, 〈천년학〉, 〈밀양〉 등은 그의 소설이 원작이다.

진목마을 언덕길을 내려와 덕촌방조제가 부려놓은 넓은 농지 사이에 난 논길을 걷는다. 때 이른 눈보라가 쳤다. 허수아비가 헐벗은 몸에 추위라도 피하려는지 검

진목마을에 있는 미백 이청준 작가의 생가. 행랑도 없는 작은 집이다.

고 흰 비닐 천을 아무렇게나 걸치고 서 있다. 바람이 거세다. 농로 옆에 낡은 경운
기 두 대가 본연의 임무를 잊은 채 덜덜 떨면서 눈을 맞고 있다. 대덕읍 덕촌방조제
길로 들어선다. 방조제길 끝에 덩치가 큰 남자가 쓰레기를 들고 나왔다.

"안녕하세요?"

습관처럼 인사를 하고 지나쳤다.

"시간 되면 커피 한 잔 하고 가시죠."

그의 말이 나를 불러 세웠다. 오늘 강진까지 가려면 시간이 부족하지만 거절할
수 없었다. 신발을 벗고 거실로 들어섰다. 그의 주먹이 몹시 크다. 불광동에서 20년
동안 카바레를 경영했다고 한다. 그래서 주먹이 큰가 하는 생각이 들었다. 하루에
도 사건이 나지 않는 날이 없을 정도였단다. 정리하고 고향 장흥으로 내려왔단다.
나보다 한 살 위라는 백재국 씨는 아침을 하지 않았으면 식사라도 하라고 했다. 인
사치레라도 고마웠다. 걸으면서 이런 대접을 받아본 적이 없다. 커피를 마시며 시집
에 '백제국 님'이라고 이름을 쓰고 서명하여 건네주었다. 통성명할 때 삼국시대 '백

제'를 생각하며 이름을 기억했다. 그는 시집을 받아들고 서명을 보고도 자신의 이름이 잘못되었다고 말하지 않았다.

집에 돌아와 그에게 빚은 술 몇 병을 보내주었다. 그가 답례로 생선을 한 박스 보내왔다. 그때 택배 상자에 적힌 그의 이름이 백재국이란 걸 알았다. 그에게 따지듯 전화했다. 그게 뭐 그리 큰일이냐고, 이제 알았으면 되었다고 한다. 백재국 그는 그런 사람이었다. 나라면 시집을 받으며 그 자리에서 당장 이름이 잘못되었다고 말했을 터였다.

그와 헤어지고 마량항에 11시 반쯤 도착했다. 작은 수산물센터가 있어 들어갔다. 혼자 먹을 거라고 했더니 생을 마쳐 가는 힘 빠진 농어가 2만 원이란다. 입에 낚싯바늘을 물고 있는 걸 보니 자연산은 맞는 것 같다. 2층 초장집에 들어선다. 무표정한 주인 여자가 1인분 5000원이라는 말을 던진다. 벽에 붙어 있는 현수막에는 1인분 2500원이라고 써 있다. 기본이 두 사람이겠지라고 생각했다. 상추만 가져다주고 모든 것이 셀프다. 맑은탕에 공기밥을 주문했다. 밑반찬은 하나도 없이 탕과 밥 한 그릇이 전부다. 이런 초장집은 처음이다. 그래서 손님이 없는 것은 아닐까?

눈보라 치는 강진만

밥을 먹고 걷는데 눈보라가 거세다. 한 시간 정도 걷다가 커피를 타준 백재국 씨가 생각났다. 부르기 쉽고 기억하기 쉬우니 좋은 이름이다. 그에게 전화를 했다. 마량항에서 회를 먹었다는 말에 '부르지 그랬냐'고 한다. 아차 싶었다. 거기까지 생각이 미치지 못했다. 술을 마시고 운전하면 문제 아닌가? 그럼 가우도에서 만나서 술한잔 하자고 했더니 그곳은 먹을 것도 없고, 저녁에 약속도 있다던 그가 40분 지나 전화가 다시 왔다. 얼굴이라도 보러 가겠다고 한다. 헤어진 지 몇 시간 지났다고? 아직 한 시간 반은 걸어야 하는데 가우도에 도착했다고 전화가 왔다. 눈보라는 더

강진만 가우도 출렁다리. 거친 눈보라로 건너보지 못했다.

강해져서 모자가 세 번이나 땅에 떨어졌다. 모자를 움켜쥐고 걸었다. 그에게서 또 전화가 왔다. 아직 한 시간은 더 걸어야 한다. 국도로 들어서는데 그가 차를 가지고 왔다. 그의 차를 타고 가우도에 도착했으나 출렁다리를 건너갈 수 없을 정도로 눈보라가 치고 커피 파는 가게도 문을 닫았다. 약속 시간이 있다는 그의 차를 타고 강진까지 갔다. 저녁 식사라도 하자는 나의 제안에 그는 커피 한잔할 시간도 없다며 돌아갔다. 고맙고 미안했다.

그와는 인연이 있는 모양이다. 술을 보내고 생선을 보내오고 전화만 통화했다. 출판사에서 보내온 둘레길 이야기 두 번째 교정. 마침 백재국 형과 만난 덕촌방조제길 인연을 보고 있는데 그에게서 전화가 왔다. 저녁에 친구와 노랑 가오리 낚시를 간다고 한다. 반가웠다. 나도 전화하고 싶었지만 교정 일정에 쫓기고 있었다.

강진만

아직 남은 비요(秘窯)*를 찾으러 왔냐고
강진만이 눈을 부릅떴다

마량항을 지날 때 내리던 눈이
강진만에 들어서자
세찬 바람을 불러들여
모자를 세 번이나 빼앗아뜨리며
두 팔 벌리고 막아섰다

조선 도공이 잡혀 가던 날
눈보라 치며
강진만이 크게 울었다고 한다

이런 날이 오면 아직
조선 도공들 망향가
까마득하게 들린다 한다

나는 단지 도공을 사랑했었다고
그 일과 아무런 상관없다고
모자를 손에 들고
고개 숙여 걸었다

끝내 돌아오지 못한 도공

건너지 못한 가우도 출렁다리 아래
내 변명의 말 흩어져 내리고
빈 걸음으로 돌아섰다

*비요(秘窯): 도자기를 굽는 비밀 가마

07. 새해를 맞으며 걷다

2021년 마지막 날

2021년 마지막 날이다. 이른 아침 전철 안에서 나이가 든 여자가 헤어지는 상대방 여자에게 '한 살 더 먹고 만나자'고 인사한다. 헤어지는 여자는 '내년에 만나자'고 한다. 재치가 넘치는 말이다. 정말 내일이면 좋든 싫든 누구나 한 살을 먹어야 한다. 나는 이제 일흔한 살이 된다. 꽤 빠르게 시간이 지나가는 느낌이다. 시간을 마디게 쓰려고 힘든 걸 마다않고 걷고 있는지 모를 일이다.

6시 35분에 출발하는 KTX 부산행 열차를 탔다. 남해에서 해남까지 구간은 걸었으니 이제 부산에서 삼천포 구간을 걸으면 된다. 남파랑길 걷기 여행 중 처음으로 KTX 특실을 예약했다. 보통실 좌석도 비어 있지만, 문득 어린아이처럼 특실이 궁금했다. 이 나이에 한 번쯤 특실을 이용해도 되지 않나 싶은 생각이 들었다. 우등고속처럼 2인석과 통로를 사이에 두고 단독 좌석이 있는데 예약한 곳은 단독 좌석이다. 출입구에 신문이 놓여 있다. 오랜만에 신문을 접한다. 대학 시절부터 30여 년 구독하여 익숙한 동아일보를 집어 들었다. 신문을 보고 있는데 복도에서 쿵 하는 소리가 들렸다. 객실로 들어오는 승객 손에 '마신다' 생수가 들려 있다. 조금 지나

복도에 나가보니 생수 공급기가 보인다. 따라쟁이처럼 '마신다' 한 통을 들고 들어왔다. 먼저 손님이 따라한다고 눈치 주는 것 같아 조금 신경이 쓰였다. 역시 나는 소심한 성격인가 보다. 생수 한 병 들고 KTX 특석에 앉아 있는 나의 신분이 바뀐 것인가 생각해 본다. 일반석보다 앞뒤 간격도 넓고 빈 좌석도 많다. 마음도 덩달아 여유가 생긴다. 다음부터 특실을 이용해 볼까 하는 생각이 잠시 들었지만 이내 접었다. 송충이는 솔잎을 먹어야지.

동해와 남해의 분기점으로 해파랑길과 남파랑길의 출발점이다.

9시 25분에 부산역에 도착했다. 서울에서 출발해도 온전히 하루를 시작할 수 있는 시간이다. 돼지국밥으로 아침을 먹고 버스를 타고 남파랑길 출발 지점인 오륙도에 도착했다. 해맞이공원 바닷가 인접한 해안도로가 동해와 남해가 갈리는 지점이다. 동해안 고성까지 이어지는 해파랑길 770킬로미터와 해남 땅끝에 이르는 남해안 남파랑길 1470킬로미터가 각자의 출발선을 알리며 등을 맞대고 있다.

5년 전 해파랑길 시작할 때는 해파랑길 안내소가 있는 오륙도 해맞이공원에서 시작하여 갈림길을 알지 못했다. 해파랑길은 단 1미터도 빼 먹지 않고, 오직 도보로 걸었다고 확신했는데 시작 지점에 착오가 있었나? 해파랑길 안내 지도에 1코스 출발점은 분명 오륙도 해맞이공원으로 되어 있었다.

동해와 남해의 분기점 지적에 오륙도가 지켜 서 있다.

오륙도를 출발하면서부터 '내일 2022년 새해 해맞이를 어디서 하나?' 하는 생각이 앞섰다. 코로나 때문에 전국에 있는 일출 명소의 공식적인 해돋이 행사는 취소되었다. 부산에 왔으니 이곳에서는 새해의 떠오르는 해를 어디에서든 볼 수 있다. 영도 해맞이전망대나 영도다리에서도 볼 수 있고, 코스를 이탈하여 태종대까지 가서 볼 수 있다. 조금 빨리 걸으면 3코스 들머리에 있는 송도해수욕장에서 볼 수도 있다. 머릿속에 빠르게 여러 가지 그림을 그려보았다. 이왕이면 코스 중에 볼 수 있는 다홍치마를 선택하였다. 쉬지 않고 빠르게 걸었다. 40킬로미터 가까이 걸어 저녁 늦게 송도해수욕장에 도착했다.

  태풍 피해로 해수욕장 모래가 깎여나가 모래를 보충했다고 하는데 모래가 참 곱다. 송도해수욕장은 일제강점기에 만든 대한민국 1호 해수욕장이다. 숙소를 잡지 않고 해수욕장 끝까지 걸어가다 보물을 발견했다. 자연산을 판다는 해녀촌 간판이 서 있고 허름한 횟집이 몇 개 보였다. 플라스틱 빨간 테이블을 세 개 펼쳐놓은 작은 공간이다. 돌돔, 볼락, 쥐치, 우럭 등이 접시에 담겨 나왔다. 회가 찰지고 맛이 있다. 사진을 찍어 두 아들에게 배달했더니 회가 맛있어 보인다고 한다. 회맛에 빠져 소주를 한 병 마셨는데 부족하다. 코로나 부스터 샷을 하고 2주 넘게 술을 마시지 않아서 몸에 알코올이 부족했나 보다. 몸이 시키는 대로 따를 수밖에.

송도해수욕장에서 맞은 새해

  2022년 새해 아침, 바닷가 모텔에서 창문을 열고 보니 백사장에 사람들이 많이 나와 있다. 꽤 추운 날씨다. 목에 버프까지 하고 완전무장을 하고 나갔더니 춥지는 않다. 맑은 날씨라 정시에 해가 떠올랐다. 동해의 해보다 말갛지는 않았다. 수평선에 번지는 해를 바라보며 가족의 안녕을 빌었다.

  작년에는 부천 성주산에서 떠오르지 않는 해를 애타게 기다렸다. 새천년인 2000년에는 온 가족이 지리산에서 일출을 보았다. 고등학생 큰아들과 중학생 작은아들이 뿌루퉁해서 개 끌리듯 아내와 함께 내려왔다. 두 아들은 지리산 천왕봉에 올라 수많은 사람들을 보고 놀라고, 떠오르는 새천년 새해 일출을 보며 환호했다. 아내

송도해수욕장 2022년 새해맞이 트리

송도해수욕장(2022년 1월 1일 새해 일출)

홀로 두 발로 삼천킬로미터: 코리아 둘레길 남파랑길과 서해랑길 이야기는 법계사에서 발걸음을 멈추었다.

새천년 이후 일출을 보는 것은 나의 새해 행사가 되었다. 2001년에는 관광버스를 타고 태백산 천제단에서 일출을 맞았다. 많은 인파에 섞여서 산에서 30여 분을 기다리는 일도 생겼다. 상암동 하늘공원에서, 광진구 아차산에서, 목멱산에서, 두 손자를 데리고 경포대에서 본 일출은 오랫동안 기억에 남아 있다. 호미곶은 작은손자만 데리고 다녀왔다. 간절곶, 정동진 등 전국의 유명 일출을 다 찾아다녔다. 일출을 보지 않으면 무슨 일이 잘못이라도 되는 듯 한 해 시작의 의식처럼 마음속에 자리 잡았다. 그래서일까 가족 모두 무탈하게 지내고 있다. 올해도 새해 일출을 보고 기원했으니 그럴 것이라고 믿어본다.

사하구 다대동 두송반도에 들어섰다. 오리나무와 곰솔이 우거진 숲길은 걷기에는 좋지만 길게 뻗은 반도를 돌아 나오는 코스라 별로 재미는 없다. 두송반도 끝에서 사하구 소속 산불 감시인을 만나 짧은 이야기를 나누었다. 자신의 주장을 펴며 직장생활을 했다는 그의 이야기가 흥미를 끌었다. 어딘가 투박한 그의 모습에 믿음이 갔다. 산청이 고향이라는 그는 황매산 철쭉을 자랑했다. 나도 한 번 가본 적이 있어 맞장구를 쳐주었다. 산청 약초 마라톤대회도 아내와 다녀온 적이 있다고 하니 그가 한 발짝 더 가까이 다가왔다.

그는 오늘 시무식에서 주었다며 오토바이 짐칸에서 빵 두 개와 삶은 계란 두 개 그리고 두유를 건네주며 걷다가 먹으라고 한다. 그의 성의가 진심으로 고마웠다. 나도 시집 한 권을 건네주었다. 점심 대신 그가 건네준 간식을 먹으며 그의 연락처라도 받았어야 하는데 하는 생각이 들었다. 남파랑길 걸으며 적지 않은 사람들의 연락처를 주고받았어도 연락을 주고받은 사람은 백재국 씨 한 사람뿐이다. 그래서 연락처를 받지 않았는데, 받지 않으니 괜히 더 아쉬움이 남았다. 광양에서 만난 광양제철에서 정년퇴직했다는 갑장 친구는 서울 강서구에 집도 있다는데 연락처를 받지 않은 것이 조금 아쉬웠다. 섬진강변을 걷는 그를 만나 이야기를 나누며 한참 걸었었다. 약속이 없으면 식사라도 함께하고 싶다던 사람이었다.

산허리에 매달린 다대진 동헌

해류의 영향으로 안개와 구름이 많아 섬이 보이지 않는다는 몰운대(沒雲臺)에서 내려오는데 '다대진 동헌'이 산 중턱에 자리잡고 있다. 다대진 성안에 있던 관아 건물 중 현재까지 남아 있는 부산광역시 유형문화재이다. 1970년 다대초등학교 운동장 공사 때 이곳으로 이전 복원했다고 한다. '산 중턱에 있는 동헌'이 있을 수 있는 일인가, 우리의 문화재에 대한 역사 인식 수준이다. 지금이라도 다대진성 근처로 자리를 잡아 다시 이전해야 할 것이다.

가파른 계단을 올라 아미산 전망대에 오른다. 해가 지려면 아직 시간이 남아 있다. 전망대 엘리베이터는 멈추어 있다. 힘들게 올라왔는데 허탈했다. 터덜거리며 내려와 다시 낙동강 강변길을 걷는다. 걷기 길이 잘 조성되어 있다. 저녁나절 석양이 비친 낙동강하굿둑이 웅장하다. 작은 삼각주에 겨울새들이 모여 있다.

2022년 힘차게 떠오른 해가 하루 여정을 마치고 낙동강 저편으로 가라앉고 있다.

낙동대교 중간에 있는 을숙도(乙淑島)는 낙동강과 남해가 들고 나는 낙동강 끝자락에 토사가 퇴적되어 생긴 하중도(河中島)다. 대동여지도에 표시되어 있지 않고 1920년대 무렵에 섬 형태가 잡혔다고 한다.

20여 년 전에 와본 적이 있지만 너무 많이 변해 있다. 하굿둑을 살피며 걷는다. 왼쪽 길로 가야 남파랑길 코스를 따라갈 수 있는데 차도 쪽이 오른쪽이라 다리를 건너서 도보길로 들어서는데 한참을 돌아야 했다. 저편에 멀리 낙동강 삼각주에 보이는 나무들이 사진처럼 아름답게 펼쳐졌다. 여러 컷 사진을 찍으며 그곳의 별도 지명이 붙어 있나 궁금했다.

"저기 나무가 있는 곳 이름이 있나요?"

지나가는 두 명의 중년 여자에게 물었다.

"걷지만 말고 예배나 보고 걸으세요."

새해 둘째 날, 마침 일요일이다. 한 여자의 뜬금없는 말에 웃음이 났다. 교회에 다

2022년 새 해가 하루 일과를 마치고 노을을 남기며 저물어 가고 있다.

니는 사람인가 보다. 그녀는 걸으면서 만난 사람에게 전도를 하고 있다. 전도 방법이 서투른 것 같다. 나라면 '걷고 있나 보죠. 어디서 오셨어요?' 정도의 어프로치를 하고 전도를 할 것 같은데….

"어떤 사람이 몇 년 전에 저곳에서 염소를 키웠어요."

또 다른 여자가 엉뚱한 대답을 한다.

안성마을이 반갑다. 내 고향은 안성시. 무주에 안성면도 있다.

인문학 공부를 함께한 이정규 씨

인문학습원 서울학교에서 만나 인연이 이어지고 있는 이정규 씨에게 신년 초이니 집에 있겠거니 하고 전화를 했다. 그는 창원에 있는 외국인 회사에 다니는데 아내와 함께 회사 사택에서 산다. 반갑게 전화를 받는다. 코로나 때문에 재택근무를 한다며 4시 30분에 근무가 끝난다고 했다. 그는 부인과 함께 진해구 제덕사거리 근처로 왔다. 인문학습원 서울학교 경복궁 기행 시 남편 대신 참석하여 경복궁 곳곳을 소개하는 것을 받아 적던 부인의 성실함이 떠올랐다. 8년 전 일이다. 작은 횟집에서 낙지탕탕이와 회에 술을 마셨다. 나이 차가 조금 나지만 사회에서 지금까지 만난 친구 중 가장 성실한 사람으로 내겐 각인되어 있다. 신영복 선생의 마지막 특강도 그가 미리 신청하여 함께 다녀왔다. 특강 후 몸도 편치 않은 선생에게 그의 저서 ≪담론≫에 서명을 받는다고 줄을 섰다. 그 당시 몸이 아팠는데 언짢은 표정 없이 일일이 서명을 해주시던 모습이 생생하다. 그 인연으로 추운 겨울날 신영복 선생의 영결식에도 혼자 다녀왔다. 신영복 선생 사후에 열린 작품 전시회에도 정규 씨와 함께 갔다. 순환 근무로 창원에 내려가며 가끔 연락만 하던 사이였다. 그는 내가 남파랑길 걷는 걸 알고 창원에 오면 꼭 연락을 하라고 했다.

그는 요즘 인터넷으로 전통주 강의를 듣는다고 했다. 술을 빚고 있는 모양이다. 그는 내가 쓴 ≪우리 쌀로 빚는 전통주 이야기≫도 열 권이나 사준 친구다. 그의 질문에 신바람이 나서 술 빚는 방법에 대해 상세하게 설명해주었다.

"빚은 술을 시음시켜 줘야 평가를 하지? 빚은 술 가지고 오지 그랬어."

나의 말에 술 한 병을 슬며시 테이블 위에 내놓는다. 그는 그런 사람이다. 술에서 고두밥이 덜 익어 나는 아세톤 냄새가 났다. 잡맛과 신맛도 강했다. 시음평을 해주니 함께 온 그의 아내가 귀를 더 크게 열었다. 음식점 영업시간이 한 시간 정도 남았지만 손님이 우리뿐이라 부담스러웠다. 주인 여자는 영업 마감시간 40분 전부터 끝내야 한다고 서둘렀다.

헤어지며 그는 내일 올라간다는 내게 저녁식사 함께하고 창원중앙역까지 데려다 준다고 했다. 번거롭게 그러지 말라고 했지만 그는 그렇게 알고 가겠다며 아내가 운전하는 차를 타고 돌아갔다. 술 한잔하려고 운전기사로 부인과 함께 온 것이다.

술을 한잔해서 그런지 숙소에서 텔레비전을 보다 그냥 잠이 들었다. 깨어보니 새벽 2시였다. 정규 씨가 걸을 때 간식으로 먹으라며 직접 쪄서 가지고 온 고구마를 먹고 양치도 하지 않고 잠들었다. 입도 텁텁하고 자세가 바르지 않았는지 아니면 무리해서 걸었는지 왼쪽 종아리가 조금 아파 신경이 쓰였다. 양치질을 하고 한참이나 침대에 앉아 다리를 들어 올리는 스트레칭을 하며 제발 이상이 없게 해달라고 기도하며 잠을 청했다.

아침에 일어나니 종아리 통증은 심하지 않았다. 오늘은 천천히 걸어야겠다. 물을 끓여 스프 한 잔 마시고 정규 씨가 가져 온 고구마 한 개를 먹고 출발했다. 진해 해양공원 옆 작은 식당이 열려 있어 들어갔다. 혼자서 식사할 수 있는 메뉴는 회덮밥 뿐이라 선택의 여지가 없다. 중년 남자가 주방에서 주섬주섬 준비한 음식을 가지고 왔다. 아직 점심 영업시간이 되지 않아 부인이 나오지 않았다고 한다. 어제 술을 마시며 식사를 게을리한 때문인지 음식 맛이 좋은 건지 먹을 만했다.

"제가 첫 손님인가요?"

"예, 그런데요."

나오며 현금으로 결제해주었다. 그가 활짝 웃었다. 생수 두 병을 서비스로 내준다. 정작 식탁에는 물이 나오지 않아 배낭에서 생수를 꺼내 마셨다. 미처 챙겨주지 못한 것이다. 생수 한 병만 받아들고 나도 배낭에서 시집 한 권을 꺼내 건네주었다. 그가 나이를 물어 온다. 용띠라고 하니 자기는 2월용이라고 한다. 나는 제철 8월용이라고 했다. 나이 든 사람들은 왜 나이를 물을까? 나이로 누르려는 마음이 깔려 있는 게 아닐까. 나도 나이가 지긋해 보이는 사람을 만나면 어김없이 나이를 물어보는 사람 중 하나이다.

진해 해양공원에서 연결되는 보도교를 건너 진해 우도에 발을 디뎠다. 작은 길을

진해 우도. 나비섬, 벗섬으로 불려오다 일제강점기부터 우도라고 불려지고 있다.

따라 걷다 보니 담벽에 벽화가 그려져 있다. 통영 동피랑이 생각났지만 입지나 규모에서 비교가 되지 않았다.

다음날 저녁 6시 23분 서울행 KTX표를 예매했다. 마산항 들머리를 걷는데 어김없이 정규 씨에게서 전화가 왔다. 마산항을 4킬로미터 정도 남기고 그를 만나 창원 중앙역 근처에서 추어탕집에 들어갔다. 바닷가에서는 해산물을 먹어야 한다며 굴전을 추가했다. 좋은 안주가 나오는데 술이 빠질 수 없다. 운전하는 그에게 술을 권할 수 없고, 소주 한 병을 독차지하는 횡재를 했다. 내 손을 뿌리치며 그가 계산했다.

집에 도착한 후 누룩으로 빚은 청주(주세법상으로는 약주라 한다) 두 병과 증류주 한 병을 보냈다. 유무상을 떠나 이런 행위도 주세법 위반이란다. 인증 사진과 귀한 술 보내주어 고맙다고 카톡이 왔다.

내 고향 남쪽 바다 그 파란 물 눈에 보이네

새해 두 번째 걷기 여행이다. 마산역에서 국밥을 먹고 도심 구간을 걷는다. 시내 구간은 역시 재미가 없다. 이번 걷기의 연결 구간인 9코스인 용마고 정문에 도착했다. 남파랑길 안내 표시가 보이지 않는다. 학교 앞과 건너편 길 양쪽을 살펴보아도 없다.

네이버지도로 3.15해양공원을 확인하고 걸었다. 조성한 지 얼마 되지 않아서 공원은 넓고 깨끗하다. 바닷물도 깨끗해서 놀랐다. 꽤 오래 전에 마산에 사는 친구 정종수를 보러왔다 본 마산 앞바다는 생활 쓰레기가 지천이었다. 이제는 이은상 선생의 〈가고파〉 '내 고향 남쪽 바다 그 파란 물 눈에 보이네'를 마음껏 불러도 되겠다. 환경에 대한 국민적 관심사가 높아지고, 지자체에서 관리에 심혈을 기울인 결과이다.

공원 입구에 김주열 열사 시신 인양 지구라는 안내가 보인다. 1960년 마산상고(현 용마고) 합격 소식을 듣고, 3.15부정선거 규탄 시위에 참가했다 희생된 학생이다. 그의 시신이 마산 앞바다에 떠오르며 마산 시위가 시작되어 4.19의 도화선이 되었다.

김주열 열사 시신 인양지 안내 이정표

시내 구간을 지나 청량산 입구에 도착했다. 산으로 올라가는 계단에 남파랑길 화살표 표시가 흔적만 남아 있다. 산으로 50여 미터 올라가니 계단에 매달린 리본이 묶여 있다. 계단을 조금 더 올라가니 붉은 화살표가 반쯤 훼손되어 있다. 분명 코스가 수정되었을 것이라는 생각이 들어 내려와서 양쪽 길을 살펴보아도 표시 리본이나 이정표가 보이지 않는다. 네이버지도를 보며 창원 요양병원 방향으로 걸었다.

보이지 않던 리본을 청량산에서 내려오는 길과 도로가 만나는 지점에서 찾았다. 청량산 들머리에 있던 리본을 누군가 장난친 듯하다. 잠깐이라도 보이지 않던 리본을 만나면 오랜 친구를 만난 듯 반갑다.

50여 미터 앞서 두 여자가 배낭을 메고 걷는 모습이 보였다. 한 여자가 뒤돌아보더니 다른 여자에게 "저 사람 남파랑길 걷는 것 같은데?" 하고 말한 듯하다.

이야기를 듣던 여자가 뒤돌아본다. 그 여자들을 따라잡아 인사를 했다. 짐작한 대로 남파랑길을 걷는다고 했다. 지금까지 걸으면서 같은 방향으로 걷는 여자들을 처음 만났다. 50대 후반으로 보이는 그들과 이야기를 나누며 걸었다. 같은 취미를 가진 사람들이라 이야기가 잘 통한다. 조금 몸집이 있는 여자는 해파랑길도 걸었다고 한다. 같이 걷는 군살이 없이 마른 듯한 여자와 3년 전 40일간의 유럽 여행에서 만난 사이라고 한다. 정말 귀한 인연처럼 느껴졌다. 마른 듯한 여자가 앞서 걸었다. 같이 걷는 여자에게 저 사람은 왜 혼자 앞서 걷느냐고 물었더니 서로 구속하지 않고 앞서거니 뒤서거니 하며 걷는다고 했다. 나는 숙소가 있는 광암해수욕장까지 가기 위해서 그들과 작별 인사를 하고 앞질러 걸었다.

군고구마 세 개에 1000원이라니

어둑해질 무렵 광암해수욕장에 도달했다. 음식점도 여럿 있고 모텔도 몇 곳 눈에 띄었다. 숙소 근처 음식점에 들어가 고생한 육체를 호강시켜 주려고 장어탕을 시켰다. 마산역부터 걸었다는 나의 말을 들은 나이 든 주인 여자는 장어를 많이 넣은 냄비를 가스레인지에 얹어놓는다. 꼬리가 두 개 있으니 두 마리를 넣은 듯 보였다. 양이 많아서 그런 것은 아닌데 맛이 덜하다. 녹동 장어탕 생각이 났다. 역시 음식은 호남 쪽이 맛있다는 생각이 들었다.

장어탕을 먹고 나서 음식점 뒤편에 있는 모텔에 들어서니 나이 든 주인 남자가

광암해수욕장 옆 광암항은 크지 않은 항구다. 해수욕장은 수질 악화로 폐쇄되었다가 2018년 재개장되었다.

빈방이 없다고 한다. 행락철도 아니고 방이 없다니 낭패라며 광암해수욕장 들머리 쪽에서 본 모텔로 가려고 계단을 내려가는데 주인 남자가 부른다. 예약 손님이 오지 않는 듯하다며 방을 주었다. 다행이란 생각이 들었다. 배낭을 방에 두고 안내실에서 키를 받아들었다. 30분 정도 소화도 시킬 겸 걷다 들어오니 방과 키 번호가 다르다. 주인에게 말하니 대여섯 개 걸려 있는 키를 찾는데도 시간이 한참이나 걸렸다. 일흔 중반의 나이에 벌써 그러면 어쩌나 하며 내 모습을 내려다보았다. 나도 머지않아 저 사람처럼 될 나이인데….

샤워를 마치고 커피라도 한잔 하려고 정수기의 뜨거운 물을 받으려고 현관으로 나갔다. 손님과 통화하는 주인 목소리가 들렸다.

"빈방은 없는데 예약한 손님이 오지 않으니 와 보세요."

영업하는 방법이 참 별스럽다. 자기네 모텔은 항상 빈방이 없다는 인식을 심어주는 것인가? 몇 개 되지 않는 객실 키도 제대로 찾지 못하는 사람이.

아침에 일어나니 배탈이 났다. 어제 저녁 장어를 너무 많이 먹어 소화가 안 되었는지, 아니면 상태가 좋지 않았는지 설사도 하고 속이 편치 않았다. 비상식량으로 준비한 컵밥이나 컵라면이 있지만 뜨거운 물에 스프만 타서 마셨다. 아침 9시경 선지국밥을 먹고 걸었다. 점심때가 넘었는데도 식욕이 없다.

한적한 도로변에 비닐 천막을 치고 파는 군고구마, 오징어, 어묵을 보고 먹을까 말까 망설이다가 조금 지나쳤다. 겨울에 뜨거운 군고구마를 호호 불며 먹던 생각이 났다. 군고구마가 궁금해서 다시 돌아섰다. 군고구마 세 개를 먹으며 어묵국물을 마셨더니 탈났던 속이 편안해진 느낌이다. 군고구마는 정규 씨가 가져온 찐 고구마에 비하면 맛이 덜했다.

쉰 중반의 여자는 혼자서 남파랑길을 걷는 나를 부러워했다. 그녀에게 시집을 한 권 건네주었다. 그녀는 아이처럼 좋아했다. 여고 시절 문학에 관심이 많았는데 살다보니 잊었다며 앞으로 글을 쓰고 싶다고 했다. 나도 문학에 관심이 있었지만 배곯는 국문과는 가지 못하고, 퇴직 후 시 공부, 소설 공부하는 재미가 쏠쏠하다는 이야기와 곁들여 시론에 관한 책도 소개해주었다.

"얼마예요?"

길을 떠나기 위해 고구마와 어묵 값을 물었다.

"1000원이요."

받으실 만큼 받으라고 했더니 1500원이라고 한다. 더 줄 수도 있지만 그녀의 마음이 상할까 봐 2000원을 건넸다.

고구마를 먹었더니 점심 생각이 사라졌다. 식당도 나타나지 않아 그냥 걸었다. 당항포 유원지 옆을 걷는데 중학 동창인 정영진에게서 안부 전화가 왔다. 큰딸이 커피숍을 차려서 시간이 있을 때 도와준다고 했다. 건축공학을 전공하여 아직도 두 개 회사의 감리 일을 하고 있는 친구다. 평상시에는 탁구를 좋아해서 매일 탁구장에 간다고 했다. 마침 그곳에서 운동도 함께하고 커피도 마시며 이야기를 나눌 수 있는 여자 친구를 만나서 즐겁다고 했다.

당항포 유원지를 지나며 조금 쉬었다 가고 싶은데 마땅히 쉴 곳이 보이지 않는다. 도로변 고성군 회화면 당항리 365 집 앞에 의자가 하나 놓여 있다. 주인이 일을 하다가 쉬는 곳인 듯하다. 집 앞 공터에 통나무와 도끼도 보였다. 어린 시절 아버지 따라 흉내 내던 도끼질이 생각났다. 장작은 패지 못하고 엉뚱한 장작 받침대만 찍었었다.

"이런 일 하지 않으려면 공부 열심히 해야 되는 거야" 하시던 아버지 생각이 났다. 약주를 좋아하시던, 키가 작았던 아버지. 내가 10년 넘게 전통주를 공부하고, 남들을 가르치고, 지속적으로 빚어 온 술을 직접 드리지 못해 마음이 아련하다. 아버지는 좋아하는 술을 추석이나 설날에만 감질나게 드셨다.

의자에 앉아서 빵과 건빵을 먹었다. 의자는 편안한 휴식처였다. 나도 가끔은 다른 사람에게 이런 의자처럼 편안한 사람이 되고 싶다. 까탈 부리고, 따지는 습관을 아직 버리지 못한 자신을 조용히 나무란다.

한산대첩과 통영 상륙작전 승전지

아침 이른 시간에 통영 삼봉산(三峰山)에 올랐다. 통영시 용남면에 있는 해발 247미터의 산이다. 삼봉이라는 이름이 웬 삼봉, 혹시 정도전 선생과 무슨 설화라도 있나 하는 생각이 들었다. 남해 금산에 이성계 기도 도량이 있는 걸 감안하면 충분히 그럴 수도 있다고 생각했다.

해발을 생각하면 높지 않은 산이지만 의외로 가파르다. 아침 시간이라 그런지 힘들었다. 등산 안내도와 남파랑길 안내 리본을 따라가니 첫 번째 일봉산(해발 186미터)이다. 산 아래로 거제도와 한산만의 조망이 펼쳐진다. 이봉산(해발 225미터)은 산 정상이 밋밋하다. 능선으로 가는 길목 소나무에 세로로 쓴 '이봉산 정상'이라는 표지판을 보지 못하면 그냥 지나칠 수도 있다. 주위에 나무들이 빽빽하고 지대가 낮아 조망도 되지 않는 곳이다. '이것도 산이라고 부르나?' 하며 지나쳤다.

세 개의 산이 1.5킬로미터 거리에 옹기종기 모여 산다. 이봉산 정상은 평지이다.

다음 삼봉산은 이봉산에서 지척이다. 삼봉산을 오르며 봉우리로 연결되어 있는 작은 산을 일봉산, 이봉산, 삼봉산으로 부르는 이유가 궁금했다. 그냥 일봉, 이봉하여 봉우리가 세 개이니 전체를 아울러 삼봉산이라 부르면 되지 않나? 무슨 사연이라도 있겠지, 궁금하여 인터넷 검색을 해 보니 세 개의 봉우리는 세 마리의 용이 변했다는 설이 있어 봉우리마다 산 이름을 가지게 되었다고 한다.

삼봉산 정상에 오르니 숨어 있던 바다가 넓게 펼쳐졌다. 거제대교 아래쪽 견내량 해협이 보인다. 견내량은 폭이 좁은 탓에 물길이 거세다. 임진왜란 당시 견내량에서 왜선을 유인하여 한산도 앞바다 안골포 전투의 시발점이 되어 세계 3대 해전으로 기록된 한산대첩 승전지이다. 충무공이 학익진을 펼쳐 대승했다.

6.25전쟁 때는 해병대가 견내량에 있는 장평리로 '통영상륙작전'을 전개하여 북한군이 집결한 통영 시내로 진격해 통영을 탈환하였다. 마거릿 하긴스 미국 종군기자가 해병대의 활약상을 높이 평가하고, 한국 해병의 감투정신을 두고 '귀신이라도 잡겠다'는 기사를 널리 보도함으로써 '귀신 잡는 해병대'라는 말이 유래했다.

고 김성은(1924~2007) 장군은 해병대 창설 멤버이며 해병대 최초 단독 상륙작전인 통영상륙작전의 주역이다(당시 중령). 그는 대한민국의 전쟁 영웅이자 해병대의 상징이 되었다. 2023년 5월 15일 김성은 장군 제16주기 추모식을 맞이하여, 시인 정소란이 추모시를 쓰고 직접 낭독하였다.

국가보훈부는 귀신 잡는 해병대 신화의 주인공 김성은 장군을 2023년 8월의 6·25전쟁 영웅으로 선정하였다.

"나는 지금

눈물 나게 맑은 통영의 하늘 아래 서 있고

망일봉 끝까지 한달음에 갈 수 있는 힘이

심장에 남아 있으니

병사들이여, 그대들도 분명

진격할 힘이 두 다리에 남아 있지 않은가

우리의 생명은 새의 깃털처럼 가볍고

조국을 위해 이 붉은 피를 바쳐야 할 것이다"

장군의 용력한 병사들은

진격하는 바다 위를 민첩하게 몸을 날리고

예광탄 터지는 밤하늘에

불 같은 열정이 터지는 그날부터

이 땅의 해병대는

단독 상륙작전을 개시하였다

—정소란, 〈통영의 생명〉 부분

신거제대교는 거제시 사등면 덕호리와 통영시 용남면 장평리를 잇는 총길이 940미터의 연륙교다. 한산대첩의 시발점인 견내량 해협을 가로질러 1999년 개통했다. 1971년 준공된 거제대교가 증가하는 교통량을 소화하기 힘들어 놓은 다리다. 2010년 가덕도와 거제를 연결하는 거가대교가 개통되어 거제의 관문 교량은 세 개로 늘어났다.

남파랑길 코스는 신거제대교를 걸어 거제로 들어가고, 거제를 한 바퀴 돌아 거제대교를 걸어 통영으로 나오게 된다. 다리를 건너 왼쪽으로 해변길을 걷는다. 아기자기하게 펼쳐진 어촌 마을을 지나 거제대로와 만났다.

견내량 해협을 가로지르는 신거제대교. 거제대교와 견내량 해협 아래 나란히 서 있다.

해변길을 지나 도로 갓길을 걷는데 달리는 차들도 많고 달리는 속도가 만만치 않다. 역주행으로 걸으면서 온 신경을 집중했다. 남파랑길 안내에 위험 구간이니 대중교통을 이용하라고 써 있다.

버스는 한참 기다려야 해서 콜택시를 불렀다. 나이가 들어 보이는 택시기사는 나와 갑장이다. 생일도 같은 8월이다. 내가 여드레 세상을 먼저 만났다. 묘한 인연이다. 더 정감이 갔다. 그는 수원에 있는 삼성전자에서 35년 근무하고 정년퇴직하여 연로하신 부모님을 모시기 위해 고향인 고성으로 귀향했다고 한다. 농지가 있어 농사를 지었으나 해 보지 않은 일이라 힘도 들고 농기계를 임대하여 사용하다 보니 남는 게 없어 논은 임대 주고 택시업을 하게 되었단다. 팔순 중반의 노모가 밭일을 하니 부인도 손에 익지 않은 일을 따라하며 어려움이 있다고 하소연한다. 농촌 출신인 내가 그의 어려움에 도움을 줄 말을 찾지 못하였다. 칠순이 가까워지는 부인이 농사일을 새로 시작하는 것은 쉽지 않은 일이다. 부인이 채소라도 길러 직접 따 먹는 소소한 일에 재미를 찾으면 조금이라도 좋을 텐데.

08. 거제도 한 바퀴

휴관일에 찾아간 김영삼 대통령 기록전시관

아침 6시에 고현터미널에서 장목 가는 버스를 탔다.

"안녕하세요."

버스를 타며 인사를 해도 나이 든 기사는 눈길도 주지 않는다. 내가 첫 손님이자 유일한 손님이다. 도중에 여자 손님 두 명이 타고, 중간에 내려 다시 혼자가 되었다. 혼자 타고 가는 것은 역시 부담스럽다. 중간에 누군가 타라고 마음속으로 빌었지만 허사였다. 장목에서 내리며 기사에게 소리치듯 큰 소리로 말했다.

"고맙습니다."

역시 메아리는 없다. 이른 시간에 운행하는 버스에 승객이 없었으니 기분이 나쁘겠는가? 그래도 너무하다는 생각은 든다. 아직 날이 어둑해서 별도로 걷기 길이 없는 시골길은 위험하다. 일출 시간이 7시 30분이니 동이 트려면 조금 더 기다려야 한다. 숙소에서 스프만 한 잔 먹고 출발했기에 마침 미니스톱 편의점이 있어서 들어갔다. 빵 한 개와 따뜻한 두유 한 병을 가지고 나와 편의점 야외 테이블에서 먹었다. 배도 부르고 몸도 따뜻해진다. 날이 밝아지기를 기다리는 시간을 이용하여 엇

저녁부터 오늘 아침까지의 일을 카톡에 메모하며 시간을 보냈다.

먼동이 트자 걷기 시작했다. 차가 다니지 못하는 작은 시골길. 마을에 사는 나이 든 여자 두 명이 아침 운동 겸 산책을 한다. 한 사람은 작은 개에 목줄을 했다. 한 사람은 큰 개인데도 목줄을 하지 않았다. 옆으로 피하며 개 주인에게 목줄을 하라고 했더니 "우리 개는 안 물어요" 하는 대답이 돌아왔다. 그래도 목줄을 하라고 다시 이야기했다. 여자는 궁시렁거리며 목줄을 했다.

7시 30분경 두모마을 해변을 지난다. 오늘 날씨 예보에 따르면 비가 온다고 하는데 비는 오지 않고 파도가 심했다. 나이 든 아낙이 해변에서 파도가 밀려가고 나면 쇠갈퀴로 조개를 긁어 올린다. 위험하다고 소리 질러도 쳐다보지도 않는다. 세 번 소리치자 겨우 알아들은 모양이었다.

"아, 그만 가이소."

귀찮다는 표정이다. 참견하지 말고 가란다. 하기야 한두 해 그 일을 한 것도 아닐 텐데 괜한 오지랖이었으리라. 안전사고라도 나면 어쩌지? 몇 차례 아낙을 뒤돌아보며 걸었다. 갈매기들이 파도가 심해 어제부터 굶었다고 끼룩거리며 날았다. 파도가 거칠어서 갈매기들은 바다에 앉지 못했다. 오리떼들은 파도 놀이를 하며 갈매기들을 놀렸다. 오리떼를 보고 약이 오른 갈매기들은 모래밭에 내려앉는다.

'김영삼 대통령 생가 6.1킬로미터'라는 표지판이 보인다. 대금산을 넘어야 하는데 언덕에 집이 몇 채 있는 작은 마을에서 리본을 찾지 못하고 길을 잃었다. 마른 숲으로 한두 명 지나간 흔적이 보였다. 가시덤불을 30여 분 헤치며 가까스로 산길로 접어들었다. 그래도 리본은 보이지 않는다. 산 정상으로 오르지 않고 내려가는 길이 보여 10여 분 내려와 보니 작은 대숲 사이로 리본이 팔랑이고 있다. 산 정상을 오르지 않아 참 다행이다.

살아가며 사안에 따라 오래 생각하고 결정해야 하는 일들도 있지만, 순간순간 결정을 해야 할 일들이 더 많다. 결과는 후에 나타나니 어떤 결정이 옳은 것인지 알기 어렵다. 정상적인 길을 찾지 못하고, 길도 없는 가시덤불을 걸은 것은 분명 잘못

된 결정이다. 좀 더 이곳저곳을 찾아 리본을 찾았으면 하지 않아도 될 고생을 한 것이다. 산길을 걸으며, 산 정상을 넘어가지 않고 내려온 것은 잘한 결정이다. 산길은 많은 갈랫길이 있다. 어떤 상황이 일어날지 예측조차 하기 어렵다. 삶 또한 여러 갈랫길 중 자신이 선택한 길을 걸어가며 수도 없이 방향을 수정하며 산다.

김영삼 대통령 생가와 기념관은 월요일이라 휴관이다. 생가는 전에 와본 적이 있다. 1987년 13대 대통령 선거에서 3김과 노태우의 대결로 양보하지 않은 고집 때문에 야당은 스스로 대통령을 포기한 셈이다. 아버지가 마을에서 야당 당원이라 어릴 적부터 자연스레 야당을 응원하였지만 평화민주당의 분당으로 나는 통일민주당을 지지했다. 당시 여의도에서 하는 통일민주당 김영삼 후보의 연설을 듣고 시청 앞까지 선거 차량을 따라갔다. 얼마나 크게 김영삼을 연호하였는지 목이 쉬어 회사에서 전화 받기가 힘들었다. 전화를 받은 상사가 장난 치냐며 화를 내기도 했다. 김영삼 대통령이 돌아가셨을 땐 영결식장에 참석하여 시렸던 손의 기억도 남아 있다.

김영삼 대통령 기록전시관. 월요일이라 휴관이다. 김영삼 대통령의 정치적 삶과 민주주의 사상을 널리 알리고 계승하기 위하여 2010년 거제 장목면 외포리 생가 옆에 개관하였다.

김영삼 대통령 기록전시관 앞의 길 건너편에 있는 일주횟집에서 대구탕을 먹었다. 지금까지 먹어본 것 중 제일 맛있다. 시장해서만은 아닌 듯하다. 들어오는 손님들이 모두 대구탕을 주문한다. 메뉴판을 보니 점심 메뉴는 대구탕뿐이다. 혼자 갔는데도 먹을 수 있었다.

장승포터미널에서 4시행 버스를 탔다. 내려올 때는 마산역까지 기차를 이용했는데 이번에 버스를 탔다. 등산화 끈을 풀고 발을 꺼냈다. 뜨거워진 발이 미소 짓는다. 발은 웃고 있지만 마스크 쓴 코로 냄새가 배어든다. 걸으면서 주머니에 넣었던 얼어 터진 유자 하나를 꺼내어 주물렀다. 고린내가 유자 향기와 뒤섞여 기묘한 냄새를 풍긴다. 땀내 나는 몸에 향수를 뿌린 것처럼. 버스에 승객 여덟 명이 듬성듬성 앉았지만 내 앞에 앉은 사람 때문에 꽤 신경이 쓰였다.

장승포 가는 방법

2022년 설날 행사를 마쳤다. 아버지 산소에 다녀오고, 어머니가 계신 요양병원에도 다녀왔다. 덤으로 손주들 세배까지 받고 세뱃돈으로 삼성전자 주식 다섯 주씩 넣어주었다. 중학교 1학년인 큰손자 준희에게는 한 주를 더 주어 자존심을 세워주었다.

설 행사를 마치고 출발하니 홀가분하다. 이번 코스는 장승포에서 시작이다. 버스를 이용하면 다섯 시간 반이 걸린다. 김해공항까지 비행기를 이용하고 거기서 거제까지 리무진을 이용하기로 했다. 예약 창에 들어가니 따라할 수가 없어 큰아들에게 부탁했다. 코로나 상황이라 10만 원이 넘는 표가 3만 8000원이다. 버스표보다 싸다.

김포공항은 오랜만이다. 탑승 안내판에 시간순으로 비행기 편명이 표시되는데 ke1101편이 뜨지 않는다. 안내띠를 두른 아주머니에게 물었다.

"저 판대기에 왜 내가 탈 비행기 편은 안 뜨죠?"

아주머니가 웃으며 대답했다.

"전광판요? 오늘 하루 종일 웃을 거리가 생겼어요."

왜 전광판이나 안내판이 생각이 나지 않았는지 모를 일이다. 나도 그녀를 따라 웃었다. 뜨지 않는 비행기 편명에 몰두했나? 평소 쓰지 않는 단어라 적응력이 부족한 티를 낸 것이다. 탑승하려니 탑승자 이름을 영문으로 써서 이를 증명하려면 주민등록증이 아닌 여권이 있어야 했다. 이름을 한글로 바꾸어 오라고 해서 1층까지 내려갔다 오는 등 부산을 떨었다. 비행기에 올라 창을 통해 펼쳐지는 풍경이 새롭다. 김해공항에서 장승포까지 가는 리무진이 9시 15분인데 8시 비행기를 이용하여 혹시 차질이라도 생길까 해서 한 시간 빠른 비행기를 탔다. 다음 서틀버스는 두 시간 후에나 출발한다. 준희에게 이런 경우 어떻게 하겠냐고 의견을 물었더니 자기도 할아버지처럼 하겠다고 한다. 내 방법이 맞는 것이라고 힘을 실어주었다. 사춘기라 스스로 말을 하지 않으니 이런 말거리라도 만들어야 한다.

오늘 코스는 장승포터미널에서 시작이다. 숙소가 있는 구조라항까지 35킬로미터를 걸어야 한다. 봉수대를 오르지 않고 시내를 통하여 능포항으로 걸어가서 대략 30여 분 시간을 줄였다. 산길이나 바닷길에서 해가 저물면 이도저도 못하니 피치 못할 조치다.

지세포진성을 걸어 산불 예방 초소에 이른다. 해변 쪽에 안내 입간판이 보이고 갈랫길이 있는 산길에 리본이 보이지 않는다. 초소에 근무하는 30대 중반으로 보이는 젊은이에게 물었다. 구조라로 가는 서해랑길을 물으니 자신은 서해랑길을 처음 듣는다고 한다. 이런 경우 난감하다. 자신의 일이 아니면 주변 일에 전혀 관심이 없는 젊은이 같았다. 초소 5미터 떨어진 왼쪽으로 '남파랑길 안내판'이 보였다. 방향 표시는 보이지 않았다. 이것조차 보지 않았단 말인지 괜히 흥분했다. 나 또한 내 일이 아니고 다른 것에는 무관심하면서.

"이런 것도 보고 근무해요. 앞에 보이는 것도 모른다고 하면 어떻게 해요?"

멋쩍게 웃는 산불 관리인은 구조라해수욕장 방향은 직진이라고 알려준다.

집 앞에 있는 '카페 65도'에서도 커피를 주문하며 젊은 아르바이트 학생에게 물었다. 궁금한 것을 참지 못하는 성격 탓이다.

"65도가 무슨 의미죠?"

"커피 물이 65도에서 제일 맛이 있데요."

끓이다가 만 물의 온도가 아니라 끓여서 식힌 물의 온도라고 했다.

그때 자기도 무슨 의미인지 모른다고 했더라면 아마 오지랖 떨며 한마디 해주었을 것이다.

"자기가 하는 일에 관심을 가져야지, 그래야 삶이 한층 풍성해지는 거요."

공돌이 몽돌 해변의 돌탑들

산불 예방 초소를 지나 직진하여 조금 올라가니 남파랑길 리본이 '메롱'하며 팔랑거린다. 아무리 계산해도 숙소가 있는 곳까지 가려면 시간이 부족하다. 산길이나 백사장에서 택시를 부를 수도 없다. 발걸음을 빨리했다. 핸드폰 걷기앱에 20킬로미터까지 시속 4.8킬로미터로 걸었다. 25킬로미터까지 통산 시속 4.9킬로미터가 되었으니 꽤 빨리 걸은 셈이다.

거제 8경 중의 하나라는 공돌이 해변으로 내려가는데 왼쪽 정강이에 심한 통증이 나타났다. 둥글고 큰 돌이 있는 해변이라 걷기가 더 힘이 든다. 해변에 여기저기 돌탑들이 있다. 돌탑 위에 돌 하나 간신히 얹어놓고 "통증을 낫게 해주십시오" 기도하고 힘든 발걸음을 옮겼다.

어제 두 아들과 설 뒤풀이로 술을 마시고 일찍 잠자리에 들었다. 새벽 2시에 잠이 깨어 뒤척이다 잠이 오지 않아 일어나서 이청준의 《우리들의 천국》을 95쪽이나 읽었다. 그래서인지 컨디션도 좋지 않았다. 이런 상태라면 더 걸을 수가 없다. 하

공돌이 몽돌 해변. 돌탑 위에 돌 하나 얹으며 정강이 통증을 낫게 해 달라고 빌었다.

루 걷고 내일 올라가야 하나 머리가 혼란스러웠다. 걷는 속도를 줄였다. 한 시간 정도 천천히 걸었더니 통증이 조금은 완화되는 듯하다. 절룩거리지 않아도 되었다. 잠시 쉬며 스트레칭도 해 본다.

구조라항 서쪽으로 구조라해수욕장이 있다. 한국전쟁 후 거제 포로수용소를 설치하고 미군들이 해수욕장으로 쓰던 곳으로 1970년 이후 널리 알려지기 시작했다. 비가 오려는지 날이 빠르게 어두워졌다. 모텔이 몇 개 보인다. 음식점도 눈에 띄지만 문을 닫은 곳들이 많다. 여기저기 기웃거리다 생선구이집으로 들어갔다. 고등어와 다른 생선 하나가 나왔다. 밥을 먹고 있는데 주인 여자가 환하게 웃으며 숙소를 잡았느냐고 묻는다. 아직이라는 말에 음식점 2, 3층 모텔을 자기가 운영한다고 해서 올라갔다. 방에는 수건 한 장만 걸려 있고 샤워실에는 샴프도 없다. 화장대 위에는 스킨이나 로션, 티슈도 없다. 생수도 주지 않고 정수기인지 알 수 없는 통에서 온수와 냉수가 나왔다. 위생상 도저히 마실 수 없어 배낭에 있는 생수를 마셨다. 생각 같아서는 다른 숙소로 가고 싶었으나 몸이 불편하니 움직이기 싫어 그냥 머물렀다.

몽돌

얼마나 파도와 부딪치며
각진 모습 바로잡았을까

낯선 지평선
거친 파도 끌어안으며
이리 밀리고 저리 떠밀려
쪽빛 눈물 풀어놓았다

바닷바람 막아서며
함께 사는 법
함께 부대끼는 소리 배웠다

나는 나이 일흔 아직 미망에 빠져
각진 마음 깎아내지 못하고
누구 하나 제대로 보듬지 못하였다

가슴 한 편 활짝 열지 않고
언제나 혼자였다

구조라선착장 저녁 풍경이 아픈 몸을 대변하듯 을씨년스럽다. 낮달도 심란하게 내려다보고 있다.

청마 생가와 바람곶우체국

국도 14번 길은 거제도 코스 중 해변 도로에 별도로 분리된 도보길이 없어 산행 코스로 바꾼 지역이다. 왼쪽 정강이 통증이 조금 나아졌지만 북병산 코스를 오르기는 부담스럽다. 산길에서 부상이라도 심해지면 안 될 일이다. 해발 465미터의 북병산 정상에서 바라보는 한려해상공원을 포기해야 했다.

해변으로 난 14번 국도를 따라 걸었다. 오늘은 최대로 속도를 늦추어 걷겠다고 다짐했다. 평소 걷던 습관이 있어서 그런지 속도를 늦춰도 시속 4.7킬로미터이다. 행락철이 아니라 다니는 차가 많지 않아 인도가 넓은 쪽으로 이동하며 걸었다. 해금강 올라가는 곳은 길이 좁아 갓길로 조심해서 걸었다. 전에 진주에 근무했을 때 아내와 함께 와본 곳이다. 거제 해변은 볼 것이 참 많다. 산 위에서 해금강을 내려다보는 풍광도 좋겠지만 해변길을 걸으며 더 가까이서 보는 것도 좋다.

'한국의 아름다운 길'이라는 표시와 '함목 명품마을'이라는 안내판이 서 있다. 그런 길이 마음놓고 걸을 수 있는 길은 아니다. 일부 구간은 데크를 만들어놓은 곳도 있지만 차도를 이용하기도 해야 한다. 명품길답게 차도를 한쪽으로 모으고 한쪽으로 도보길을 넓게 만들면 좋겠다는 생각을 해 본다. 길이 좁다면 바다 쪽으로 데크를 만들면 될 텐데. 일반인이 보아도 길을 넓힐 수 있는 곳이 많이 보인다.

해금강 고갯길에 있는 거제 민속박물관은 북병산 코스 대신 해변길을 택해 누린 호사였다. 입장료는 6000원에 경로 우대는 30퍼센트로 박했다. 공짜에 취하다 보니 30퍼센트가 눈에 차지 않는다.

어디서 이런 것들을 모아놓았는지 여러 가지 소품이 눈을 사로잡는다. 난로에 놓인 노란 도시락, 각종 표어, 국내 영화 포스터, 역대 대통령 선거 포스터 등등 옛 모습들이 추억을 더듬게 만든다.

어차피 오늘은 천천히 걷기로 마음먹었기에 여유롭게 생각의 길이를 한 뼘 늘렸다 줄였다 해 본다. 전파사, 사진관, 쌀집, 물지게 등을 보며 희미하게 남아 있는 기억들을 끄집어내 보았다.

해금강에 있는 민속박물관에서 아주 오래 된 기억들을 꺼내 보았다.

2층에 있는 유경미술관에는 2022년의 상징인 호랑이 그림들이 여기저기 눈을 크게 뜨고 있다. 올해는 호랑이처럼 눈 크게 뜨고 힘차게 살아야겠다.

몸이 회복되지 않아서인지 오후가 되면서 발이 무거워졌다. 하루 종일 바다 풍광을 보며 걷는 것이 살짝 진력나기도 했다. 24코스가 끝나는 거제 남부면 탑포(塔浦) 마을에 도착했다. 탑포마을은 해안이 얕고 잔잔하여 민물 때 들어온 고기를 가후리 그물로 잡았다 하여 망포라 불리다가, 길손이 돌을 모아 누석단(累石壇)을 만들고 마을을 지키는 서낭신에 고사를 올려 탑포라 불려오고 있다.

더 걸을 수 없는 애매한 저녁 5시. 오늘은 여기서 마무리하기로 한다. 인근 왼쪽에 있는 명사해수욕장으로 발길을 돌렸다. 이름처럼 모래가 곱고 바닷물이 맑다. 철 지난 넓은 백사장을 천천히 걷는다. 왼쪽 정강이 통증이 사라지는 기분이 든다. 백사장을 걸으니 마음이 편해진다. 부모님을 모시고 낙산해수욕장과 대천해수욕장에 갔던 시절이 떠올랐다.

해변에 폐교인 듯한 건물에 갤러리가 있는데 문이 굳게 잠겨 있다. 건물 한쪽에서 10년 동안 배운 기술로 넓은 백사장과 바다를 벗삼아 전통주를 빚으면 좋겠다는 객쩍은 생각을 잠시 해 본다. 서울에서 거리가 너무 멀어서 생각뿐이다.

해변 끝에 있는 명사초등학교가 해수욕장을 굳게 지키고 있다. 저구항으로 돌아와 저녁을 먹으며 이곳 펜션에서 잘 것인지 고현으로 갈 것인지 고민했다. 이곳에서 자면 아침 식사 문제는 있지만 바로 연결하여 걸을 수 있다.

고현에서 거제파출소로 가는 71번 버스를 기다렸다. 전날 알아본 결과 아침 6시 40분에 출발하는 버스인데 52분 걸린다고 확인했다. 12킬로미터 거리에 비해 시간이 많이 걸린다는 생각만 했다. 버스를 기다리며 옆에 있는 아주머니에게 물었더니 그 차는 거제대교 쪽으로 돌아가니 52번 버스를 타고 거제면사무소에서 내리면 된다고 알려준다. 아주머니도 그 차를 탄다고 하여 7시에 출발하는 52번 버스를 탔다. 거제파출소 앞에서 남파랑길 리본을 쉽게 찾아서 따라 걸었다. 출발 운이 좋은 느낌이다.

둔덕면 청마 유치환 시인 생가 옆에 잘 꾸며진 청마기념관이 있다. 출입구에 청마 동상이 코로나를 피해 마스크를 쓰고 있다. 청마기념관에는 한 권 가지고 있는 청마 시집과 책에서 공부한 익숙한 시들이 반겨준다. 청마기념관을 나와 둔덕기성으로 가는 벌판에도 그의 시들이 걸려 있다.

둔덕면 방하리에 있는 청마 유치환 선생의 생가. 초가지붕으로 단장하고 있다. 친형인 동랑 유치진 선생을 포함하여 '동랑 청마 생가'로 이름표를 바꾸어 달았다.

청마기념관 입구. 코로나로 마스크 쓴 청마가 손님을 맞고 있다.

바람끝우체국

청마가 두 번은 이용했을 것 같은
분명 빨간 옷을 입고 있다

구조라 어촌 마을 앞
마흔다섯 젊은 나이에 버림받은 우체국
여행자 짐을 보관하고
스낵바를 즐길 수 있는 쉼터로
옷을 갈아입었다

한편에 남아 있는
6개월 늦게 가는 편지를 부치는
빨간 우체통 속

청마기념관 입구
마스크 쓴 청마가 쓴 오래된 편지
수취인이 지워진 채
아직 배달되지 못하고 있다

허물어진 둔덕기성의 성돌

거제 둔덕기성은 거제시 둔덕면과 사등면의 경계가 되는 우봉산 줄기의 작은 봉우리 정상에 있다. 그리 크지 않은 자연석의 끝을 가지런히 맞대어 겹겹이 쌓아 올린 성으로 삼국시대에 축조되고 고려시대에 보수된 성곽이다. 성곽의 길이는 526미터, 최고 높이는 4.85미터이다. 고려 의종이 3년 동안 유배되었던 곳으로 폐왕성이라고도 불렀다.

무신을 경멸한 고려 18대 왕 의종은 사치와 향락에 빠졌다. 1170(의종 24)년 무장들을 위로하기 위하여 연회를 베풀었다. 이 자리에서 문신 한뢰가 대장군 이소응의 뺨을 때린 사건이 도화선이 되어 정중부, 이고, 이의방을 중심으로 한 무신들이 정변을 일으켜 의종을 폐위시켜 거제에 유배시켰다. 의종은 복위를 꿈꾸며 이곳을 탈출하지만 계림에서 이의민에게 비참한 죽임을 당했다.

권력의 속성상 오늘 내편이 내일엔 적이 되기도 한다. 의종의 폐위를 함께 도모했던 이고는 이의방에게 죽임을 당하고, 이의방은 정중부에게 살해당한다. 정중부는 경대승에 의해 제거된다. 경대승은 정중부 일파를 제거하는 데 공이 큰 허승과 김광립을 제거한다. 젊은 경대승은 자신의 신변 보호를 위해 사병(私兵) 집단으로 도방(都房)을 설치하고 문관과 무관을 고루 등용하여 무신정변으로 와해된 조정의 질서를 회복하려 했으나 요절하고 만다. 그 후 이의민을 거쳐 최충헌의 집권으로 100년간 무신정권이 이어졌다.

청마기념관과 둔덕기성은 지척이다. 둔덕기성은 고려시대의 성터로 고려 의종이 3년 동안 유배되었던 곳이다.

성문 옆 성곽엔 돌이 정비되어 있지만 나머지는 돌이 그냥 흩어져 있다. 무엇보다 성곽 정비가 시급해 보인다. 남아 있는 성문 세 곳과 곳곳에 누각을 세웠던 흔적에 안내판이 서 있다. 북쪽에는 기우제와 산신제를 지냈다는 제단이 남아 있다.

둔덕기성에서 작은 고개를 내려오며 점심 대용으로 빵을 먹으려고 조그만 농막 옆에 앉았다. 조금 떨어져 있는 농막 앞에 적당히 우람하고 잘생긴 개가 컹컹 짖었다. 배고픈 모양이다. 빵을 떼어주었더니 허겁지겁 먹는다. 줄에 매여 배고픈 개가 안쓰러웠지만 혹시 줄이라도 끊어질까 무서웠다. 가까이 가지 못하고 건빵 몇 개를 던져주자 컹컹거리며 먹는다. 고맙다는 인사일 것이다. 캔커피와 함께 건빵 몇 개를 먹고 내려왔다. 한참 내려오다 생각하니 개에게 생수라도 조금 나누어줄 걸 그랬다는 생각이 들었다. 농막을 지키라고 한 주인이 개를 학대하고 있다는 생각이 들었다. 난 원래 개를 무서워한다. 오래 전에 중국 황실에서 키웠다는 애완견 '시츄'를 아파트에서 키운 적이 있다. 아들만 둘이라 분위기를 바꾸자는 차원이었다. 이름도 '세찌'라고 지어주었지만 세찌와 인연은 길지 않았다. 여름에 어머니가 아파트 현관문을 열어놓아 집을 나간 개를 찾지 못했다.

점심 먹을 음식점이 보이지 않는다. 아침에 스프 하나와 빵 한 개를 먹고 점심에는 빵 하나와 건빵을 먹었다.

신거제대교 앞에 이르자 지난번 다리를 건너 걸었던 길이 눈에 익었다. 큰 음식점이 있어 올라갔더니 폐업이다. 지나가는 아주머니 한 분에게 물었더니 거제대교 건너기 전 국밥집이 맛있다고 알려준다. 한우 소고기국밥과 육회비빔밥이 주메뉴지만 생고기를 별로 좋아하지 않아 국밥을 먹었다. 국밥 맛이 아주 좋다. 고기를 손질하며 나온 작은 조각조각의 소고기가 부드럽고 식감이 좋았다.

통영에서 신거제대교를 걸어서 거제 땅을 밟고, 이제 거제대교를 걸어 거제 땅을 벗어나려고 한다. 다리 위 바닷바람이 세차게 분다. 이제 이 길을 언제 다시 걸을지 모르니 조금 더 머무르라는 모양이다. 거제대교를 건너기 전에도 신촌마을이 있었는데, 통영 쪽에도 신촌마을이 있다. 신촌이란 지명이 좋은가 보다. 서울에도 신촌이 있는데….

09. 남파랑길 걷기를 마치다

유치환, 윤이상, 김춘수

거제도를 왼쪽에서 오른쪽으로 한 바퀴 돌아 통영에 다시 발을 디뎠다. 오늘이 이번 도보 여행 4일차다. 오후에 집에 간다고 생각하니 마음이 느긋하다.

오늘 출발지는 충무공원이라고도 하는 남망산 조각공원이다. 남망산은 벚나무와 소나무가 많이 있는 해발 80미터의 나지막한 산이다. 산이라기보다는 작은 언덕이다. 그래도 통영항이 훤히 내려다보인다.

공원의 환경미화를 담당하는 일흔일곱이라는 노인에게 조각공원을 어떤 순서로 봐야 하느냐고 물었다. 그는 통영의 역사까지 이야기해주었다. 충무에서 통영으로 이름이 바뀐 사연을 거슬러 올라 옛날에는 진남군이었다고 말해 준다. 그는 제대로 통영의 역사를 인식하고 있었다.

통영은 삼도수군통제영을 줄인 말로 지명으로 사용하였다. 1955년 통영읍이 시로 승격하면서 이순신의 시호를 따서 충무시로 개칭하였다. 1995년 전국적인 도농 통합 당시 충무시와 통영군이 통합하여 본래의 이름을 찾아 통영시가 되었다.

통영에서는 언덕을 토박이말로 피랑이라 한다. 그래서 동피랑 벽화마을과 서피랑

남망산 조각공원 소녀상이 통영 푸른 바다를 그리고 있다. 남망산 조각공원은 5000여 평의 부지에 아름다운 자연경관을 배경으로 세계 10개국의 유명 조각가 작품이 조성되어 있다.

의 의미를 알았다.

공원 곳곳에 국내외 조각가들의 작품들이 발길을 머물게 한다. 조금 높은 곳에 올라가니 저 멀리 한산도가 보인다.

어제 남파랑길 안내 리본을 따라 걷다가 길을 잃고, 시간이 늦어져서 가지 못한 이순신공원이 2킬로미터 근처에 있다. 코스를 역방향으로 따라갔다. 가장 높은 곳에 높이 17.3미터의 충무공 동상이 한산도 앞바다를 바라보고 있다. 충무공은 학익진을 펼치던 한산대첩을 지금도 생각하고 있을까? 해전 장소와 전과가 기록되어 있다. 33전 33승은 세계 전쟁사에 남는 전과라고 한다. 남해안 곳곳은 충무공의 사연이 넘친다. 거제 옥포해전, 고성 당항포해전, 통영 한산대첩, 부산포해전, 진해 웅포해전, 진도 명량대첩, 충무공이 전사한 노량해전까지…. 그래서 남해안 곳곳에 충무공의 숨결이 배어 있다. 그걸 기리기 위해 이순신공원이며 충렬사가 있다.

다시 남망산으로 되돌아온다. 이순신공원 코스를 왕복한 셈이다.

남망산 오를 때 김춘수 시인의 생가 안내판을 보았다. 남망산을 내려와 그곳을 찾아보았다. 네이버앱을 켜고 걸으니 근처인 듯한데 어디가 생가인지 찾지 못하였다. 두 번 왔다갔다하다 학생인 듯한 젊은 남자 둘에게 물었다.

"김춘수 시인 생가가 어디에요?"

"김춘수 시인이요?"

학생들은 금시초문이란 눈치다.

"통영 출신 유명한 시인인데."

"윤이상은 잘 알아요."

"물론 그분도 통영 출신 유명한 음악가지."

서로 동문서답을 했지만 한 친구가 네이버지도를 켠 내 핸드폰을 들고 인근 골목으로 들어갔으나 막다른 골목이다. 작은 골목길 옆 벽면에 시인의 시가 몇 편 적혀있다. 다른 친구가 옆에 있는 가게에 들어가 김춘수 생가터를 묻는다. 가게 주인이 옆 골목까지 나와서 두리번거렸다. 이 근처에 그의 생가터가 있냐는 눈치였다.

'대여 김춘수 살았던 곳' 바닥에 있는 표석을 내가 발견했다. 집이 남아 있을 거라고 생각했는데 집은 없고 집이 있던 터에 표석만 박아놓았다. 벽에 쓰여 있는 시인의 대표 시 〈꽃〉이 스산하게 날렸다.

내가 그의 이름을 불러 주기 전에는

그는 다만

하나의 몸짓에 지나지 않았다

내가 그의 이름을 불러주었을 때

그는 나에게로 와서

꽃이 되었다

(…이하 생략…)

통영시에서 봉평동 옛 한려해상국립공원 동부사무소 4층에 마련한 김춘수 유품 전시관이 있지만 남파랑길 코스가 아니라 들러보지 못했다. 샛길로 빠지다 보면 곁가지가 많아져 중심이 흐트러진다.

동피랑 벽화마을의 담장에 여러 가지 벽화가 그려져 있다. 통영항을 내려다보고

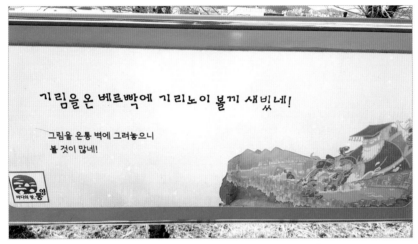

동피랑 벽화마을에서 통영 토박이말을 배울 수 있다. 동피랑은 동쪽 벼랑이란 의미이다. 낙후된 건물의 철거를 고민하던 마을에 벽화가 그려지며 전국 벽화마을 중 손꼽히는 관광명소가 되었다.

벽화마을 벽에 사철 피는 동백이 참 붉다.

있는 벽화들의 표정이 다채롭다. 한쪽 벽에는 통영의 정겨운 인사말들이 적혀 있다.

윤이상기념관 가는 도보 위에 동판에 새긴 여러 학교의 교가가 여기저기 늘어서 있다. 대부분 교가는 유치환 시인이 작사를 하고 윤이상이 곡을 붙였다. 젊은이들이 윤이상을 잘 아는 까닭은 자신이 다니던 학교 교가를 작곡한 사람이라서이다.

윤이상은 산청에서 태어났으나 세 살 때 가족과 함께 통영으로 이주했다. 윤이상 스스로 자신의 고향은 통영이라고 했다. 통영여고, 부산사범학교, 부산고에서 음악 교사로 재직하며 수많은 교가와 동요를 남겼다. 해방 직후 윤이상은 유치

윤이상 기념관 앞에 있는 기념석. 그의 생가터 주변 부지에 윤이상기념관이 건립되어 그의 음악세계를 보여주고 있다.

환, 김춘수, 조지훈, 김상옥 시인과 함께 통영문화협회를 만들었다. 그 협회에서 벌인 사업 중 하나가 '전국 학교의 교가 지어주기'였다. 현재 윤이상이 곡을 붙인 교가와 응원가는 열여덟 곡이 남아 있다. 통영고, 부산고, 경주고, 고려대학교 교가를 그가 작곡했다.

세계적인 음악가로 인정받은 그는 중앙정보부가 조작한 동백림사건에 연루되어 고초를 겪었다. 독일로 귀화한 윤이상은 살아서 조국 땅을 밟아보지 못했다. 1995년 사망 후 국내로 유해가 돌아오기까지는 무려 23년이나 걸렸다. 그는 죽어서도 눈을 제대로 감지 못했을 것 같다.

김밥 싫어하면 늙었다는데 나는 김밥이 정말 싫다. 그래도 통영에 왔으니 충무김밥은 먹어야지. 김밥 여덟 개와 어묵볶음, 오징어볶음 그리고 빗겨 썬 무김치와 시래기국이 나온다. 김밥과 반찬을 따로 먹는 색다른 것이 식감이 좋다.

마산에서 KTX를 이용하기 위하여 통영터미널에서 마산행 버스를 탔다. 마산역에 도착하니 장흥 백재국 형에게서 전화가 왔다. 장흥에서 만난 사람이다. 말린 생선을 보내준다며 주소를 알려 달라고 한다. 남파랑길을 걸으며 만난 많은 사람들 중 인연

을 이어오고 있는 두 사람 중 하나이다. 한 살 위인 그에게 호칭이 애매하여 '선생님'
이라고 불렀다. 뭔 선생이냐며 어색해해서 "'형아' 하고 부를게" 했더니 형이라고 하면
안 본다고 친구 하자고 한다. 그래도 내가 편해서 통화할 때 형이라고 부른다.

해지개다리와 대독누리길 오리떼

　고성 해지개다리는 해가 지는 갯가의 다리를 말한다. 똥뫼섬(끝섬)에서 전망대까
지 1.4킬로미터 둘레길이다. 바다 위를 데크로 연결해 놓았다. 바다와 섬들이 만들
어놓은 넓은 호수처럼 보이는 절경에 저녁놀까지 보는 호사를 누렸다.

2022년 2월 25일 일몰. 해지개다리는 해가 지는 갯가의 다리를 말한다. 해지개다리는 209미터의 해상보행교로 호수
같은 거대한 바다 절경에 해지는 모습이 아름답다.

해지개다리 오른편 휘황찬란한 조명 아래 숙소가 몇 개 보였지만 조금 더 걸었다. 나지막한 남산공원 남파랑길 대신 밥집을 찾아 도로를 따라 걸었다. 그 덕으로 철 이른 도다리쑥국을 먹었다. 도다리와 쑥 향기 속에 봄은 이미 와 있었다.

"아주머니 쑥향이 좋습니다."

주인아주머니는 쑥이 1킬로그램당 7만 원이라고 한다. 귀한 도다리쑥국을 먹은 횡재는 다음날 아침 남파랑길 리본을 찾지 못하였다. 조금만 되돌아가서 남산공원 길을 오르면 되는데 되돌아가기는 싫었다.

네이버지도를 켜고 대독누리길을 찾아가니 리본이 손을 흔들어준다. 대독누리길은 고성의 상습 침수 지역이던 대독천변을 침수 예방 사업을 하며 만든 길이다. 하천에 물오리떼가 줄을 이어 놓고 있어 5.5킬로미터 길의 지루함을 달래준다. 오리들이 놀라지 않게 걸어도 천변의 오리떼가 육중한 몸으로 날아오른다. 집에서 키우는 오리는 날개가 퇴화되었는지 아니면 자주 날지 않아서 그런지 날지 못한다. 능력을 개발하면 그만큼 계발되는 것인지 힘차게 나는 오리떼가 신비롭다.

내일이면 남파랑길 팡파르를 울린다는 기대감에 발걸음이 가볍다. 대독누리길을 지나 야트막한 언덕길을 걷는다. 50여 미터 앞 길옆에 앉아 쉬던 사람이 뒤를 돌아다보더니 일어나 걷는 것이 보였다. 짊어진 배낭이나 차림새를 보니 그도 걷는 사람이다. 빠른 걸음으로 따라가서 인사를 나누었다. 부산에서 출발하여 남파랑길을 걷는 노인이다.

여든이라는 정한직 선생님. 나이에 비해 정정하다. 나도 더 나이가 들어 이분과 같은 걷기를 할 수 있을까 생각하며 노인을 경외의 눈빛으로 바라보았다. 해파랑길이며 지리산 둘레길, 제주 올레길, 영남길도 걸었다고 한다.

5년 전에 해파랑길을 걸을 때는 물론 이번 남파랑길을 걸으며 다른 사람들과 함께 걸은 적이 없다.

'왜 혼자 걷느냐고 묻는 사람들이 많다.'

걷는 속도나 걷기에 대한 취향, 식성, 그리고 잠자는 시간과 일어나는 시간 등이 달라 하루는 모르지만 며칠을 함께 걷는다는 것은 가능하지 않다는 게 내 생각이다. 함께 걸으면 이야기도 나누고 무슨 일이 있을 때 함께 대처할 수도 있다. 그 대신 혼자만의 생각이 제약을 받는다. 해파랑길을 걸으며 시를 아홉 편이나 쓸 수 있었던 것도 혼자 걸었기 때문이라고 믿고 있다.

걷는다는 큰 공통점이 있어선지 선생과 여러 가지 걷기 이야기를 하며 걸었다. 내가 조금만 속도를 늦추면 되겠다고 생각하니 마음이 편했다. 하루에 35킬로미터 수준을 걷는 나와 20킬로미터 정도를 걷는 선생의 속도는 차이가 있지만 내일이면 끝난다는 느긋함에 한나절 속도를 늦추는 것은 일정상 아무 문제도 되지 않았다.

한 시간 정도 걷다가 작은 언덕길 위에 생각지 않은 귀한 음식점이 보여서 들어가 점심으로 산채비빔밥을 먹었다. 시장한 탓인지 음식 솜씨인지 반찬도 정갈하고 맛이 있다. 내일 샴페인 터뜨리려고 가지고 간 증류 소주를 한 잔씩 나누어 마셨다. 함께 먹으니 밥맛도 술맛도 꿀맛이었다. 점심값을 내가 계산했다.

식사 후 함께 걸었다. 선생은 걷는 속도가 신경이 쓰이는지 먼저 가라고 몇 번 말했지만 나는 괜찮다고 했다. 선생은 컨디션 조절을 위해 하루에 20킬로미터 정도 걷고, 서너 시에 숙소에 들어간다고 했다.

50도가 넘는 증류 소주 한 잔에 취한 것이 아니다. 이야기에 취하여 수태산 임도를 걸으며 오른편으로 내려가는 남파랑길 리본을 보지 못했다. 임도사거리에서 두 사람이 여기저기 리본을 찾았지만 보이지 않는다. 리본을 찾아 뒤로 갈 수는 없다. 네이버지도로 학동마을 돌담을 검색하여 걸었다. 우리는 자신들 잘못은 생각지 못하고 '리본을 달지 않았다'고 투덜거리며 걸었다. 선생은 코스를 이탈한 것이 아닐까 불안해했다. 산 아래 저수지가 왼쪽으로 보였다. 학동마을 입구에 도착하니 마을을 안내하는 이정표가 있다.

학동마을 돌담이 이채롭다. 원형대로 집이 유지되는 것은 몇 채 되지 않았다. 마을 사람에게 물어보니 90퍼센트 이상이 돌담을 복원한 것이라 한다. 마을 뒤까지 들어서니 산에서 내려오는 길 쪽에 리본이 '나 여기 있다'며 손을 흔든다.

학동마을 돌담이 오래된 책장처럼 가지런하다. 넓적 돌을 쌓아 올린 돌담은 국가등록 문화재이다.

학동마을에서 나와 아직 이른 시간인데 임포항에서 선생은 숙소를 찾았다. 작은 항구라 음식점 몇 개가 보였으나 숙소는 보이지 않았다. 선생은 저녁을 함께하자고 하였으나 아직 이른 시간이다. 더 걸을 시간이다. 그는 마을 부녀회에서 운영하는 숙소를 찾아 들어갔다. 오늘 일행을 만나 30킬로미터를 걸었으니 무리한 셈이다. 그렇다고 오는 도중에 선생이 일찍 들어갈 숙소는 없었다.

나는 더 걷기로 했다. 2킬로미터 정도 걸어가니 숙소가 있고 1층에 식당도 있어 선생에게 전화를 드렸다. 이미 돈을 지불하였다며 불편하지만 그곳에서 잔다고 했다. 선생이 이곳으로 온다면 나도 여기서 일정을 마무리하려는 생각도 했는데, 한적한 곳에서 숙소와 식당이 있는 곳을 찾은 것은 행운이었다. 아직 해가 지려면 한 시간 이상 남아 있어 그곳을 지나쳤다. 고성 상족암 부근은 관광지라 숙소와 식당이 있을 것이란 생각을 하며, 그곳에서 오늘 일정을 마칠 생각을 했다. 한참을 걷자 해가 넘어가 어둑어둑해지기 시작했지만 숙소도 식당도 보이지 않았다. 희미한 핸드폰 불을 켜고 걸으며 신경을 썼다. 달리는 차에서 보이지도 않는 불빛인데 스스

한밤의 어묵탕

상족암에서
햇반 한 공기
곁들여 냄비 어묵탕을 먹는다

칠흑 밤바다
짭조름한 해풍 반찬 삼아
눈으로 꼭꼭 씹어 먹는다

잠자리 걱정은
먹는 것에 우선순위에서 밀려났다

배가 고파
잠도 오지 않던 시절이 있었다

먹는 호사가
칠흑 밤바다 아름다움을 일러준다

바다를 닮은 오뎅탕
하루 백 리 걸어 파김치 된 몸
구석구석 보듬어주었다

로 작은 위안을 갖는다. 다행히 다니는 차량이 없어 조금 안심은 되었다.

길 아래 상족암 쪽으로 불빛이 환해 내려갔는데 횟집 두 곳은 영업이 끝났다. 할 수 없이 편의점에 들어가 햇반과 냄비 어묵탕을 시켰다. 편의점 밖에 있는 테이블에서 컴컴한 바다를 보며 식사를 하는 것도 별미다. 주인이 준 신김치도 한몫 거들었다. 배를 채웠으니 한 가지는 해결했다.

네이버앱으로 확인한 모텔을 향해 느긋하게 걸었다. 지름길로 알려주는 논 사이에 난 작은 길을 걸었다. 9시가 넘어 모텔에 도착했다. 오늘 걸은 거리가 45킬로미터임을 확인하니 다리가 더 아픈 듯하다. 오늘은 시간에 여유가 있는 일정이었는데 결국은 숙소 문제를 해결하지 못하여 멈추지 못했다.

노산 공원에 내리는 봄비

오늘은 늦장을 한껏 부려도 된다. 어제 밤늦게까지 숙소를 찾아 걸은 덕이다. 설정해 놓은 알람보다 20분 빠른 8시. 어제 만난 선생에게서 전화가 와서 일어났다. 오늘 마무리 잘하라는 인사 전화였다. 완주를 축하해주는 마음이 고마웠다. 선생은 지금쯤 한 시간 이상 걸었을 것이다. 정한직 선생님과는 서울에서 몇 차례 만나 점심 식사를 하며 내가 빚은 술로 반주를 곁들였다. 몸이 편찮으셔서 부산에서 남해도까지 걷고 멈추셨다고 하여 안타깝다.

스프와 빵으로 아침 요기를 하고 8시 50분에 출발했다. 남파랑길 걷기 중 제일 게으른 출발이다. 삼천포 노산공원까지 남은 거리가 10킬로미터다. 약속 시간 12시도 여유가 있다. 어제 밤길을 걸으며 잃어버린 남파랑길 리본을 하이면사무소에서 찾았다. 삼천포 신항을 지나 바닷길을 통하여 남일대해수욕장에 도착했다.

남해 제일의 명소라 하여 신라 문장가 최치원 선생이 지었다는 남일대(南逸臺). 커다란 관광 숙소가 두 개 들어차 백사장이 더 쪼그라들었다. 전에는 없던 최치원 선생 동상이 세워졌다. 주차장은 시원할 정도로 넓지만 작은 백사장엔 한 사람도 보이지 않았다. 그 흔한 카페도 없다. 새로 생긴 편의점에서 50퍼센트 할인 판매하는 500원짜리 원두커피 한 잔을 사서 편의점 앞 의자에 앉아 가난한 여유를 찾는다.

저 멀리 남일대의 상징인 코끼리바위가 보였다. 이곳에 몇 차례 와 보았지만 가까이 가본 적이 없다. 남해 바래길 걷기를 끝냈을 때 버스 출발 시간까지 여유가 있어 삼천포 시내를 걸어서 남일대에 왔다. 그날은 날씨가 흐려 코끼리바위가 제대로 보이지도 않았다. 마침 바닷물도 빠지고 여유 시간도 있어 데크길을 걸어 코끼리바위까지 갔다. 통제 표시를 해 놓았지만 사람들이 그곳을 통과하여 지나다닌다. 나도 바닷가 바위 가까이 가서 코끼리바위 사진을 몇 장 찍었다. 코끼리바위 근처에서 낚시질하고 있는 사람들이 있어 사진을 빛내주었다.

데크길을 걸어 노산공원에 도착하니 철 이른 봄비가 내렸다. 이슬비라 우산을 펴지 않아도 되었다. 남해도 출발하는 첫날도 비가 내려 일정을 연기할까 고민했었다. 오늘은 남파랑길 걷기 완주를 축하해주는 꽃비다. 2월도 다 지나가고 경칩을 코앞에 둔 절기이니 분명 꽃비 맞다.

진주에 근무할 때 매주 국장실에 꽃을 꽂아주던 두 사람 중 한 사람을 만나러 간다. 20년도 지난 일이지만 가끔 통화를 하는 사이다. 마침 어제 전화가 와서 시간이 되면 만나자고 급한 약속이 이루어진 것이다. 팔순이 가까운 옛 팀장을 만난다는 설렘보다 1470킬로미터를 아무 일 없이 완주했다는 기쁨이 넘쳤다. 거기에 축하해주는 여인까지 있으니 금상첨화 아닌가?

노산공원에 내리는 봄비가 속삭였다. 이제 서해랑길 언제 시작해?

우쭐거리다

최치원 선생이 남해 제일 절경이라 한
유지 받들어
남일대南逸臺 길목 작은 언덕
터줏대감 길고양이가 지키고 있다

객지로 떠도는 이유 대라며
빈틈없는 시선으로 따져 묻더니
어렵사리 내게 통과를 허락하였다

주인이 준 먹이
눈을 부라리며 터줏대감
어슬렁거리며 먼저 다가섰다
배가 같은 고양이 두 마리
우쭐거리며 먹이 앞에 섰다

중학교 1학년
시골 살던 키 작은 나
땅바닥 끌리는 큰 가방 들고
고등학교 다니는 형 따라
안성 읍내 길
우쭐거리며 두리번거리며 따라갔다

터줏대감 자리를 뜨자마자
외톨이 얼룩고양이
남은 먹이 앞으로 천천히
두리번거리며 다가섰다

삼천포 남일대 지나
노산공원에서
남파랑길 종지부 찍으려는
내 발걸음 날아갈 듯 우쭐거렸다

남일대해수욕장 코끼리바위. 강태공들이 풍광을 더욱 빛내주고 있다. 해수욕장 동쪽 해변 끝자락에 있는 코끼리바위는 사천시가 선정한 사천 8경 중 하나다.

제2부 서해랑길 1800킬로미터

2022.03.24~2023.02.26

01. 해남 땅끝에서 시작하다

허탕친 용정사

서해랑길은 해남 땅끝탑에서 강화 평화전망대까지 1800킬로미터의 거리다. 긴 거리라 103개 코스로 나누어놓았다. 시작 지점인 해남 땅끝은 서울에서 아주 먼 곳인데 대중교통 수단도 많지 않다. 목포까지 KTX를 타고 버스를 타도 네 시간이 넘게 걸린다. 센트럴시티에서 하루 두 번 출발하는 버스로는 다섯 시간 걸린다. 아침 일찍 출발해도 하루 일정이 반 토막 난다.

저녁에 출발하는 버스를 타고 내려와 해남읍에서 잤다. 아침 6시가 되기 전에 모텔에서 일어났다.

서해랑길 코스는 아니지만 아침에 해남읍 용정리의 '용정사'를 들러보기로 했다. 중학생 때부터 관심이 컸던 역사 인식이 작용하고 조상인 류형 장군을 기리는 마음도 있었다.

용정사는 처음에 충무공 이순신을 배향하며 '충무사'라고 했다. 그 후 임진왜란 때 공이 컸던 충경공 류형 장군과 의민공 이억기 장군을 추배하면서 '민충사'로 개칭했다. 다음에 충의공 이유길과 참의공 이계년을 추배하며 '오충사'로 개칭했다가

1901년 '용정사'로 개칭했다.

해남터미널 앞에서 택시를 탔다. 네이버앱으로 확인해 보니 터미널에서 19킬로미터 거리에 있는데 기사는 용정사를 모른다고 한다. 용정마을회관도 모르고, 용정길 14 도로명 주소까지 알려주어도 모르는 눈치다. 일흔이라고 하지만 요즈음 잘 되어있는 내비게이션을 사용치 않고 운전을 하나 보다. 기사가 다시 해남읍 용정리냐고 묻는다. 내게 핸드폰 내비게이션이 되느냐고 물었다. 운전을 접은 지 15년도 넘어 핸드폰 내비게이션 작동을 해 보지 않았다. 네이버지도에서 내비게이션을 막 시작하는데 용정마을회관 앞이다.

마을회관 뒤로 나지막한 기와 담장이 보인다. 어렵게 찾아간 용정사인데 이른 시간이라 문이 굳게 닫혀 있다. 사진 석 장을 찍고 대기하고 있는 택시에 탔다. 다시 해남터미널에 도착한 시간이 7시다. 땅끝 가는 직행버스는 20분 전에 떠났고, 8시 버스를 탔다. 용정사를 다녀와서 8시 출발하는 버스를 타려던 계획에 아귀가 정확하게 맞아떨어졌다. 시작 예감이 좋다.

해남읍 용정리에 있는 용정사. 해남읍 향토문화유산 제16호로 지정되었다.

남파랑길과 서해랑길의 갈림길 땅끝탑

　버스를 타고 땅끝마을에 들어오며 송지면사무소 앞을 지났다. 이번 서해랑길 1일차 코스의 종점이기도 하고 남파랑길을 걸을 때 걸은 곳이다. 송지면사무소에서 내릴까 잠깐 유혹되기도 했지만 남파랑길과 서해랑길이 갈리는 땅끝탑에서 시작해야 한다는 생각이 유혹을 윽박질렀다.

　땅끝탑을 향해 걸어 들어가며 해남 송지면이 고향인 시우(詩友)에게 전화를 했다. 외손녀 둘을 돌보며 요즘 코로나가 심하여 시 공부하는 데 나오지 못하고 있다. 무척 반가워했다.

머리를 맞대고 있는 바위가 정겹다. 갈두항 선착장 앞에 있는 두 개의 바위섬을 맴섬이라 부르며 갈라진 기암괴석 사이로 떠오르는 일출은 일년에 2월과 10월에 며칠간만 볼 수 있다고 한다.

한 시간 걸려 땅끝마을에 도착하여 아침까지 먹었으니 아주 좋은 출발이다. 땅끝은 15년 전 보길도에 가기 위해 온 적이 있다. 불과 1년 전에 남파랑길을 걸으며 온 곳인데도 새로운 느낌으로 다가왔다.

서해랑길을 이제 시작해야 한다는 의무감이 어깨를 짓누른 탓일까? 누가 시키지도 않은 일이다. 돈을 주며 시킨다고 해도 할 수 없는 길이다. 시작이니까 마음을 가다듬으며 한껏 여유를 찾아본다. 땅끝항(갈두항) 대합실에 들어가 보길도 가는 배편을 살펴보았다. 보길도는 고산 윤선도 선생이 아름다운 경치에 마음을 빼앗겨 터를 잡은 섬이다. 다시 찾아가 그의 유적지를 새로운 감상으로 두루 살펴보고 싶은 곳이지만 지금은 때가 아니다.

땅끝탑은 보수 공사를 하고 있어 가까이 가지 못했다. 사람이나 물건이나 모두 일정 시간이 지나면 보수가 필요하다. 이곳이 서해랑길 시작을 알리는 지점이다. 남파랑길 리본과 서해랑길 리본이 각기 다른 길로 가야 한다며 이별의 손을 흔들고 있다. 서해랑길 리본을 왼손에 잡고 무슨 일이 있어도 이 길을 완주하겠다는 마음

서해랑길과 남파랑길의 분기점을 알리는 이정표

을 다져본다.

리본 사진을 찍고 왼쪽으로 접어들었다. 잘 다듬어진 데크길이 파도 소리와 함께 길을 안내한다. 곳곳에 만들어놓은 작은 쉼터와 지명에 대한 안내판이 정겹다. 땅끝탑을 방문하는 관광객을 위한 세심한 배려가 돋보였다. 지금까지 걸은 둘레길 중 가장 잘 관리하고 있는 듯 보였다. 시간을 내어 안내판을 읽어보기도 하고 의자에 앉아 자신을 돌아보기도 하고, 사진도 찍으며 새로운 출발의 의미를 다지기도 했다.

때죽나무 연리지는 지금까지 본 연리지와는 달랐다. 큰 때죽나무 줄기가 어린 나무를 뚫고 들어가 하나가 된 것이다. 처음 그 아픔이야 오죽했으랴. 지금은 한몸이 되었으니 함께 같은 꿈을 꾸고 있으리라. 연리지는 이 길을 걷는 사람들이 무사히 완주하기를 한마음으로 바랄 것이다.

송지면 근처 생선구이집에서 이른 점심을 먹었다. 우럭, 굴비, 삼치구이가 나왔다. 국에도 우럭을 넣었다. 열 가지 반찬도 이곳에서 나는 재료로 만들었다는 남자 사장의 후한 인심이 느껴져 시집 한 권을 건네주었다. 영하 50도까지 내려간다는 냉장고에는 냉동 횟감이 즐비하다. 삼치는 1킬로그램당 1만 5000원, 민어는 3만 원이란다. 집에 가면 주문하려고 명함을 한 장 받아 들고 왔지만 생각뿐이다.

해남 땅끝염전

허름한 소금 창고가 보이는 '땅끝염전'을 지난다. 소금 창고 앞으로 넓은 소금밭이 펼쳐져 있다. 소금 창고라도 기웃거려보려고 멈춰 섰다. 키 작은 염부가 염전에서 나왔다.

"안녕하세요?"

인사를 하고 말을 건넸다. 염전업이 궁금해서 말이라도 걸어볼 심산이었다. 쉰다섯 살이라는 그는 얼굴은 검게 그을었지만 나이보다 젊어보였다. 3년 전 귀촌하였다는 그는 힘든 염전 일을 즐거운 마음으로 하고 있었다. 말하는 모습이 활기차고 표정이 밝았다. 누가 말이라도 걸어주길 바라고 있었던 듯. 염도 2~3퍼센트 되는 바닷물을 염도 24퍼센트로 만드는 데 한 달이 걸린다. 그래야 소금을 채취할 수 있다고 한다. 20킬로그램 한 포대에 2만 원, 연간 2500포대를 수확한다고 하니 연수익이 5000만 원 정도다. 고임금과 인력난 등 힘든 노력에 비해 소득이 적다는 생각이 든다.

염업은 광업상의 채취업으로 분류되며, 근로 조건은 수산업 관련법의 적용을 받는다. 이 때문에 근로자들이 법정 수당을 받지 못하는 등 여러 불이익을 받고 있다. 염전은 대출담보로 인정하지 않아 은행의 대출도 받을 수 없어 자금난도 겪는다고 한다. 김장 풍습도 쇠퇴하고, 식생활 풍습도 변했다. 지속적인 간척 사업으로 많은 염전이 사라져 염전업은 사양 사업으로 전락하고 있다. 옛날에는 바다의 사금이라 불리며 농어촌에 부를 안겨주던 염전이다. 모든 산업의 순위가 바뀌고 있다. 인공지능 발달이 앞으로 인간의 삶을 어떻게 바꾸어놓을지 아무도 모른다.

해남 땅끝염전 허름한 소금창고

땅끝염전의 '땅끝 햇살소금'은 국립수산물품질관리원 주최로 열린 2018천일염품 평회에서 전국 최우수 소금으로 선정되었다고 한다. 평가 기준은 맛과 모양, 수분 함량, 이물질 포함 여부 등이다. 땅끝염전의 소금은 모든 항목에서 좋은 평가를 얻어 2018년 최고의 소금으로 선정되었다고 한다. 이 염부가 당시 수상의 영광을 차지한 소금을 생산하지는 않았지만 소금에 대한 열정과 정성은 앞으로도 그런 영광을 차지하고도 남을 것이란 생각이 들었다.

나는 소금 맛을 조금 안다. 사진을 배우며 채석강에 1박 2일 출사 여행을 다녀온 적이 있다. '곰소소금' 10킬로그램 사 온 것을 지금까지 먹고 있다. 소금에서 단맛이 난다. 큰아들에게 맛을 보였더니 소금에서 웬 단맛이 나냐고 놀라워했다. 그 소금이 이제 얼마 남지 않아 아껴서 먹고 있다.

염전을 지나 걷는다. 해남 함초라는 간판을 내건 넓은 공터 앞에 풀어놓은 개 다섯 마리가 경쟁하며 이리 뛰고 저리 뛰면서 달려든다. 집 앞에 있는 주인 여자는 날뛰는 개들을 제지하지도 않는다. 가지고 다니는 대나무 지팡이를 휘둘러도 안심이 되지 않는다. 경쟁은 없는 용기를 북돋는 모양이다. 도로를 건너 반대편으로 건너가니 개들이 쫓아오지 않고 멈춰 섰다. '휴' 하며 가슴을 쓸어내리며 작은 대나무 지팡이 하나가 나를 보호하고 있다는 생각을 해 본다.

오늘 35킬로미터를 걸었다. 콜택시를 불러 해남읍으로 들어가려고 번호를 찾았다. 2코스가 끝나가는 화산면 관동마을정류장으로 대절한 것처럼 해남 가는 버스가 들어서고 있다. 아침 출발이 좋으니 하루 마무리도 좋다. 해가 지면 집을 찾아드는 산새처럼 나도 숙소를 찾아든다.

소금

낮은 곳으로 낮은 곳으로
가만히 귀 기울이며 산다

염부가 해풍으로 깎아놓은 모습
타협할 줄 모르는 각진 마음 다독여
몸 던져 스며드는 조연 소금은
자신의 길을 알고 있다

주연만 빛나는 세상
수두룩한 조연 행인1 행인2
주연처럼 빛나는
세상을 꿈꾸고 있다.

암튼 가봅시다

밤새 비바람이 불어 잠을 설쳤다. 3월 말인데 철도 모르는 태풍급 바람이 불었다. 낯선 바닷바람이다. 모텔 창문에 덧댄 슬라브 탓인지 밤새도록 빗소리와 바람소리가 심하게 들렸다. 아침에 창밖을 보니 비는 그쳐서 다행이다. 아침 5시 40분에 일어났다.

스프 하나와 빵을 먹고 6시 35분 발 관동·무학 가는 25인승 버스를 탔다. 기사에게 영터정류장을 물어도 모른단다.

"암튼 가봅시다."

대답은 시원하게 하는 기사는 알지 못하는 영터를 간다며 버스가 출발했다. 전세버스처럼 승객을 한 명 태우고 출발했다. 경기도 광주에서 버스기사로 일하다 고향에 내려온 지 석 달째라는 58년 개띠 기사는 말솜씨가 좋았다. 서울 생활 이야기보따리를 풀어놓았다. 기사의 이야기가 귓등으로 들린다. 기사가 모르니 내가 정류장을 찾아야 했다. 창밖으로 스쳐 지나가는 정류소 이름을 확인했다. 기사는 영터는 모르지만 고천암방조제 가는 가까운 곳에 내려준다고 했다. 중간에 노인 한 분이 탔다. 그에게 영터를 물어도 모른단다. 그 순간 버스정류장에 영터라는 표시가 보였다.

"아, 여기가 영터네요."

3개월 된 기사도 주민도 알지 못하는 영터버스정류장

"덕분에 지명 하나 알았네요. 잘 걸으세요."

기사는 버스를 세우며 내게 손을 흔들어주었다. 기사가 천하태평 한량이다. 버스정류장에 내려 건너편을 보니 서해랑길 리본이 버스기사처럼 손을 흔들고 있다.

해남군 황산면 한자리와 화산면 율동리를 잇는 1874미터의 고천암방조제를 지나 철새도래지를 지나도 점심을 먹을 곳이 없다. 배가 고프니 풍광도 뒷전이다. 방조제길은 어디나 무미건조하다. 주변에 편의점조차 보이지 않는다. 2시가 가까워서 비상식량 건빵을 몇 개 먹고 물을 마셨다. 초콜릿도 한 개 먹었다. 그런대로 요기는 되었지만 배가 헛헛하다. 마침 토요일 오후라 큰손자에게 전화를 했으나 받지 않아 카톡을 했다.

"할아버지 아침 5시에 스프와 빵 한 개 먹고 걷는데 오후 3시가 넘었는데 식당도 없고 편의점도 없으니 준희가 점심 택배로 보내줘."

"와, 힘들겠다. 할아버지 파이팅."

전화는 받지 않더니 금방 답장이 왔다. 역시 카톡에 익숙한 세대다. 난 아직도 카톡이 답답하다. 사연을 전하고 답장을 하고 또 답장을 하고 기다리고, 왜 답을 안 하냐고 채근도 해야 하고. 전화는 상황에 따라 받지 못할 수도 있지만 일을 한 번에 처리할 수 있다.

손자의 답신에 힘이 났다.

"고마워, 우리 손자."

답장을 보내고 걷는다. 서해랑길을 이탈하여 큰길로 나갔다. 그래야 먹을 곳이 있으리라. 허름한 마트가 있어 물 한 병을 사고 나이 든 노인에게 식당을 물었다. 이곳에는 오리나 닭 등을 하는 음식점이라 혼밥할 식당은 없다고 한다. 맥이 빠져서 터덜거리며 도로를 걸었다. 오리 전문집 현관 입구에 써 붙인 곰탕이라는 작은 글씨가 보인다. 곰탕을 시켜 국물 하나 남기지 않고 먹었다. 점심도 한참 지나 습관처럼 카드를 내밀었다. 카드를 받아든 주인 할머니의 질책이 터져 나왔다.

"현찰 없어라? 시골에 오면 현찰을 주어야지."

카드 대신 현금을 줄까 잠시 망설였다.

"시골 다니는 사람이 개념도 없다"며 2절이 이어진다. 현금을 내고 싶은 마음이 문밖으로 저만치 도망쳤다. 대도시는 카드가 일상이 되어 눈치를 보지 않아도 되지만 시골에서는 현금을 선호한다.

도보 여행을 하며 아침을 먹으면 항상 현금으로 밥값을 치렀다. 아침이니 현금을 좋아하는 주인의 기분을 맞춰주는 것이다. 괜스레 기분 잡치는 소리가 나오는 것도 방지하자는 뜻도 숨어 있다. 점심도 한참 지난 시간이라 카드를 내밀었는데 이런 일로 낭패를 보기는 처음이다. 곰탕 한 그릇에 욕까지 얹어 먹었더니 속이 편치 않아 걸으면서 자꾸 트림이 나왔다. 인공 조미료에 민감한 별스런 뱃속이 반응하고 있었다.

옥매광산에 남은 일제강점기의 상흔

옥매광산 역사 이야기를 찾아 걷는다. 옥매산은 해남 황산면 옥동리에 있다. 한적한 시골길을 한참 걸어서 들어갔다. 해안에 콘크리트로 지은 육중한 명반석 저장 창고가 흉물스럽게 남아 있다. 명반석은 알루미늄의 원료로 태평양전쟁 당시 전투

옥매광산의 명반석 저장 창고가 원형을 유지하며 역사를 말해주고 있다.

기 등 군수품 제작에 사용했다. 전쟁 말기에 이 지역 광부들은 제주도로 끌려가 굴을 파는 일에 동원되었다. 해방 후 1945년 8월 20일 광부들을 태운 배가 고향으로 돌아오다 화재로 바다에 가라앉아 118명이 목숨을 잃었다. 그 위령탑이 바다를 바라보고 서 있다. 달래지지 않은 망자들의 원혼이 아직 바다를 떠돌고 있는 듯했다.

더부룩한 배도 꺼지지 않고 시간도 오후 4시다. 작은 산길을 넘어가니 진도대교가 보인다. 해남에서 진도로 들어선다 생각하니 힘이 솟는다. 해남군 문내면 학동리에 있는 우수영 국민관광지에 도착한다. 우수영 관광지는 찾아온 나그네에게 진도대교 아래로 넘어가는 멋진 일몰을 선사했다. 다리 위에는 바람이 거칠게 불었지만 일몰은 흔들리지 않았다. 이방인은 모자를 벗어 들고 진도대교를 건넜다.

희생된 118명의 원혼을 위로하는 위령탑

근처에 숙소가 없을 것이라 생각했다. 버스나 택시를 이용하여 진도 읍내로 가서 자고 아침에 다시 나올 생각을 하며 녹진정류장으로 가는데 모텔이 보였다. 숙소를 찾으러 진도읍으로 들어갈 이유가 사라졌다. 하루 47킬로미터 걷기를 마무리하며 식사하고 등대모텔에 들어갔다. 모텔이 아주 깔끔하다. 젊은 주인 여자도 친절하다.

걷기 중 하루를 마치며 숙소와 식당이 있는 곳을 만나는 것은 큰 행운이다. 전날 끊어진 길을 찾아 이동하지 않아도 되고, 그대로 연결하여 출발할 수 있으니 아침에 조금 늑장을 부려도 된다.

울돌목 해협에 놓인 진도대교 밑으로 보이는 일몰. 진도대교는 진도군 군내면 녹진리와 해남군 문내면 학동리를 연결하는 연륙교다.

02. 진도 한 바퀴

명량대첩의 현장 울돌목

걸으면서 저녁에 숙소와 식당을 만난 횡재 탓인지, 첫날 47킬로미터를 걸은 후유증인지 아침 7시에 일어났는데 몸이 이상하다. 온몸이 아프고 머리도 아프다. 목이며 기관지도 답답하다. 침대에서 스트레칭을 했다. 몸살이 났다고 생각했다.

어제 저녁을 먹은 식당에서 알려준 인근 음식점으로 아침을 먹으러 갔다. 일요일이지만 관광지인데도 손님이 없다. 코로나 때문이리라. 1인 손님이라 그런지 주인이 영혼 없는 표정으로 맞이한다. 아마 내가 첫 손님일지도 모른다. 뷔페식 백반은 7000원이다. 움직이기조차 귀찮아서 1만 원이라는 백반정식을 시켰다. 계란프라이와 소고기볶음 등 10여 가지 반찬에 우거지국이 나오는 상을 주인이 가져다준다. 모처럼 먹는 아침인데 밥맛이 없다. 점심을 언제 먹을지도 모르고, 걸어야 하니 억지로 반 공기를 먹었다.

아침이라 현금으로 계산을 하고 나오는데 주인이 한마디 한다.

"왜 식사를 이렇게 하세요?"

현금을 주어서 관심을 보이는 건가?

"글쎄요. 몸살이 났는지 입맛이 없네요."

대답조차 하기 힘들었다.

망금산 정상에 서 있는 진도타워 언덕길을 오른다. 두통이 심하고 힘이 든다. 충무공의 명량해전 승전을 기념하는 진도타워는 진도군 관광 랜드마크가 되었다. 진도타워 4층에 해설사가 있다. "혼자인데 해설이 가능하나요?" 하고 물었더니 친절하게 해설을 해준다. 코로나 때문에 방문객이 보이지 않는다. 혼자서 그 덕을 누려본다.

진도대교와 울돌목을 영상에서 실시간으로 보여주고 있다. 컴퓨터 그래픽으로 제작된 명량해전 영상이 그 위에 펼쳐졌다. 해남 쪽 우수영에서 조선군 배 13척이 나왔다. 왜선 300여 척이 울돌목 바다에 까맣게 몰려 있다. 울돌목은 바다 폭이 500여 미터로 좁아서 왜군 배는 수가 많아도 일시에 공격할 수 없고 한 번에 10여 척밖에 나서지 못한다. 물살도 세고 조수간만의 차가 심한 곳이다. 왜군은 1주일간 배를 저어 이곳에 도착해 힘이 빠졌다. 게다가 썰물을 거슬러 오르며 싸워야 했다. 인근 야산에서는 부녀자들에게 군복을 입혀 강강술래를 하며 우리 군사 이동이 많은 것처럼 보여주었다. 왜선 수에 주춤하던 조선 수군이 충무공의 독려로 전투에 돌입한다. 왜군의 조총은 거친 물살에 갈팡질팡하며 조준 사격이 되지 않고 1차 진격팀이 무너지고, 2차 진격팀도 무너지며 후퇴한다. 왜군은 물살을 거슬러 후퇴하고, 우리 수군이 뒤에서 따라가며 공격하며 대승을 거둔다. 〈명량〉 영화를 보지 않았지만 가슴이 후련하고 통쾌하다. 영화를 보는 동안 통증은 잠시 사라졌다.

타워를 나와 뒤편으로 보이는 서해랑길 리본을 따라 걷는다. 몸이 천근만근 무겁다. 남파랑길을 걸으면서도 이런 적이 없었다. 혹시 코로나에 걸린 것이 아닌가 하는 생각이 얼핏 들었다. 운전기사와 음식점 말고는 접촉한 사람도 없었는데 별스런 일이다. 상비약으로 가지고 있던 타이레놀 한 알을 먹었다. 벽파정을 향해 걸어가는데 8킬로미터 거리가 왜 그렇게 멀게 느껴지는지 모르겠다. 자꾸 걷기앱을 켜서 거리와 걸은 시간을 확인했다. 벽파정에서 일정을 마칠까 생각했다. 서울 가는 버

벽파정. 벽파정은 이곳을 찾는 관리와 사신을 영송하고 위로하던 장소였다. 풍경이 아름다워 이곳을 찾은 문인과 관료들이 시구를 남긴 명소이기도 하다.

스는 진도에서 오후 3시 30분에 있다. 걷기를 마치자니 시간이 너무 많이 남는다. 차 시간을 우두커니 기다리는 건 더 큰 고역이다.

벽파정(碧波亭)은 고려 희종 3(1207)년 진도의 관문이던 벽파나루 언덕에 창건하여 중국에서 내왕하는 관리와 사신들을 영송(迎送)하고 위로하던 곳이다. 근처에 충무공 전첩비가 있다. 정유재란 당시 명량해전 승첩을 기념하고 진도 출신 참전 순절자들을 기리기 위해 1956년에 건립되었다. 비문은 시인 이은상이 짓고 글씨는 진도 출신 손재형이 썼다.

"벽파진 푸른 바다여, 너는 영광스런 역사를 가졌도다. 민족의 성웅 충무공이 가장 외롭고 어려운 고비에 빛나고 우뚝한 공을 세우신 곳이 여기더니라."

벽파정 비문을 읽어도 열정이 솟구치지 않는다. 아픈 몸을 이끌고 그냥 걷는다. 온몸이 두드려 맞기라도 한 듯 아프다. 무리해서 몸살이라도 났나? 평소 몸살 느낌

벽파진 충무공 전첩비. 이은상이 짓고 손재형이 쓰다.

은 아닌 듯하다. 코로나 증상이 이런가? 별 생각이 머리에 가득했다.

진도 용장성까지 가서 그곳에서 택시를 이용하여 진도 읍내에 가면 올라가는 차 시간까지는 두 시간 정도 여유가 있을 듯하여 또 걸었다.

항몽의 현장 용장성

삼별초는 고려 무신정권 시대에 무신정권의 친위대였던 좌별초, 우별초, 신의군으로 경찰 및 전투 임무를 수행하는 조직이었다. 고려 24대 원종(1259~1274) 때 몽고군이 침입하여 치욕적인 강화조약을 맺고 개경으로 환도하자 이에 반대한 삼별초군은 강화도에서 저항하다, 원종의 육촌인 온(溫)을 왕으로 추대하고 진도로 내려와 배중손이 이끄는 대몽항쟁(1270~1271)의 근거지로 삼은 곳이 용장성이다.

삼별초 항쟁은 고려를 예속하려던 몽고와 나라의 예속화와 종속적 위치를 감수하면서도 자신의 특권적 지위를 보호하려던 국왕에 반발, 항거한 항쟁이었다.

삼별초 항쟁 기간 중 고려는 민중의 지지를 받지 못해 자력으로 사태를 수습할 능력이 없었다. 몽고의 군사적 협조를 얻어 삼별초 토벌 작전을 전개했다. 고려 왕조는 민심을 잃고 몽고의 종속 정권으로 전락하였다. 25대 충렬왕은 쿠빌라이의 사위가 되어 원나라 부마국을 자처했다.

고려왕의 묘호에 조(祖)나 종(宗)을 사용하지 못하고 충(忠)이라는 돌림자를 사용하여, 몽고에 충성을 다짐하였다(26대 충선왕, 27대 충숙왕, 28대 충혜왕, 29대 충목왕, 30대 충정왕).

31대 공민왕대에 고려 재건을 위해 개혁과 반원 정책을 단행하였으나 권문 세력의 반발로 공민왕이 시해되며 개혁이 중단되고 고려는 멸망의 길로 접어든다.

아픈 역사의 현장을 찾아 용장성을 찾아가는 나지막한 산길이 너무 힘이 들었다. 산이라고 할 수도 없는 넓은 임도다. 꾸역꾸역 걸어서 고갯마루에 올라 내리막길을 걷는데도 힘이 들기는 마찬가지였다. 제주도 삼별초만 희미한 기억 속에 남았는데, 안내판에 진도에서 활동하다 여몽연합군에 의해 패퇴하고 제주로 이동한 것이라고 씌어 있다.

성채는 허물어져 희미하고, 토성 일부와 궁궐터가 복원의 눈길을 보내고 있다. 용장성 홍보관에 해설사가 네 명 학생에게 해설을 하고 있다. 역사에 관심이 있어 다른 때 같으면 해설을 들었겠지만 듣는 일조차 귀찮아서 혼자 둘러보고 나왔다. 바

삼별초 지도자 배중손 장군의 위풍당당한 동상

로 옆에 있는 용장사도 앞에서만 보고 들어가지 않았다. 계단 몇 개를 오르는 게 부담스러웠다. 크게 탈이 난 것이 분명했다.

아무래도 여기서 마무리하고 오늘 올라가야 할 것 같다. 택시를 불렀다. 택시기사가 역사에 관심이 있느냐고 묻는다. 그렇다고 하니 삼별초에 대한 이야기며, 명량해전에 대한 설명을 계속한다. 낯선 사람이라도 역사라면 말하기 좋아하는데 오늘은 듣기도 힘들다. 전직 문화해설사라고 자신을 소개한 60대 초반 호남형의 기사 모습이 위풍당당해 보였다. 지역 역사를 아는 것은 지역을 사랑하고 나라를 사랑하는 일이다. 오후 2시가 넘어 기사가 알려준 해장국집에 가서 양선지국을 먹는데 입맛이 없다. 서너 숟가락 뜨다 말았다. 음식 맛이 나지 않고 음식 맛을 모르겠다. 아침도 적게 먹어 시장할 텐데 배도 고프지 않다. 이러다 생보살이라도 되려는 것인지.

식사 후 진도터미널에 도착했더니 서울행 막차는 3시에 출발했다고 한다. 시간이 10분 지났다. 3시 30분 차는 서울서 출발하는 시간을 잘못 확인한 것이다. 몸이 불편하니 정신도 이상해졌나 보다. 또 다른 때 같으면 표를 먼저 구입하고 식사를 하러 갔을 텐데 몸이 꼬이니 생각도 올바르지 못했던 것이다. 건전한 몸에 건전한 생각이 나온다. 10분 후 광주로 출발하는 버스에 몸을 짐짝처럼 던졌다. 직접 가는 차를 놓쳤으니 돌아갈 수밖에.

한 달 쉰 뒤 다시 진도로

서해랑길 1차 기행 시 유사코로나 증상으로 계획보다 일찍 올라왔다. 다음날 식욕은 조금 돌아왔지만 대신 왼쪽 편두통이 찾아왔다. 코로나일지 모른다는 생각이 들었다. 약국에서 편두통 약을 사서 먹었다. 하루 더 참아보고 다음날 컨디션이 돌아오지 않으면 코로나 검사를 받을까 생각했다. 나는 평소에 약을 먹는 것이나 병원에 가는 것을 싫어했다. 셋째 날 컨디션이 90퍼센트는 돌아왔다. 왼쪽 골반 통증만 남아 신경이 쓰였다.

전화 온 작은아들에게 증상을 말했더니 코로나가 틀림없다고 말하면서도 걱정하지 않는다. 아빠는 항상 건강하다고 믿는 것 같아 서운한 마음도 없었다. 골반 통증은 이틀이 지나도 사라지지 않았다. 평소 다니던 정형외과에 찾아갔다.

"오랜만에 오셨어요."

차트를 보던 의사가 아는 체를 한다. 인사치레라지만 듣기에 따라 "그동안 아프지 않았나?" 소리로 들려 그냥 웃어주었다. 골반과 무릎 사진을 찍더니 무릎이 좋지 않아 골반 통증이 나타난다고 한다. 당분간 걷지 말고 물리치료를 받으라고 해서 효과도 더딘 물리치료를 3일간 받았다. 골반 통증이 완화된 듯싶다. 의사는 1만 보 걷기도 하지 말라고 했지만 부천 시민의 강가를 천천히 걸으면서 회복에 신경을 썼다.

몸이 고장 났으니 한 달만 쉬고 서해랑길 2차 기행을 떠나기로 마음먹었다. 한 달을 넘기면 걷기를 포기하게 될지 모른다는 불길한 생각이 들었다.

그러고 나서 한 달이 지났다. 골반 통증이 조금 남아 있지만 출발하기로 마음을 다잡았다. 인천에서 출발하는 진도행 버스가 있어 아침을 먹고 출발했다.

인천에서 아침 7시 40분에 출발하는 진도행 우등고속. 차만 우등이지 승객은 우등이 아니다. 눈을 좀 붙일까 해도 전화벨 소리, 큰소리로 통화하는 소리, 카톡 알림 소리가 수시로 들렸다. 그냥 차창 밖 경치를 구경하며 멍 때린다. 경유지인 목포에서 여덟 명이 내리고 10분 정도 쉬었다가 차가 출발했다. 잠시 후에 버스 뒤편에서 길게 전화벨 소리가 울렸다. 아무도 받는 사람이 없다. 조금 있다 다시 전화벨이 울린다. 옆 좌석의 남자 승객이 의자에 있는 전화기를 집어 들었다. 목포에서 내린 손님이 두고 내린 것이다. 전화기는 버스기사에게 맡겼다. 전화벨 소리가 다시 길게 울려도 운전기사는 일부러 받지 않는 것인지, 운전한다고 받지 못하는지, 전화벨 소리가 끊어졌다 울렸다를 몇 차례 반복했다.

진도에 내려 지난번 올라올 때 점심 먹었던 음식점에서 뼈해장국을 먹었다. 그때는 몸이 아프고 입맛이 없어서 맛을 모르고 밥도 억지로 반 공기만 먹었다. 이번에 먹어봐도 음식 맛은 별로다. 걷기를 생각해서 한 그릇 정량을 다 먹었다.

용장성까지 가는 차가 없어서 택시를 불렀다. 첫날이니 천천히 걷자고 다짐하며 걸었다. 평지 같으면 시속 5.2킬로미터 속도로 걷는데, 4.4킬로미터 수준으로 걸었다.

용장성에서 출발하여 진도군 의신면 첨찰산 정상에 있는 진도기상대를 오른다. 첨찰산은 해발 485미터로 진도에서 가장 높은 산이다. 진도 쌍계사 상록수림이 반겨준다. 진도기상대는 대형 축구공 모양의 레이더처럼 생겼다. 기상대 공터에 있는 벤치에 앉아 땀을 식히며 진도 앞바다에 점점이 박혀 있는 섬들을 본다. 섬들은 아주 편안한 모습이다. 벤치에 앉은 내 모습도 아주 편안하다. 걸으면서 벤치에 앉아 여유를 누리는 건 오랜만이다. 부상 여파로 이런 편안함도 느껴보게 되었다.

천연기념물 107호로 지정된 상록수림 사이로 하산한다. 동백나무, 감탕나무, 참가시나무, 후박나무 등 300여 종이 자리 잡고 있다. 산 곳곳에 숯가마터가 남아 있다.

첨찰산 숯가마터. 동백나무와 붉가시나무의 숯을 생산하였다.

숯가마에서 동백나무와 붉가시나무로 숯을 만들었다고 한다. 동백나무와 붉가시나무가 얼마나 오래 살아 고목이 되고 숯으로 재탄생할까? 생나무를 옮기기가 힘드니 직접 산에서 숯을 만들었을 터였다. 함평의 붉가시나무는 1962년 천연기념물로 지정되었는데 첨철산 붉가시나무는 숯으로 다시 태어났다니 아이러니하다.

첨찰산 들머리에 진도아리랑비가 있다. 1995년 진도문화원이 건립을 주관했고 진도아리랑보존회가 후원해 세웠다. 비(碑)에는 진도아리랑 가사가 빼곡히 적혀 있다. 오래 전 음식문화학교에서 김학민 선생님과 전주 한옥마을 기행 때 소리꾼을 따라 진도아리랑 한 구절 배우던 생각이 났다. 가사가 쉽고 가락이 마음에 와닿았다.

첨찰산 들머리에 있는 진도아리랑비. 진도아리랑 가사가 새겨진 비로 1995년 건립되었다.

아리아리랑 쓰리쓰리랑 아라리가 났네

아리랑 음음음 아라리가 났네

문경 새재는 웬 고갠가 구부야 구부구부 눈물이로구나

아리아리랑 쓰리쓰리랑 아라리가 났네

아리랑 음음음 아라리가 났네

(…이하 생략…)

진도아리랑은 모든 이의 원망과 슬픔도 신명 나는 가락과 해학적인 노랫말로 풀
어준다. 이 고장 선인들은 살아가는 삶이 고되고 한스러울 때 스스럼없이 속마음
을 노랫말로 토해내 목마름을 달랠 줄 아는 슬기를 보였나 보다.

선경보다 더 선경 같은 운림산방

넓고 울창한 진도 쌍계사 상록수림과 첨찰산을 배경으로 운림산방이 있다. 운림 산방은 조선 후기 화가인 소치 허련(1808~1893)이 말년에 거처하면서 창작 활동을 하던 곳이다.

아침저녁으로 피어오르는 안개가 구름숲을 이룬다 하여 운림산방(雲林山房)이라 이름 붙였다. 아주 멋진 작명이다. ≪소치실록≫에 따르면 큰 정원을 다듬고 아름 다운 꽃과 희귀한 나무를 심어 선경으로 꾸몄다.

운림산방은 넓은 정원이 아주 편안하고 자연스럽게 꾸며져 있고, 잘 관리되고 있 다. 소치 허련은 20대에 해남 대둔사 초의선사와 추사 김정희 문하에서 서화를 배

소치 허련 선생이 창작 활동을 하던 운림산방. 2011년 대한민국 명승 제80호로 지정되었다.

위 남종화의 대가가 된 분이다.

운림산방에서 6킬로미터 정도 떨어진 의신면에 모텔이 있고 식당도 있다. 발걸음도 가볍게 걷는다. 우체국 옆에 낡은 모텔이 보인다. 저녁을 먹고 들어간 모텔은 지금까지 중 최악이다. 모텔을 정리할 모양인지 복도 한쪽에 잡다한 비품들이 나와 있다.

방에는 소파 네 개가 길게 놓여 있다. 방에 옷걸이도 없다. 둘러보니 출입문에 접착제로 붙인 고리 두 개가 보인다. 욕실에 슬리퍼도 없어 주인을 불렀다. 욕실에는 주방용 참그린과 샴푸가 놓여 있다. 참그린으로 몸에 찌든 때라도 벗겨내라는 모양이다. 나이 든 주인에게 따질 마음도 들지 않는다. 달리 선택할 숙소도 없고 텔레비전에 야구 경기가 나왔다. 내 연고지 팀인 KT가 이기고 있어 그나마 위로해준다.

의신면 모텔은 잠도 설치게 했다. 침구에서 나는 냄새가 너무 심했다. 아침에 일어나도 기분이 찝찝했지만 마음을 달랬다. 화를 내봐야 마음만 상할 뿐이다. 아침에 컵라면을 먹으려 해도 배낭에 있는 나무젓가락을 찾지 못했다. 방안에 커피포트도 없다. 공용으로 사용하는 전자레인지도 관리실 옆 공실에 먼지를 안고 있다. 어제 저녁 전자레인지를 찾았더니 주인이 보여주었다.

걷는 속도를 줄이면 하루 걷는 거리도 줄여야 했다. 서해랑길 코스인 가계해수욕장 쪽으로 가지 않고 네이버앱을 켜고 국도를 걸어 팽목항으로 경로를 이탈했다. 세월호 사고의 아픈 현장을 보고 싶었다.

왼쪽 골반 부분의 통증이 자꾸 신경 쓰였다. 무릎 통증이나 오금 통증은 몇 차례 있었지만 이번 통증은 서해랑길 1차 여행 시 코로나 유사 증상과 함께 새로운 부위에 처음 나타난 증상이다. 천천히 걸었더니 몸이 적응했는지 통증이 조금 느껴지다 점점 사라졌다. 걷는 속도에 신경을 쓰며 오늘은 25킬로미터를 데드라인으로 정했다. 신경 쓰며 중간 중간에 브레이크를 밟았다. 한 시간 걸으면 적당히 쉬기도 했다.

아침에 일어나서 스트레칭에 공을 들이고 브레이크를 적당히 잡아서인지 다리 어디에도 통증은 느껴지지 않았다. 배가 헛헛하여 무엇이라도 먹고 싶어 배낭에서 빵 하나를 꺼내 먹었다.

조기 | 弔旗

벚나무에 조기가 걸려 있다

금노항 해류에 밀려온 바람
밭고랑에 옹기종기 모인
검은 폐비닐을 물고 날랐다

어깨를 나란히 한
벚나무에 여기저기 걸린 조기
서로 위로의 말 전하고 있다

진도 지산면 와우리 국도
아스팔트 위 가뭇없이
검은고양이 길게 누운 위로

벚나무에 걸린 조기 너머
저녁 햇살 길게 누워
이승의 지나간 삶 비추었다

낯선 여자와 팽목항에

허기진 배를 채우고 국도변을 걷는데 12시쯤 옆 차선에서 나이 든 여자가 차를 세운다.

"태워 드릴까요?"

차문을 열고 묻는 여자의 말을 따라 앞좌석에 탔다. 낯선 남녀 둘이지만 뒷자리에 탈 수는 없었다. 해변길도 아니고 국도다. 게다가 골반 통증도 있다는 핑계를 자신에게 댔다. 여자 나이가 60대 중반으로 보였다. 얼굴도 길고 키도 큰 편이다. 대화를 하다 보니 눈가에 주름이 자글자글하다. 묻지도 않았는데 남편 나이가 예순여섯이라고 한다. 그녀가 연상이 아닌가 하는 생각이 들었다. 차를 타며 방향이 같은 곳까지만 태워달라고 했다. 여자는 나의 목적지인 팽목항까지 태워주었다. 도착한 팽목항에는 그 흔한 카페도 없다. 세븐일레븐 편의점에서 캔커피로 감사를 대신하였다.

"이런 데서 아는 사람 만나면 쪽팔려."

여자가 밑도 끝도 없는 말을 했다.

"우리에게 무슨 일이 있었어요?"

고마운 마음이 순간 사라졌다. 내가 정색하고 말하자 여자는 머쓱해하며 전화번호를 묻는다. 나는 젊잖게 거절했다. 46일 동안 남파랑길 걸으며 10여 명과 전화번호를 주고받았지만 연락하는 사람은 두 사람뿐이라고.

"교회 전도 목적으로 태워드린 거예요."

여자는 교회 전단지 한 장을 내밀고 황급히 사라졌다. 내가 전화번호를 알려주지 않아서 화가 난 것인가? 처음에 태워줄 때는 걷는 모습이 힘들어 보여서 차를 세웠다고 했는데.

편의점에서 삼각김밥 하나에 가지고 있던 컵라면을 먹었다. 옆에서 컵라면 먹는 손님이 김치를 먹길래 나도 꼬마 김치 하나를 샀다. 엄청 시고 맛이 별로였다. 아침은 스프 하나에 점심은 컵라면과 삼각김밥 하나로 때운다. 그나마 편의점이라도 있어 다행이다.

　팽목항에 걸려 있는 노란 리본이 누렇게 색이 바랬다. 세월호를 인양하며 배에서 건져 올린 주인 잃은 운동화 다섯 켤레가 빛깔을 잃어가고 있다. 유족들의 말할 수 없는 아픔 속에 자식이 신었던 운동화는 기억에서 지워졌으리라.

　세월호 사고를 텔레비전 중계를 통해 보았다. 침몰하는 배의 창문에서 학생들이 살려달라고 손을 흔들며 아우성쳤다. 그 모습이 자꾸 떠올라 불면증이 생겼다. 시청 앞

세월호에서 인양된 운동화 다섯 켤레가 나란히 놓여 있다.

빛바랜 세월호 리본과 추모의 글

팽목항

이런 바람 부는 날
바다 근처에 얼씬도 하지 말아라

팽목항 들어서는 2차선 도로변
작은 감나무 연초록 이파리 속
숨어 있던 어린 감꽃 몽우리

채 피워보지 못하고
우수수 바닥에 떨어졌다

팽목 기억관에 피운 향의 연기
방파제 위
운동화 다섯 켤레
영혼의 주인 찾아 공중으로 흩어졌다

어린 감나무 더듬거리는
처음처럼 아직
섬처럼 남아 있는 눈물 흘렸습니다

분향소에 다녀온 후 불면증이 진정되었다. 백 번 양보해서 배의 사고는 막지 못했다 해도, 선장의 몰상식은 도저히 이해할 수 없다. 그가 안전한 대피를 도왔더라면 많은 희생을 막을 수 있었으리라. 해양경찰은 왜 침몰하는 배의 창문이라도 깨고 구조 활동을 하지 않았을까? 반복되는 대형 사고가 나도 치료되지 않은 안전 불감증 시대에 우리는 살고 있다.

팽목항 들머리 한켠에 임시로 만들어놓은 분향소에서 묵념을 했다. 세월호 참사 희생자 대부분이 단원고 학생이었다. 교사 14명 중 11명이 희생되고 배에서 구조된 교감 선생님은 자살로 생을 마감했다. 너무 아픈 일이다. 2014년 4월 6일 일어난 사고이니 벌써 10년도 지난 일이다. 다시는 이 땅에서 일어나지 말아야 할 일이다.

코스에 없는 팽목항을 들르느라 시간이 많이 지났다. 아침에 스프와 점심에 삼각김밥 하나와 컵라면으로 때운 허기가 밀려왔다. 오후 4시 40분 도저히 배가 고파서 더 걸을 수가 없다.

콜택시를 불렀다. 기사가 지난번 용장성에서 진도터미널까지 데려다준 사람이다. 이런 인연이라니. 진도 시내로 들어가 식사하고 잘까 하다가 이왕 택시를 불렀으니 해변길로 진도대교까지 가기로 했다.

지난번 1차 기행 시 이용한 식당과 등대모텔이 생각났다. 식당에 들어간 시간이 오후 5시 45분이다. 주인 남자는 브레이크 타임 운운하더니 이왕 들어왔으니 무얼 먹겠느냐고 묻는다. 문 앞에 표시도 없고 저녁 6시 가까운 시간까지 브레이크 타임이냐고 한마디 해주고 그냥 나오고 싶었지만 주변에 이곳보다 나은 식당도 없는지라 그냥 갈낙탕을 주문했다. 갈비탕에 낙지가 한 마리 들어간 음식이다.

식사하고, 다음 코스나 조금 걷고 등대모텔에 들어갈까 하다가 그냥 진도대교를 건너 해남 '우수영'으로 가서 작은 숲속에 있는 숙소를 잡았다.

해남 문내면 학동리와 진도 군내면 녹진리를 연결하는 진도대교. 명량대첩으로 유명한 울돌목을 횡단하는 교량으로 1984년 준공되었다.

법정 스님 생가터

아침에 일어나니 이슬비가 내린다. 우의와 작은 우산까지 챙겨 다니지만 비가 오면 입고 들고 하는 것이 불편하다. 컵밥을 가스레인지에 돌려 물을 부어 먹었다. 그래도 밥을 먹어 든든하다. 어쩔 수 없어 컵라면도 먹지만 평상시엔 라면을 거의 먹지 않는다.

아침 8시 40분에 모텔을 나오니 비는 개고 날씨만 흐렸다. 오늘 하루는 좋을 거라는 예감이 들었다.

문내면 바닷가 우수영(右水營)은 조선시대 수군절도사가 주재하던 영이다. 황금빛 거북선이 흐린 날씨에도 충무공의 빛이 서려 빛나고 있다.

우수영은 1970년대 이후 저잣거리와 면사무소, 초등학교 등이 이전해 쇠락해 가고 있다. 해남군과 지역 주민들의 노력으로 '2015 마을 미술 프로젝트'에 선정되어, '소~울(SOUL, 笑灪)'이라는 이름으로 예산을 투입하여 새로운 우수영 문화마을로 탈바꿈했다. '소울'이란 영어로 정신, 혼을 의미하며, 다른 뜻으로는 미소의 소(笑)와 울돌목의 울(灪)을 합성하여 '울돌목의 미소'라는 뜻을 담고 있다. 아주 예쁜 이름을 지었다는 생각이 든다.

  문화마을에 법정 스님의 생가터가 있다. 스님은 해남군 문내면 선두리에서 태어나 우수영초등학교를 졸업하고 어린 시절을 목포에서 보냈다. 이곳에서 법정 스님을 다시 생각해 본다.

  법정 스님은 "절대로 다비식 같은 것을 하지 마라. 내 이름으로 출간된 모든 출판물을 더 이상 출간하지 말며, 사리를 찾으려 하지 말며, 탑도 세우지 마라"는 유언을 남기고 2010년 3월 11일 입적하셨다. 법정 스님 마을도서관에서 잠시 시간을 내어 스님의 발자취를 찾아보았다. 나는 스님이 남기신 산문집 ≪무소유≫와 ≪아름다운 마무리≫를 가지고 있다. 스님의 어록이 담긴 포토존에 뒷모습을 보이며 떠나

법정 스님의 어록이 씌어 있는 포토존에 거칠게 만든 나무로 된 의자가 놓여 있다. 스님이 평생 사용하던 의자를 실물 크기로 만들어놓은 것이다.

는 모습이 애잔하다. 법정 스님이 생전 사용하시던 나무 의자는 송광사 불일암에 보관 중인데 실물 크기와 같은 의자가 설치되어 있다.

"무소유란 아무것도 갖지 않는 게 아니라 불필요한 것을 가지지 않는 것이다. 우리가 선택한 맑은 가난은 부보다 훨씬 값지고 고귀하다." 스님은 "삶은 짧고 소중하며, 어떤 상황에서도 감사하고 살아가야 한다"고 했다. 현재의 살아가는 중요성을 말씀하신 것이다. 삶의 어려움과 고통을 이겨내기 위해서 자신의 내면과 마음을 다스리는 것이 중요하다고 했다. 얼기설기 얽어서 살아가는 속세의 범인들이 실천하기 쉽지 않은 명제다.

살아가는 데 불필요한 것이 무엇일까 생각해 본다. 무소유가 아니라 현재에는 필요한 것이라 생각하여 더 많은 것을 소유하려고 발버둥치고 있다. 불필요한 것이 무엇인지조차 모르고 산다. 결국 죽을 때 가지고 갈 것은 아무것도 없는데 말이다.

이정표에 '옛 동헌 터'라는 표시가 있어서 찾아갔다. 인근 주민들에게 물어보아도 모른단다. 지역 주민도 모르는 동헌 터, 이곳을 찾는 외지인이 어찌 찾겠는가?

동헌(東軒)은 조선시대 지방관서에서 정무를 보던 중심 건물이다. 고을의 원이나 감사, 병사(兵使: 병마절도사의 준말), 수사(水使: 수군절도사의 준말), 수령 등이 근무하는 정청(政廳)으로, 지방의 일반 행정 업무와 재판 등이 행해졌다. 지방관의 생활 처소인 내아(內衙)와 구분되어 보통 그 동편에 위치하기 때문에 동헌으로 불린다. 동헌은 객사(客舍), 향교와 함께 지방 관아의 핵심 건물로 중요한 의미를 갖는다.

주차장에서 옛 동헌 추정지라는 작은 표시판을 겨우 찾았다. 문헌상이나 발굴을 통하여 복원하여 우수영문화마을과 연계하면 역사성도 살리고, 더 좋지 않을까? 그것이 안 되면 안내판이라도 큼지막하게 제작하여 세우면 좋을 텐데.

150만 평 대규모 오시아노 관광단지

해남군 화원면 주광리에 있는 오시아노 관광단지. 한국관광공사가 서남해 거점 관광단지로 조성하기 위해 2002년에 150만 평 규모의 면적에 기반 조성을 시작하여 2010년에 개장했다. 넓은 골프장을 포함하여 캠핑 단지, 해수욕장, 축구장 등이 조성되어 있다. 캠핑카들이 몇 대 눈에 띄고 해수욕장 멀리 리조트호텔이 보인다. 대중 숙박 시설은 보이지 않는다. 관광공사는 제주 중문이나 경주 보문단지에 이어 이곳을 국내 3대 관광단지로 조성 중이다. 아직은 미완성으로 남은 과제를 수행하기 위해 트럭이 드나들고 있다.

오시아노(Oceano)는 이탈리아어로 '해양', '대양'을 뜻한다. 이탈리아어를 차용할 이유가 있는지 모르겠다. 억양상 일본어로도 들린다. 우리말 '땅끝 관광단지'는 촌스러운 이름일까?

코로나 영향인지, 계절 탓인지 넓은 바닷가나 캠핑장에도 사람이 별로 보이지 않는다. 2023년 10월에는 오시아노 관광단지를 알리기 위해 이곳에서 캠핑관광박람회가 열리기도 했다.

해변에 무인점포가 보였다. 빵이라도 사려 했으나 빵은 보이지 않는다. 대신 캔커피 하나 사는 데 애를 먹었다. 나이 탓인지, 선천적인 기계치인지 모르겠다. 아마 둘 다일 것이다. 해변의 의자에 앉아 커피를 마시며 멀리 보이는 섬을 바라본다. 해송과 백사장과 푸른 바다와 잘 어울리는 섬이다. 섬 이름을 알고 싶은데 알지 못하니 궁금하기만 하다.

잠시 쉬고 나서 배낭을 챙겨 일어나는데 대나무 지팡이가 보이지 않는다. 남파랑길 고성 구간 걸을 때 검은 바다를 바라보며 라면과 어묵탕 먹던 날도 지팡이를 편의점에 두고 나왔었다. 4킬로미터 정도 지나서야 생각이 났다. 그때는 너무 멀리 왔기에 지팡이 찾는 것을 포기했었다. 그 다음날 새로 구한 대나무 지팡이다.

대나무 지팡이를 짚고 다니는 주목적은 시골길에서 풀어놓은 개가 덤벼드는 것

오시아노 해변에서 본 이름 모를 섬

을 쫓기 위해서다. 없으면 괜히 불안하다. 걷기를 마치고 집에 가지고 갔다 다시 가지고 온 것이다. 생각이 꼬인다. 모텔에 두고 온 것 같지는 않다. 분명 가지고 나온 것이 생각났다. 꼬인 생각을 더듬어보니 오시아노 해변으로 접어드는 도로에서 잠시 쉬었는데 아마 그곳에 두고 온 것 같다. 800여 미터 거리를 뒤돌아갔다. 지팡이가 풀 위에 누워 있다. 반가웠다.

영암아리랑

목포 구항로 표지판 앞에서 망설였다. 표지판에 안내가 해남 구 목포구(海南 舊木浦口) 등대 6킬로미터, 영암 별암 선착장 9.4킬로미터, 대한 조선소 5.4킬로미터라고 새 개나 적혀 있어 혼란스러웠다. 어디로 가야 먹을 곳이 있는지 결정을 내리지 못하겠다. 마침 버스가 와서 행선지도 확인하지 않고 무조건 탔다. 화원면으로 가는 버스다. 면 소재지에서 일단 점심이라도 먹겠다는 생각이 앞섰다.

2시까지 시간이 아직 남았는데 식당 앞에 브레이크 타임이라고 적혀 있다. 동태탕을 하는 집은 10분 전 2시인데도 몇 명이냐고 묻더니 브레이크 타임이란다. 묻지를 말든지. 2시 전에 브레이크 타임은 또 무슨 말인가? 1인 손님이니 거절한 것이리라.

작은 면소재지를 두 바퀴 돌다 중국집에 들어갔다. 상호가 '기라성'이다. 잡탕밥을 시켰다. 국물이 얼큰하고 맛있다. 해물도 많이 들어 있다. 식사를 하며 건너편 좌석에 앉아 있는 사람들에게 별암선착장을 물었다. 멀지 않은 거리에 있다고 했다. 세 사람 일행 중 한 사람이 소주잔을 들고 술을 권했다. 참 넉넉한 시골 인심이다. 마지막 남은 시집 한 권을 그에게 건네주었다. 몸집이 있는 주인 여자가 자기도 달라고 했다.

별암선착장까지 택시를 탔다. 별암선착장에서 방조제 세 개를 걸어 영암 현대 삼호중공업 정문에 이르렀다. 삼호중공업이 있어 영암 재정 자립도가 좋다고 한다. 바닥이 좁은 목포시에서 통합하자고 해도 영암은 반대한다고 한다. 삼호중공업 영향이다. 정작 무안, 영암, 목포는 통합하면 상생할 수 있을 텐데.

사실 영암이란 지명은 '영암아리랑'으로 알게 되었다. 지역 이름이 붙은 '진도아리랑', '밀양아리랑', '정선아리랑'이 있다. 영암아리랑 노래의 소재로 1절에 달이 뜨는 월출산이, 2절에 서호강 몽햇들에 풍년이 온다고 되어 있다. 모두 영암 지역이다. 영암이 고향인 하춘화의 아버지가 고향을 알리고자 작사가, 작곡가, 레코드사를 골랐다고 한다. 영암아리랑은 1972년 지구레코드사에서 발매되었다. 이 노래는 가수 하춘화가 열일곱 살 때 불러 대중의 사랑을 받고 불후의 명곡이 되었다.

여섯 살에 가수로 데뷔한 하춘화는 2500여 곡의 노래를 불렀다. 하춘화는 영암 아리랑을 자신의 노래 중 베스트 3위로 꼽았다고 한다.

　　달아 뜬다 달이 뜬다
　　영암 고을에 둥근 달이 뜬다

달이 뜬다 달이 뜬다

둥근 달이 뜬다

월출산 천황봉에 보름달이 뜬다

아리랑 동동 쓰리랑 동동

에헤야 데헤야 어사와 데야

달 보는 아리랑 님 보는 아리랑

풍년이 온다 풍년이 온다

지화자자 좋구나

서호강 몽햇들에 풍년이 온다

(…이하 생략…)

―〈영암아리랑〉(백암 작사, 고봉산 작곡)

03. 예항 목포는 아직 자는 중

용해동 바닷가 갓바위

6시 31분 용산에서 출발하는 목포행 KTX 표를 어젯밤에 예약했다. 순방향 창문 쪽 좌석이 없어 4인용 단체석을 예약했는데 그것이 주효했다. 밤 10시까지 비어 있는 좌석이어서 사람들이 이용하지 않을 수도 있다는 생각이 들었다. 전에 한번 단체석을 이용할 때 각기 다른 네 명이 앉아 꼼작 못하고 고문받은 기억이 있다. 덕분에 '꼼지락거리다'란 체험시 한 편을 건지긴 했다.

4인석인데 맞은편 대각선에 한 사람이 앉았다 수원서 내렸다. 큰 불편 없이 혼자서 4인석을 독차지했다. 살다 보면 뒷걸음치다 이런 요행수도 있다.

목포에 9시에 도착했다. 두 시간 반 걸렸다. 용해동 해안가에 있는 갓바위를 본다. 모양이 요상하다. 아버지와 아들의 전설이 서려 있어 큰 바위는 '아버지바위', 작은 바위는 '아들바위'라고 부른다고 한다. 또 다른 전설 하나는 영산강을 건너던 스님과 그 일행이 잠시 쉬던 자리에 삿갓을 두고 간 것이 바위가 되어 중바위(스님바위)라 부른다고 한다.

갓바위에 넋이 빠져 있다 목포 해양유물전시관에 가서 신안 앞바다에서 건져 올

목포시 용해동 해안에 있는 바위로 2009년 천연기념물로 지정되었다.

린 유물에 다시 빠져들었다. 오래 전에 신안 유물을 인양했다고 세상이 떠들썩했던 기억이 남아 있다. '신안선'은 1323년 중국 원나라에서 출발하여 일본으로 가던 중 침몰한 것으로 추정되는데, 700년이 지난 1975년 신안 섬마을의 어부가 발견해 유물들이 세상에 모습을 드러냈다. 1976년부터 1984년까지 열 차례에 걸쳐 2만 2000여 점을 바다에서 건져 올렸다. 신안 바다의 갯벌이 700년 동안 유물을 보존했다니 불가사의한 자연의 힘이 신비스럽기만 하다.

김대중 노벨평화상 기념관

남농기념관은 쇠줄이 통행을 막고 있다. 휴관인 모양이다. 한국 남종화의 거장이며 운림산방 3대 주인 남농 허건(1908~1987) 선생이 건립한 미술관이다. 아주 오래전 들러 보아 다시 보고 싶었는데 아쉽다. 선생은 운림산방을 사재로 복원하여 진

2000년 김대중 대통령의 노벨평화상 수상을 기념하기 위해 목포 삼학도에 세웠다.

도군에 기부채납했다. 남농 선생은 문화유산을 사회에 환원한 위대한 분이다.

삼학도에 있는 '김대중 노벨평화상 기념관'을 둘러보았다. 신안 하의도 섬에서 태어나 목포상고를 졸업하고 정계에 진출해 박정희 정권의 탄압을 많이 받았던 분이다. 정치에 관심이 있던 나는 고등학교 2학년 시절 친구 아버지가 신민당 소속으로 국회의원 후보로 출마하여 찬조연설 온 김대중 선생을 보러 학교 수업 시간을 빼먹고 안성 천변에 간 적이 있다.

목포 시내에 서해랑길 구간 표식이 잘 되어 있지 않아 애를 먹었다. 목포 근대문화 유적지도 둘러보고 유달산에 올랐다. 유달산 들머리까지 있던 리본 표시가 보이지 않는다. 아무리 둘러보아도 없다. 그냥 무시하고 유달산 정상까지 올라갔다. 산 위에서 본 삼학도는 섬 아닌 섬이다. 육지와 연결된 섬이 어디 이뿐인가? 거제도, 남해도, 진도, 강화도 모두 육지와 연결된 큰 섬들이다.

유달산에서 바다를 건너 고하도로 가는 케이블카의 유혹을 뿌리치는 데 많은 시간이 필요했다. 바다 위로 건너가는 케이블카를 타고 싶은 것이 아니라 고하도 해변에 조성된 데크길이 빤히 내려다보였다. 코스에서 이탈하여 그 길을 걷고 싶었다.

목포 시내를 벗어나 무안으로 가는 방향으로 접어들었다. 저녁을 먹으며 음식점 주인에게 숙소를 물으니 가까운 곳에 숙소가 없다고 한다. 다시 목포 시내로 되돌아왔다. 이른 시간에 숙소에 들어온 셈이다. 시를 가르치는 김창완 시인이 시제로 내준 '섬'이 밟힌다. 아직도 체험시에 의존하다 보니 이 기회에 근처에 있는 작은 섬에 가보고 싶었다. 모텔에서 목포 관광지도를 살펴보다가 목포에서 멀지 않은 섬, '외달도'에 빠졌다. 내일 첫배를 타고 다녀오는 것이 좋겠다는 결론을 쉽게 내렸다. 오늘밤도 잠을 줄여야 한다. 새로운 목적을 이루기 위해 감수해야 할 일이다.

달동네 외달도

서해랑길 코스를 이탈하여 외달도에 가기 위해 알람을 설정해 놓았는데 예정 시간보다 한 시간 빠른 새벽 4시 40분에 잠이 깨어 일어났다. 덕분에 아침 시간에 여유가 생겼다. 목포여객터미널에 6시에 도착하니 배 시간이 한 시간이나 남았다. 아침 식사를 하려고 음식점을 돌아다녔다. 두 곳에서 일인 손님은 안 된다고 거절당했다. 모두 백반집이다.

작은 길 건너편에 있는 다른 식당에 들어서며 먼저 물었다.

"혼자인데 식사 됩니까?"

나이가 들어 보이는 남자 주인이 앉으라고 한다. 백반에 반찬이 열두 가지에 조기찌개까지 나왔다. 혼자 먹는 한 끼 식사에 반찬 종류나 양이 너무 많다.

배를 채우고 나서 외달도행 223톤급 여객선을 탔다. 승선할 수 있는 정원은 160명이지만 손님은 50여 명이다. 3층 갑판 위로 올라가 의자에 앉았다. 율도에 낚시하러 간다는 중년 남자와 이야기를 나누는데 선장이 끼어들어 주변 섬들을 설명해준다.

외달도 선착장. 외달도는 아주 작고 외로운 섬이다.

외달도 가는 배편은 달리도와 율도를 경유한다. 선장의 설명이 고맙기는 하지만 불안했다. 선장은 핸들을 돌려놓고 고개를 우리 쪽으로 돌려 이야기하다 핸들을 돌리기를 몇 번 반복하였다. 운전이나 하시라고 했더니 이곳 운행을 8년째 하고 있어 눈 감고도 할 정도라고 한다.

외달도행 배 안에서 선장의 불안한 친절로 흑산도와 홍도가 신안군이라는 걸 처음으로 알았다. 신안군이 섬으로만 되어 있다는 것도. 나는 역사 지리에 완전 문외한이다. 저 멀리 천사대교가 희미하게 보였다. 1004개의 섬이라는 의미를 담고 있다. '천사의 섬 신안'이라는 애칭도 좋았다. 시를 가르치시는 김창완 시인의 고향이다.

여객선을 타고 50여 분 만에 외달도에 도착했다. 행정구역상으로 달리도와 외달도는 목포시 달동이다. 외달도는 해안선 4.1킬로미터의 작은 섬으로 30여 가구에 주민 80여 명이 살고 있다. 섬에 외달도해수욕장이 있어 여름철이면 많은 사람이 찾는다고 한다. '사랑의 섬'이라 불리는 외달도는 '연인의 섬'으로도 통한다. 외롭게 떨어져 있어 외로운 달동네라는 뜻으로 '외달도(外達島)'라 지었다는 말도 있다.

섬에 데려다준 배가 다시 오려면 세 시간 반이나 여유가 있다. 외달도는 아주 작은 섬이라 한 바퀴 도는 데 한 시간이면 충분했다. 다시 등대가 있는 곳까지 갔다. 만조에 잠겨 있던 등대가 썰물이 되며 발목을 보여준다. 등대의 등을 만지며 작은 외달도가 이름처럼 외롭겠다는 생각이 들었다. 한 시간을 더 보내기 위해 외달도해수욕장 백사장의 환경미화원을 자처했다. 반쯤 부서진 스티로폼 상자에 쓰레기를 모아서 강둑으로 날랐다. 물병으로 쓴 페트병이 제일 많고 과자봉지, 맥주캔과 커피캔 등도 많다.

20리터 페트병에 매인 줄에 나란히 매달린 홍합들이 삶의 터전에 밀려나 입을 벌린 채 생을 마감한 모습을 한참 들여다보았다. 자연을 거스르지 못한 생의 마지막 모습이다.

만조 시 외달도 등대는 섬이 되어 더 외롭다. 외달도해수욕장은 1928년 개장된 작지만 아름다운 해수욕장이다.

외달도가 곁에 있어 덜 외로운 별섬. 690여 평의 작은 섬으로 사유지이며 무인도이다.

섬, 세 시간 삼십 분

해안선 4.1킬로미터 작은 섬
달리도達里島가 지척에서 외로움 달래주고 있다
왼편 멀리 천사대교가 보였다

외달도外達島 머무는 세 시간 삼십 분
촘촘하게 한 바퀴 걸어 한 시간이 마디게 지나갔다
파도 소리에 귀 기울이던 찔레꽃 찔레꽃들

바다 쪽으로 기우뚱했다
찔레꽃 향기 아카시아 향기에 밀려
작은 산길 가로지르는 까투리 꽁무니를
빠른 걸음으로 따라 붙었다
춘정春情에 물든 장끼 숲으로 급하게 날아올랐다

등대 외진 곳으로 두 번째 발길을 돌린다
바다에 발 담그고 있던 등대
발목까지 보여주며 반겨준다
등대의 허리 어루만지며

그래도 한 시간을 더 보내야 한다
외달도 해수욕장 모래알을 세듯 걸었다
백사장 끄트머리까지 밀려
파란색 20리터 물통의 끈에
입 벌리고 생을 마감한 홍합
줄줄이 매달려 있다

앞산 뻐꾸기 가까운 듯 길게 울었다

세월호는 녹슬고 있다

외달도에서 목포로 나오며 선장이 목포 신항에 거치돼 있는 세월호 내부도 볼 수 있다고 말해서 목포 신항에 갔다. 코스 이탈이라 시간을 절약하려고 택시를 탔다. 육십대로 보이는 택시 운전수는 다혈질이었다. 세월호에 대처하지 못한 박근혜와 당시 정부를 비난했다. 추미애와 윤석열의 싸움을 보고만 있던 문재인을 비난했고, 대장동과 김부선의 관계에 솔직하게 사과하지 않는 이재명을 비난했다. 대장동과 김부선의 관계가 없다고 믿는 국민이 있느냐고 목소리를 높였다. 지역색이 깊은 지역이라 행여 택시기사와 쓸데없는 논쟁이 벌어질까 봐 박근혜 탄핵 촛불집회에 손을 호호 불며 열한 번 중 아홉 번이나 나갔다는 말만 했다.

신항에 있는 녹슨 세월호는 폐기된 작은 증기기관차처럼 보였다.

세월호 내부는 선체 인양 후 잠시 개방했다고 한다. 벌겋게 녹슬어 가는 세월호의 외관이 마치 폐기된 작은 증기기관차처럼 보였다. 그 배 안에서 많은 학생이 생을 마감하고, 유가족과 온 국민을 아픔으로 몰아넣었다. 항만 밖의 담장 울타리에 걸린 수많은 노란 리본도 누렇게 퇴색했다. 그 아픈 역사를 기억하고 다시는 이런 일이 일어나지 않기를 기원하며 세월호는 녹슬고 있다. 지금은 녹만 슬었지만 점점 세월이 흘러 부식되면 그대로 방치할 것인지. 화려한 색상의 도색은 아닐지라도 선체를 보호할 내가 알지 못하는 무슨 대책은 없는지, 괜한 오지랖을 떤다.

초의선사 생가터

코스를 이탈하여 목포 신항에 거치된 세월호를 돌아보며 서해랑길 코스를 이탈했다. 다음 목적지는 초우선사 생가터다. 무안군 심향읍 왕산리 봉수산 자락 생가터에 초가로 된 생가, 추모각, 추모비, 유물전시관, 다도관 등이 있다.

초의선사(1786~1866)의 법명은 의순(意恂), 법호는 초의(草衣)이며 당호는 일지암(一枝庵)이다. 선사는 유배 온 스물네 살 손위의 다산을 스승처럼 섬기며 유학과 실학정신을 계승하였다. 소치 허련(1809~1892), 그리고 평생 친구인 추사 김정희(1786~1856) 등과 깊은 교류를 통하여 도교는 물론 유교 등에도 능통했다.

열다섯 살에 출가하여 대흥사 일지암에서 수행하면서 선사상과 차에 관한 저술 등으로 족적을 남겼다. 이곳에서 소치 허련 선생이 초의선사와 추사 김정희에게 그림을 배웠다고 전해진다. 초의선사는 다도를 정립하여 다성(茶聖)으로 추앙받는다. 선사는 동다송(東茶頌)을 지어 우리 차를 예찬하였다.

초의란 풀로 만든 옷이다. 선사의 소박한 정신과는 달리 전반적인 시설이 거창하다. 복원된 선사의 초가와 어울리는 시설물을 찾는 것이 어려웠을까?

해설사가 혼자인 내게 해설해주겠다고 했지만 혼자서 듣는 것도 부담스럽고 시

초의선사 생가. 댓돌 위 한편에 하얀 신발이 다소곳이 놓여 있다.

간도 부족해 사양했다.

숙소가 있는 청계면까지 쉬지 않고 급하게 걸었다. 걷는 도중에 잠이 부족하여 졸음까지 왔다. 피곤이 밀려들었다. 오늘 저녁 컨디션을 점검하여 내일 올라가야 하나 고민하다가 가능하면 내일까지 하루 더 걸어야 한다는 생각 쪽으로 추가 기울었다.

무안에 이용률 전국 꼴찌의 국제공항이 있다

무안에 공항이 있다. 그것도 국제공항이라니? 무안에 있는 국제공항의 이용 승객이 얼마나 될까 궁금했다. 우선 접근성이 어렵지 않은가? 승용차로 30분 거리에 광주공항도 있다. 무안공항도 정치 논리에 휘둘린 것이다. 김대중 정부 시절 실세인 한화갑 전 민주당 대표가 공항 건설을 주도했다. 국비 3000억을 들여 2007년 개항

했는데 활주로 이용률이 0.1퍼센트로 전국 14개 공항 중 꼴찌란다. 지난해 적자가 200억 원 수준이고 최근 10년간 순손실이 1300억 원을 넘는다고 한다. 지금까지도 문제지만 앞으로는 어떻게 할 것인가?

무안공항 이용률이 저조하여 정부는 공사비를 2조 원이나 투입하여 KTX 호남선을 무안으로 연결하는 호남고속철도 공사를 진행하고 있다. 2025년 말 개통이 목표라지만 전북 주민들은 국제선을 이용할 때 청주공항이나 인천공항을 이용하고 전남 동부권 주민들은 김해공항을 찾는다. 수요와 공급이 맞아야 이용객도 편리할 터인데 이 또한 무안공항 활성화를 위한다는 이유로 또 다른 예산 낭비가 아닌지 따져볼 일이다. 경제성을 무시한 결과 '세금 먹는 하마'로 전락한 공항은 어찌할 것인가?

그런데 공사비가 8077억이나 소요되는 새만금 국제공항이 들어설 예정이란다. 국가 균형 발전을 명목으로 예타 면제 사업에 새만금공항 사업을 선정하였다. 활주로 한 개짜리 공항이 제대로 운영될 것인가? 무안공항, 군산공항과 중복된 공항 아닌가? 국토 균형 발전을 위한답시고 중복된 공항을 지을 것이 아니라 기업을 유치하는 것이 지역 발전에 도움이 되지 않겠는가? 도대체 정치하는 분들은 무슨 생각을 가지고 일하는지 모르겠다. 부산 가덕도공항은 또 어떻게 진행되는 것인지?

선거 때 표만 의식해서 이런 오류를 범하는 건 국민을 우습게 보는 행위이다. 새만금은 넓은 간척지 활용 측면에서 그런 것인지? 광주 군공항 이전도 검토하고 있단다. 광주공항 이전과 무안공항 활성화, 그리고 새만금공항 건설은 패키지로 종합적인 검토와 대책이 선행되고 시행되어야 할 일이다. 이런 것을 국민이 걱정하는 나라가 대한민국이다.

무안 뻘낙지 연포탕

무안군 청계면을 걷는데 승달이라는 상호가 두 개 눈에 들어왔다. 주민에게 물어 보았다. 청계면의 주산이 승달산(僧達山)이라고 한다. 궁금증 하나가 풀렸다.

무안 청계면과 몽탄면의 경계를 이루는 승달산은 해발 332미터로, 무안에서 제 일 높은 산으로 백두대간의 서남부 마지막 지류이다.

영조 때 각 읍지를 모아 책으로 엮은 ≪여지도서≫에 따르면 고려 인종(1122) 때 "송나라 때 임천사 승려 원명이 바다를 건너와 이 산에 풀을 엮어 암자를 짓고 교 세를 크게 떨쳤다. 그를 찾아온 제자 500여 명이 깨달음을 얻어 승달산이라는 이 름이 붙여졌다"고 한다.

무안읍 도로명 주소에도 승달로가 보여서 중년 여자에게 짐짓 승달로를 물었다. 모른다는 답이 당연하다는 듯 나를 쳐다본다. 무안에 살고 있는 그 사람은 승달로 를 어디서 유래되었다고 생각할까? 아니면 그냥 의미도 알지 못하면서 승달로만 외 치고 있을까? 그에게 승달산에서 유래된 승달로 사연을 말해주고 싶은 것을 오지 랖인 것 같아 참았다.

택시정류장에서 택시기사에게 승달산을 물어보았더니 등산할 거냐고 묻는다. 읍 내 왼쪽 산을 따라가면 청계면에 있는 승달산과 연결된다고 친절하게 말해준다. 주 민이라면 지역의 주산인 승달산이나 거기서 지어진 승달로는 알아야 하지 않을까 하는 생각을 해 본다.

논길과 밭길을 걸었다. 모내기가 한창이다. 지금은 기계로 모내기하는 시대이다. 줄을 띄우고 모내기하던 시절이 생각났다. 모내기 지원봉사를 하던 군 시절에는 그 일이 즐거웠다. 서로 모를 잘 심지 못하니 힘들지 않게 모내기하고 민가에서 마련해 준 꿀맛 나는 들밥만 탐했다.

제대 후 복학하기 전 모내기철에 젊은 놈이 빈둥거리기는 낮이 뜨거워 어머니와 한나절 교대하러 모내기를 나갔다. 길지 않은 시간인데 너무 힘이 들었다. 주어진 구간이 없고 옆 사람과 손을 맞춰 못줄에 맞춰 모를 심어야 하는데 내가 느리니 옆 사람이 모를 더 심어야 한다. 신경이 쓰여 허리를 펼 시간도 없이 모를 심어도 늦다. 팔꿈치를 들고 심어야 빠른데 힘이 들어 팔꿈치를 무릎에 올려놓으면 고름을 짜냐고 핀잔을 받았다.

오늘도 빵 한 개와 건빵으로 점심을 때우며 오후 4시까지 걸었다. 무안군 운남면 소재지에 횟집이 보인다. 식당에 들어서니 손님 한 명이 술을 마시고 있다. 횟집이라 따로 주문할 음식이 없다. 지친 배도 달래고 체력도 채울 겸 연포탕을 시켰다. 먼저 나온 죽이 시장기를 달래준다. 무안 뻘낙지는 유명세를 탄 해물이다. 주인 남자가 직접 뻘에 나가 잡았다는 낙지가 엄청 크다. 낙지를 잡은 날은 연포탕을 팔고, 잡지 못하면 팔지 않는다고 한다. 다른 지역에서 잡은 것을 사다 팔아도 누가 뭐라고 할 일도 아닌데 주인 남자가 조금 고지식해 보였다. 술이 취해 있는 남자 주인은 자신이 올해 회갑이라고 했다.

서해랑길 안내 표시는 다양하다. 표지판은 시작 시점에 코스도가 있는 입식 안내도가 있고, 중간 중간에 전주나 건물 벽면에 작은 입간판 형태의 안내판, 이정표처럼 거리를 표시한 안내, 그리고 벽이나 전주 등에 화살표 형태로 붙인 것과 나무나 전주 등에 걸어놓은 리본 형태가 있다.

주인이 내 옆에 오더니 손님인 내게 소주 한 병을 사 달라고 한다. 다른 때 같으면 무슨 소리냐고, 말이 되느냐고 했겠지만 그러라고 했다. 그는 소주 한 병을 냉장고에서 꺼내더니 소주잔을 내게 먼저 내밀었다. 덕분에 소주 세 잔을 주거니 받거니 마셨다. 연포탕을 배터지게 먹었다. 거기다 이왕 술에 발동이 걸렸으니 맥주 한 병까지 더 마셨다. 술배가 따로 있다더니 그런지 모르겠다.

운남면에는 모텔이 없어 무안 읍내로 숙소를 찾아 이동해야 했다. 식사를 마치고 식당에서 가까운 곳에 있는 버스정류장으로 향했다. 주인 여자가 헐레벌떡 양파즙 다섯 봉지를 들고 쫓아 나왔다. 마음이 얼굴만큼 곱다.

버스를 타고 무안 읍내로 들어와서 내일 올라갈 버스 시간을 보니 서울 가는 버스가 하루 세 편 있다. 그 밑으로 인천과 부천 가는 버스도 세 편이나 있다. 인천과 부천에 호남인이 많이 살고 있다는 증거일 것이다. 내게는 행운이다. 배가 든든하여 저녁을 건너뛰어도 될 듯했다. 맥주 한 캔을 들고 숙소에 들어왔다. 결국 오늘은 한 끼 식사로 하루를 때웠는데도 배가 든든하다.

630년 전에 세워진 무안향교

지역적으로 좁은 목포가 무안군에 통합하자고 이야기해도 지역 이기심 때문에 되지 않는단다. 목포는 적극적이지만 무안은 절대 반대란다. 통합되어도 득이 되는 게 없다는 논리다. 여수와 여천의 통합이나 삼천포와 사천의 통합, 마산 창원 진해의 통합은 무엇인가? 물론 통합이 좋은 것만은 아니지만 서로 상생하며 발전할 수 있다면 적극적으로 검토해 볼 일이다.

아침을 편하게 먹을 수 있는 곳은 김밥천국이다. 30여 가지 음식을 취급하여 맛은 없지만 먹을 수 있는 것만으로도 감사했다. 어제 연포탕을 먹은 힘이 남아 있는지 된장찌개에 공기밥을 반이나 남겼다. 지금도 남도 지방에서는 새끼를 낳거나 병치레하는 소에게 낙지를 먹인다. 낙지는 기를 더해주고 피를 보충해주는 귀한 음식이다. 내 고향 안성에서는 여름을 타는 소에게 뱀을 풀에 싸서 먹였다. 초식동물인 소가 육식을 하는 건 살기 위한 고육지책이었는지 모른다.

식사 후 두 시간 정도 시간이 남아 무안향교에 가보기로 했다. 환경미화원을 만나 물으니 친절하게 교육청 뒤편에 있다며 가는 길까지 상세하게 안내해준다. 무안 읍내에 사는 일반인들이 무안향교가 어디에 있는지, 무엇을 하던 곳인지 아는 사람이 얼마나 될까? 나도 고등학교 다닐 때까지도 안성향교가 뭐하는 데인지 알지 못했는데, 안성 명륜중학교가 향교의 명륜당에서 차용한 것도 한참 후에 알았다. 모든 세상사는 관심이 있어야 알게 된다.

향교는 고려시대에 비롯하여 조선시대에 계승된 지방의 교육기관이다. 서울에 성균관과 4부학당이 있었다. 국가가 운영하는 관학 교육기관이었다. 이에 비해 서원(書院)은 개인이 설립한 사학(私學)으로, 퇴계 이황이 세운 도산서원이나 서애 류성룡이 세운 병산서원 등이 있다. 향교는 임진왜란과 병자호란 후에는 교사(校舍)의 훼손, 재정의 궁핍으로 퇴보했으며, 서원의 성세(盛勢)에 압도되어 지리멸렬해졌다.

향교의 배치는 배향 공간과 강학 공간을 배치하는 형태에 따라 크게 둘로 나누어진다. 향교가 자리 잡은 대지가 평지인 경우는 전면에 배향 공간인 대성전이 온다. 대성전에는 공자를 비롯하여 4성(四聖),* 공문 10철(哲),* 송조 6현(賢)*과 신라에서 조선에 이르는 동국 18현*의 위패를 모시고 배향한다. 향교의 규모에 따라 배향하는 규모가 축소되기도 한다.

후면에 강학 공간인 명륜당이 오는 전묘후학(前廟後學)의 배치를 이룬다. 명륜당

---

*4성: 안자, 증자, 자사, 맹자
*공문 10철: 공자 제자 중 10명. 민손, 염경, 염옹, 재예, 단목사, 염구, 중유, 언언, 복상, 전손사
*송조 6현: 중국 송나라 때 6명의 학자. 주돈이, 정호, 정이, 소옹, 장재, 주희
*동국 18현: 신라·고려·조선시대를 거치면서 나라의 최고 정신적 지주에 올라 문묘에 종사된 18명의 유학자로 동방 18현이라고도 한다.
　　　동배향(1위~9위): 설총, 안유, 김굉필, 조광조, 이황, 이이, 김장생, 김집, 송준길
　　　서배향(1위~9위): 최치원, 정몽주, 정여창, 이언적, 김인후, 성혼, 조헌, 송시열, 박세채

앞 동쪽과 서쪽에 학생들이 공부하고 숙식을 하는 동재와 서재를 둔다.

대지가 경사면일 경우 높은 뒤쪽에 배향 공간을 두고 전면의 낮은 곳에 강학 공간을 두는 전학후묘(前學後廟)의 배치를 한다.

무안향교는 태조 3(1394)년에 무안읍성의 남쪽 공수산(현재의 남산)에 세웠으나 호랑이가 자주 나타나서 성종 1(1470)년 현재의 자리로 옮겼다. 여러 차례 보수를 거쳐 지금에 이르렀다. 경사진 곳에 있어 앞쪽에 명륜당을 중심으로 강학 공간이 있다. 뒤편으로 대성전을 중심으로 배향 공간을 둔 전학후묘의 배치 형식을 따르고 있다. 대성전에는 5성, 송조 2현, 동국 18현의 위폐가 봉안되어 있다.

무안읍 향교길20에 위치한 무안향교에 아침 안개가 자욱하다. 1394년 공수산 언덕에 건립되었다가 1470년 현재의 위치로 이전되었다.

04. 걸어서 돌아온 섬나라 신안군

지도읍 송도리 어판장

목포에 온 김에 코스를 이탈하여 흑산도에 가보고 싶었다. 전에 홍도에 다녀오며 그냥 지나친 것이 두고두고 후회가 되었다. 어제 저녁 인터넷으로서 확인한 바로는 흑산도행 10시 30분 출발하는 배가 있다. 아침 9시에 목포역에 도착해 김밥집에서 아침을 먹었다. 여객터미널 앞에서 서울서 왔다는 여든 살의 노인이 아침 먹을 곳을 물었다. 다른 곳에서는 혼밥 손님은 받지 않으니 길 건너에 있는 식당에 가라고 알려주었다. 지난번 외달도 갈 때 혼밥 손님이라고 몇 번 거절당하고 아침을 먹은 식당이다.

터미널에 올라가보니 첫배는 아침 7시 30분, 두 번째 배는 오후 1시에 출항한다. 코로나 때문에 배편이 조정된 모양이다. 예정에 없는 흑산도를 가기 위해 세 시간이나 기다릴 수는 없었다.

정상적인 걷기 모드로 전환했다. 오늘 출발 지점인 무안군 현경면까지 택시를 이용했다. 아침을 김밥집에서 간단히 먹은 터라 걸으면서 적당한 식당이 나오면 이른 점심을 먹으려고 했는데 횟집이 나타났다. 혼자 먹을 수 있는 것은 낙지비빔밥과 계장백반이라고 한다. 계장백반은 비릿한 맛 때문에 내가 유일하게 먹지 않는 음식이다. 달리 선택할 음식이 없다. 빈 그릇에 담겨서 나온 낙지가 한물간 모습으로 흐늘거렸다. 물론 꿈틀거리지도 않았다.

"사장님 낙지가 신선하지 않은데요?"

"조금 전 손님에게 사용하고 남은 겁니다."

밥을 반만 넣어 비벼서 먹는 내내 신경이 쓰였다.

"잘 드셨어요?"

계산대 앞에서 주인 여자가 인사치레로 말한다.

"별로요."

이미 식사는 마쳤고 말하기 싫어서 짧게 대꾸했다. 식사를 마치고 낙지가 한물갔다고 말해 봤자 소용없는 일이다.

"날것을 못 드시면 익혀서 드릴 건데."

산낙지 잘 먹거든요. 낙지가 신선하지 않아서요. 속으로 삭이며 대꾸하지 않았다. 여덟 살 된 손녀 연서까지 포함하여 꿈틀거리는 낙지는 온 식구들이 마다하지 않는다.

걷는데 배가 살살 아프더니 결국 배탈이 났다. 간신히 참고 걷다 바닷가 빈 집을 발견했다. 그곳 화장실을 요긴하게 이용했다. 내 뱃속은 맞지 않는 음식이 들어가면 즉시 반응하는데, 그게 오히려 좋을 때도 있다. 몸에서 미리 밀어내서 큰 탈을 막아주기 때문이다. 나는 아침에 고기류를 먹으면 속이 편하지 않아 먹지 못하는 아주 별스러운 위를 가지고 있다.

무안에서 연륙교를 건너 신안 지도읍을 지나는데 날이 저문다. 지도읍 송도리 어판장 근처에 있는 숙소에 들었다. 높은 언덕 위에 있어 검은 바다 풍경이 내려다보인다. 배낭을 숙소에 두고 나오니 어느새 저녁 8시다. 회를 떠서 먹을 수 있는 어판장은 벌써 영업을 마쳤다. 영업을 하고 있는 횟집에 들렀다. 손님 세 팀이 회를 안주로 술을 마시고 있다.

"혼자 먹을 수 있는 음식이 있나요?"

"낙지비빔밥과 민어회덮밥 됩니다."

"민어회덮밥은 얼마죠?"

낙지비빔밥은 어제 저녁에도 먹고 오늘 점심때도 먹었다. 점심때 먹은 것은 배탈까지 불러왔다. 다시 그 음식을 먹기 싫었다. 모처럼 여름 별미 보양식 민어 맛을 볼까 하고 물었다. 메뉴판에 민어회덮밥은 보이지 않았다.

"얼마를 받아야 하나? 4만 원은 받아야 하는데요."

민어 값에 따라 민어회덮밥 가격이 수시로 변하나 보다. 주인 남자가 대답하는데 잠시 뜸을 들였다.

민어가 고급 어종이고 비싼 생선이지만 4만 원이나 하는 회덮밥은 선뜻 내키지 않았다. 회덮밥에 민어가 얼마나 들어갈지도 가늠되지 않았다. 대신 5만 원 하는 병어회를 시켰다. 밥 반 공기를 먹으며, 안주가 있으니 맥주 한 병에 소주 한 병을 마셨다. 술이 늘었는지 몸 상태가 좋은 건지 평소 주량을 넘었는데 취기가 느껴지

경매가 이루어지고 있는 신안 송도어판장. 신안군 일대에서 잡히는 민어, 병어, 새우, 건어물 등이 유통되며, 국내 젓새우 생산량의 70%가 이곳에서 유통된다.

지 않는다.

다음날 신안 송도 어판장 경매를 보려고 서둘러 일어났다. 아침 일곱 시 어판장에 사람들이 그득하다. 몇 시에 경매를 시작했는지 물건의 반은 이미 지나갔다. 생선 위에 경락자의 이름을 쓴 종이가 얹혀 있다. 경매사의 빠른 목소리에 정신이 없다. 귀를 기울여 봐도 생소하다. 도무지 알아들을 수 없다. 처음 본 광경이다. 서대라는 생선을 먹어본 적은 두어 번 있지만 직접 본 것은 처음이다. 박대라는 생선도 있다. 박대는 이름만 들어본 생선이다. 게와 탱탱하게 살이 오른 갑오징어, 등이 푸른 고등어는 더 싱싱해 보인다.

여름 보양식의 대표라는 민어도 보았다. 민어는 1킬로그램당 4만 원이라니 비싸긴 비싸다. 그래도 어제 횟집에서 민어회덮밥을 4만 원 받는다고 한 것은 너무했다. 회는 물론 구이나 찌개 그리고 찜 등 조리 방법이 다양한 병어가 상자에 그득하다. 코로나 이전에는 6월 초 이곳에서 병어 축제도 열렸다고 한다. 어판장 한편 드럼통에는 새우젓과 밴댕이 젓갈이 그득하다. 소래포구에서 본 새우젓 규모는 장난 수준이다.

몸값 비싼 토판염

생선 어판장의 와자함을 뒤로 하고 증도(甑島)로 들어섰다. 증도는 물이 귀하여 물이 '밑 빠진 시루'처럼 스르르 새어 나가 버린다는 의미의 시루섬이었다. 그래서 지명에 시루 증(甑) 자를 쓴다.

증도는 오염되지 않은 넓은 갯벌과 염전 등의 습지가 있어 국제적으로 람사르습지, 유네스코 생물권 보전 지역으로 지정되었고, 습지 보호 지역 및 도립공원으로 관리하고 있다.

증도에 가려면 다리를 넷이나 건너야 한다. 무안군 해제에서 지도로 가는 다리를 건너, 지도에서 다시 다리를 지나면 서남해안 최대의 수산물 어판장이 있는 송도다. 아침에 본 어판장이다. 송도에서 다리를 건너면 사옥도, 그리고 사옥도에서 증도대교를 건너야 한다. 다리가 생기기 전에는 육지에서 멀지 않지만 섬이라서 교통이 엄청 불편했을 터였다.

전국 천일염 생산량의 78퍼센트나 되는 신안 소금을 차도선(車渡船)이 대형차를 싣고 와 소금을 수송하게 되었다. 2004년 지도대교(사옥대교)가 완공되어 사옥도 지신개선척장에서 증도 버지선착장까지 배가 운행되어 증도 관광객이 증가했다. 증도에 들어서니 곳곳에 보이는 것이 염전이다.

두 시간 걷다가 안내센터가 있어 잠시 쉴 겸 들어갔다.

"서해랑길 걸으세요?"

안내센터에 있는 중년 여자가 물었다.

"예, 그런데 안내센터에 그 흔한 자판기도 없어요?"

"커피 드시겠어요?"

여자는 믹스커피 한 잔을 타서 건네준다. 고마워서 시집 한 권을 내밀었다. 커피 한 잔을 마시면서 이야기를 나누는데 광주에 산다는 딸이 버스에서 내렸다. 광주에서 기간제 교사를 하는데 그곳에서 증도에 오는 버스가 하루에 한 번 있단다. 그녀의 표정이 밝아 보였다. 모녀의 대화도 정겨웠다. 안내센터를 떠나며 식당을 물었더니 직진하면 시골밥상이란 음식점이 있다고 알려준다. 얼마쯤 걸어가야 하냐고 물으니 거리는 가늠해 보지 않아 모르겠다고 한다.

2킬로미터쯤 걸어도 식당은 보이지 않고 들판만 이어지다 삼거리가 나타났다. 서해랑길 안내 리본이 이쪽이라며 왼편에서 나풀거렸다.

삼거리에 있는 소금 파는 가게에 들어갔다. 식당을 묻기 위해서이지만 4년 된 토판염 500그램을 샀다. 500그램이 1만 원이면 싼 값은 아니다. 숙성 연도에 따라 값은 더 올라갔다. 일본이 원자력 오염수를 방류하면서 일반 천일염은 물론 토판염 가격도 크게 올랐다.

토판염은 갯벌에서 만드는 소금이다. 옛날 염전은 모두 토판염이었다. 비닐이 흔해지면서 비닐이나 장판을 깔고 생산하는데 이걸 장판염으로 구분해서 부른다. 토판염은 불순물을 거르는 간수 과정을 거치며 불순물이 대부분 제거된다고 한다. 토판염은 일반 천일염에 비해 나트륨 함량이 적어 염도가 낮고 쓴맛이 적고 풍미가 뛰어나다고 홍보한다. 일반 장판염을 생산하는 사람들 말에 따르면 토판염과 장판염의 성분 차이는 미미하지만 값은 토판염이 두 배 비싸다. 항아리에 있는 토판염을 한 알 입에 넣어보았다. 짜지만 단맛이 났다. 비싼 값을 하는 듯하다.

2013년에 사진을 배우며 변산에 출사 왔을 때 곰소소금 10킬로그램을 사왔는데, 아직 조금 남아 있다. 한 공기쯤 남은 소금에도 감칠맛과 단맛이 났다. 그래서 이제는 천일염 예찬론자가 되었다.

주인 남자에게 식당을 물었다. 그는 직진하면 시골밥상이란 식당이 있다고 말한다. 왼쪽으로 가야 하는 서해랑길 코스인 소금박물관 쪽에 식당이 있는지 물었더니 그쪽은 모르겠다는 말에 1.5킬로미터 넘게 직진해 시골밥상에서 망둥어탕을 먹었다. 추어탕처럼 망둥어를 갈아서 나오는데 처음 먹어보는 음식이다.

젊은 주인의 망둥어탕에 대한 자부심이 대단하다. 추어탕은 대부분 양식이지만 망둥어탕은 모두 자연산이란다. 갈았다고 하지만 잔뼈들이 많이 씹혔다. 뼈가 미꾸라지보다 억센 것인지 아니면 덜 갈아서 그런 것인지 모르겠다.

장흥에서 만났던 백재국 씨가 보내온 망둥어를 통째로 끓어서 먹으니 먹을 살은 없고 억센 뼈만 보였는데, 냉동실에 보관해둔 망둥어를 갈아서 제대로 된 망둥어탕을 흉내라도 내보아야겠다.

식사를 마치고 소금박물관 쪽으로 가기 위해 삼거리까지 다시 걸었다. 점심을 먹으려고 왕복 3킬로미터를 걸었다. 조금 허탈하기는 하지만 소금박물관 쪽에 식당이 없는 것을 확인한 순간 3킬로미터 걸어 점심을 먹은 게 잘한 일이란 생각이 든다.

태평염전의 소금박물관

소금박물관은 140만 평이나 되는 국내 최대 염전으로 근대문화유산 360호로 등록된 태평염전 입구에 있다. 1953년 태평염전을 조성할 때 지은 석조 소금 창고를 리모델링하여 박물관으로 탈바꿈했다. 이곳에서 소금의 어원을 처음 알았다. 작은 금에서 유래했다는 소금이다. 유리 바닥 아래 소금으로 만든 순백색 다양한 조각들이 보였다. 천일염 속에 미네랄이 무려 88종이나 들어 있다고 한다. 소금박물관 건너편에서 토판염을 판다. 그 옆에 있는 작은 가계에서 소금 아이스크림을 팔았다. 맛이 궁금했다. 아이스크림에 빨간 가루의 소금이 들어 있다. 잘 섞어 먹어야 단맛과 짠맛이 어우러진 그야말로 '단짠'의 묘한 맛을 음미할 수 있다.

1948년 염전 설립 초기의 소금 창고를 리모델링하여 2007년 개관한 소금박물관

태평염전은 462만 평방미터 규모로 국내 최대 규모다. 국내 소금 생산량의 6퍼센트를 이곳에서 생산한다. 소금밭은 67개로 나뉘어 있고, 소금 창고 67동이 길게 늘어서 있다. 태평염전 들머리에 있는 소금박물관은 국가등록문화재로 지정되었다.

태평염전을 지나 왕바위 선착장에서 자은면 가는 2시 배를 타기 위해 태평염전의 여러 시설을 건너뛰었다. 자은도에 도착하는 데 배로 15분 정도 걸렸다. 내려서 콜택시를 부르려던 참인데 킥보드를 타고 온 젊은 친구가 차를 탈 거냐고 묻더니 먼저 가서 버스를 잡아주었다. 손님은 달랑 나 혼자다. 자은면까지 차를 타고 다시 환승하여 1004번 버스를 타고 목포로 돌아왔다. 내일 흑산도에 들어갈 예정이므로 여객터미널 근처에 숙소를 잡았다.

만호동 해산물 거리의 맥주 축제

저녁에 홍어애탕을 먹고 목포 시내를 거닐다가 만호동 해산물 거리에서 벌어지고 있는 의미 있는 행사를 보았다. 4월 30일부터 8월 6일까지 매주 토요일 5시부터 10시까지 1만 원에 생맥주를 마음껏 마실 수 있는 행사다.

'1897 건맥 펍 土夜好 토요일은 밤이 좋아'란 현수막이 걸려 있다. 건맥 1897 협동조합 주최, 후원 단체는 목포 MBC, 목포해산물상인회 등 여러 업체다. 1897이란 숫자에 그처럼 오래 전에 생긴 맥주집인가 잠시 혼란스러웠다. 1897년이 목포 개항 연도라는 말에 혼자 실소했다. 아무튼 지역 행사에 목포 개항을 잘 접목시켰다는 생각은 들었다. 이면 도로에 자리 잡은 넓은 좌석에는 벌써 사람들이 꽉 차서 서서 구경했다. 밴드 공연으로 몇 곡의 노래를 들려주었다. 그냥 서서 맥주 마시는 광경을 보는 것이 어색해 티켓을 구입했다. 안내하는 젊은 여자가 손목 밴드를 붙여주며 행운권 티켓을 주었다. 그냥 재미삼아 추첨권을 함에 넣었다. 안주는 팔지 않아 인근 가게에서 준비해야 했다. 맥주 한 잔을 가져와 건물 옆 탁자만 놓인 좌석에 서

만호동 해산물 거리 행사를 알리는 土夜好 현수막

외국인까지 토요야 행사에 참석하여 자리를 채우고 있다.

서 마셨다. 편의점에서 산 콘칩이 안주다. 콘칩은 맥주 안주로 잘 어울린다.

사회자가 맥주 빨리 마시기 대회를 한다고 소개한다. 여자들이 먼저 하고 그 다음에 남자들이 했다. 얼음장처럼 찬 맥주를 단숨에 들이붓는 실력이 놀랍다. 우승자는 남자 여자 모두 몸집이 있는 사람들이다. 몸집이 좋아야 맥주를 잘 마시나 보다.

노래자랑을 한다고 하니 손을 든 참가자들이 앞으로 나갔다. 참가자 모두 거침이 없다. 밴드에 맞추어 부르는 노랫소리에 길거리 맥주 파티는 절정을 이룬다. 앉아 있는 사람들이 따라서 떼창을 한다.

다음으로 이어지는 행운권 추첨. 행운권 번호를 부를 때마다 손목 밴드의 번호를 확인했다. 세 번째 추첨에 난생 처음으로 당첨되는 행운이 있어 횡재를 한 셈이다. 1만 원을 내고 맥주를 마음껏 마시고 상품까지 받았으니 공짜 맥주를 마신 셈이다. 선물로 받은 여러 가지 일상용품이 담긴 대형 쇼핑백을 배낭에 넣을 수 없다. 이솝우화처럼 여우에게 호리병에 음식을 담아준 격이다. 내 오른편에 서 있는 젊은 부부에게 주었다. 서울에서 왔다는 그들 부부는 무척이나 좋아했다.

시간이 지나면서 빈자리가 생겼다. 옆에 서 있던 젊은 부부가 자리에 앉자 나도 옆에 앉았다. 옆좌석 나이가 지긋한 부부가 화곡동에서 왔다며 말을 걸어왔다. 이야기 상대가 있어 맥주를 여섯 잔이나 마셨다. 걷기 여행하며 만난 즐거운 횡재였다.

숙소에 돌아와 내일 흑산도를 가기 위해 잠을 재촉했다.

흑산도는 다음 기회에

서해랑길 코스를 이탈하여 흑산도에 가려고 아침부터 서둘렀다. 이른 시간이라 아침은 포기하고 준비했던 컵라면을 먹었다. 목포 여객선터미널에 도착해 보니 풍랑주의보가 내려 먼 바다로 가는 배는 모두가 운항이 취소되었다. 도보 여행길이나 제대로 가라는 하늘의 뜻이다. 가급적 코스 이탈은 하지 않으려 했지만 이번에는 조금 당황스러웠다. 꿩 대신 닭이라고 연안의 작은 섬이라도 갈까 생각했지만 조금씩 내리는 비가 망설이게 했다.

서울에서 흑산도에 가려고 내려왔다는 노부부가 여객터미널에서 실의에 찬 표정으로 캐리어를 끌고 내게 이것저것 물어본다. 나는 외달도와 유달산에 오른 경험을 말해주며 지역 정보에 아는 체를 하였다. 유달산에 올라가 케이블카를 타면 고하도까지 갈 수 있고, 해안 데크길이 좋다고 알려주었다. 고하도는 가지 않고 유달산에서 내려다보며 마음으로만 느낀 선지식이다. 그들은 캐리어를 끌고 다니는 것이 신경이 쓰이는 듯 맡길 곳을 물었다. 역에 있는 물품보관소를 말해주었지만 캐리어가 커서 안 될 듯했다. 나라면 인근 식당이나 작은 가게에 부탁할 텐데.

인천에서 왔다는 60대 중반 남자. 작은 배낭을 메고 있는 그는 홍도에 가려고 어젯밤에 내려왔다고 한다. 그는 하늘이라도 무너져 내린 듯 허탈해하며 목포역으로 발길을 돌렸다.

세상일이란 이렇게 엇갈리는 것이다. 아무 것도 아닌 일이 틀어지기도 하고, 생각지도 않은 일이 아귀가 척척 맞기도 한다. 나의 흑산도행 계획도 그렇다. 처음 홍도에 갈 때는 흑산도는 계획에 없었다. 진급에 누락되어 사직서를 던지고 목포행 기차를 탔던 무작정 여행이었다. 두 번째는 시간 착오로 가지 못했고 이번에는 풍랑으로 가지 못하게 되었다.

내일 아니 단 몇 분 후의 일도 알 수 없는 인생이다. 그래서 내일을 기대하며 사는 재미가 있는 것이리라. 여객터미널에서 나오니 비가 조금씩 내렸다. 우의를 입기는 번거로울 것 같고 우산도 쓰지 않았다. 분명 내 마음도 허탈했다. 카페라도 가서 마음을 달래고 싶었지만 카페가 보이지 않았다. 편의점에서 원두커피 한 잔을 마시고 목포역까지 터덜거리며 걸었다. 목표물을 잃어버린 사냥개 심정으로.

동네 사람도 이름을 모르는 태통산

버스 시간도 맞지 않아 택시를 타고 무안군 현경면에 있는 태통산(해발 55미터)까지 갔다. 택시기사가 그 근처에 사는데 산 이름을 처음 듣는다고 했다. 해발 100미터도 안 되는 산이니 모를 수도 있겠다. 기사는 자기가 사는 지역의 산도 모른다며 허탈한 웃음을 지었다. 안내표시도 없는 평지 같은 길을 올랐다. 이런 작은 언덕이 어떻게 산 이름을 가졌는지 의아했다. 태통산을 한 바퀴 돌아 나오니 다시 출발지점이다. 중간에 왼쪽으로 작은 길이 있는데 무심코 큰길만 따라온 것이 화근이다. 리본도 보이지 않아 네이버앱을 켰지만 보지 않았다. 혼자 멍청한 모습으로 웃는다. 그래 무슨 일을 하다 보면 진도는 나가지 않고 제자리만 뱅뱅 도는 일이 한두 가지인가? 거꾸로 가지 않은 것만도 다행 아닌가.

한 번 당하지 또 당할 수는 없다. 이번에는 앱을 수시로 확인하며 걷는다. 흐린 날씨라 걷기에 좋았다. 함평 돌머리 해변에 도착하니 어둑해진다. 걸어가며 식당과 숙소를 찾았으나 마땅치 않다. 펜션 전화번호가 있어 전화를 해 보지만 받지 않는다. 펜션 건물을 찾아갔더니 매매라는 현수막이 펄럭인다. 돌머리 해변을 지나는데 길옆에 민박집 전화번호가 보여 전화를 했다. 주인 여자가 몇 명이냐고 물었다. 혼자라니 주인은 얼마를 받나? 중얼거리더니 2층 투 룸인데 7만 원 달라고 한다. 규모에 비하면 싼 값이지만 식사가 되냐고 물으니 식사는 안 된단다. 알았다며 전화를 끊고 걸었다. 5분도 되지 않아 민박집 주인 여자에게서 전화가 왔다. 5만 원에 해주겠다고. 일단 저녁을 먹고 가겠다며 식당을 찾아 걸었다. 횟집이 하나 나타났다. 혼자 먹을 메뉴가 없다. 매운탕이 3만 원인데 식사는 따로 한 공기에 1000원이라는 말에 괜히 빈정이 상해 그냥 지나쳤다. 탕에 밥은 별도인 줄 알면서도 괜한 투정을 부렸다.

한옥촌이 나타났다. 20여 채가 넘는 듯하다. 한 곳에 값을 물어보니 7만 원이란다. 혼자서 이용하기에는 지나치게 넓다. 돌머리 해변 기준 2킬로미터쯤 걸어서 낙지를 전문으로 하는 식당에 들어갔다. 낙지의 고장 무안이라지만 혼자 먹을 수 있는 건 낙지비빔밥뿐이다. 점심때도 그걸 먹었는데 달리 선택의 여지가 없다. 식사하며 주인에게 근처에 숙소가 있느냐고 물었다. 옆 좌석에서 음식을 시켜놓고 기다리던 부부인 듯한 손님 중 남자가 이곳에는 숙소가 마땅치 않으니 함평읍까지 데려다준다고 한다. 걷다 보면 고마운 사람들을 많이 만난다. 어찌할까 잠시 망설였다. 민박집에 가겠다고 구두 약속도 했고, 연포탕을 시킨 손님은 식사를 마치려면 시간도 걸릴 것 같다. 남자에게 성의는 고맙지만 구두 약속한 민박집에 가야 한다고 했다. 민박집에 식사하고 가겠노라 전화하고 지나온 길을 다시 걸었다. 투룸에 싱크대, 거실까지 5만 원. 정말 호강하는 잠자리다. 샤워를 마치고 쇼파에 길게 등을 대고 프로야구를 시청한다. 그래, 때로는 생각지도 않은 이런 호강이 있어 살맛이 나는 세상이다.

다음날 이른 아침에 민박집을 나오는데 주인 내외가 텃밭에서 일을 하고 있다. 인사를 하자 여자는 손에 든 오이 하나를 건네준다. 걷다가 목마르면 먹으라고. 고맙다는 인사를 하며 민박집을 떠났다. 민박집에서 잠을 편하게 자고, 아침에 컵밥까지 먹었다. 거기다가 '세상에서 가장 작은 카페' 카누까지 한잔했더니 이제 저녁 식사를 하러 갔다 되돌아온 길을 세 번째 걷는데도 상쾌하다.

서해를 한눈에 보는 칠산대교 전망대

오늘의 일차 목적지는 멀리 희미하게 눈에 잡히는 칠산대교다. 눈에 보이는 거리가 18킬로미터다. 칠산대교는 무안군 해제면과 영광군 염산면을 잇는 1.82킬로미터의 해상교량이다. 2012년 12월 다리가 개통되어 두 군 간의 거리가 62킬로미터에서 3킬로미터로 가까워지고, 차량으로 접근성도 70분에서 5분으로 가까워졌다. 사람의 힘이 이토록 대단하다.

바닷가에 있는 칠산타워 이정표. 해변길 18킬로미터가 무척 지루하다.

방파제 길을 따라 걷는다. 칠산대교는 쉽게 손에 잡힐 듯 해도 쉽사리 좁혀지지 않는다. 아기자기함도 없고 꽤나 지루한 코스다.

영광 칠산타워는 향화도 선착장에 세워진 높이가 111미터로 전남에서 가장 높은 전망대이다. 사방이 유리창으로 되어 있어 서해의 섬들이 안으로 들어온다. 영광에서 무안으로 연결되는 칠산대교가 눈 아래 펼쳐진다. 타워 1층에 작은 어판장이 있다. 사람들이 횟감이나 매운탕거리를 사서 음식점으로 간다. 죽은 우럭은 매운탕거리가 3만 원, 광어 한 마리 회는 4만 원이다. 저녁도 아니고 점심이라 선뜻 메뉴 선정이 안 된다. 매운탕거리를 사도 양념값과 밥값을 더하면 4만 원이 넘는다. 매운탕을 먹어도 음식점에서 먹자는 생각으로 3층에 올라갔다. 대부분 횟집인데 생선구이라고 써 붙인 음식점이 있다. 생선구이를 먹을까 했는데 1인분은 안 된다고 한다. 멍게비빔밥이라도 먹어야 하나? 메뉴판을 둘러보았다. 서빙하는 여자가 백반도 된다고 한다. 8000원짜리 백반에 맥주 한 병을 덤으로 해도 싼 값에 해결한 점심이다.

식사 후 칠산대교를 건너서 무안 땅을 다시 밟고 돌아오고 싶은데 인도가 따로 없다는 말에 포기했다. 그냥 해변길을 걸었다. 염산면 월평마을에 이르니 날이 저문다. 가까운 곳에 숙소도 먹을 곳도 없다. 네이버앱으로 확인해 보니 버스 도착 정보도 확인되지 않는다. 백수읍으로 가면 내일 걷기가 편할 듯하여 영광 콜택시를 부르려고 전화를 했다. 콜센터 직원이 월평마을을 모른단다. 염산면 월평마을 버스 정류장과 도로명 주소 이외에 내가 있는 곳을 콜센터 직원에게 설명할 방법이 없다. 아마도 콜택시 영업이 맞지 않는 지역인 듯하다. 일정 거리가 되면 가는 요금만 받는데 거리가 짧으면 왕복 요금을 받는다. 왕복 받기가 애매한 거리인 모양이다. 안내하는 여자는 다른 곳의 번호를 알려준다. 여자가 알려준 곳은 전화를 받지 않는다.

백수읍은 15킬로미터, 영광읍은 20킬로미터다. 전화를 하며 10여 분 시간이 흐르는 사이 버스가 들어왔다. 영광까지 1000원에 가는 군내버스다. 또 횡재했다.

05. 선운산을 넘다

영광하면 굴비백반이지

영광읍의 깔끔한 모텔은 덤이었다. 편안한 하룻밤을 보내고 늦게 일어났다. 백수읍 가는 첫차가 아침 7시인데 무리하지 않고 8시 20분차를 타기로 마음먹으니 여유가 있다.

버스에 손님이 달랑 두 명이다. 기사에게 백수농협 내려달라고 말했는데 기사는 대답이 없다. 20여 분 지나 창밖으로 '백수'란 간판이 보이고 백수농협 150미터라는 표지판이 보였다. 옆에 있는 여자가 내리려고 벨을 눌렀다. 여자에게 여기가 백수농협이냐고 물으니 기사가 한마디 쥐어박는다.

"아따 말했으니 내려줄 테니 걱정 마세요."

괜히 무안했다. 물을 때 대답이라도 해주었다면 그토록 조바심하지 않았을 텐데. 백수농협 앞에 내리니 리본이 반겨준다. 백수읍사무소를 돌아 왼쪽 산길을 오른다. 날도 흐리고 아직 이른 시간이라 풀 향기가 좋다. 풀 향기 속에 또 다른 익숙한 향기가 났다. 남자들은 정액 냄새처럼 느끼는 비릿한 밤꽃 향이다. 여자들이 밤꽃 향을 좋아한다고 한다. '생리적으로 그렇다고 누군가에게선지 들은 기억이 난다.

법성포에 점심시간이 돼서 도착할 듯했다. 6월 중순이라 날씨가 덥다. 걷기 3일차인데 지친다. 몸이 말해주는 상태에 순응해야 뒤탈이 없다. 저녁 5시 55분에 무안에서 출발하는 인천·부천행 버스를 타고 집에 가야겠다.

법성포에 왔으니 굴비정식은 '묻지 마'이다. 음식점에 들어서며 혼자도 되느냐고 물었다. 나이 든 주인 여자가 굴비정식 대신에 보리굴비를 시키라고 한다. 나는 쓸데없는 고집을 부렸다. 굴비정식은 기분만 내는 거지 별로 색다른 음식이 아니다. 굴비찌개에 굴비구이 그리고 일반적인 반찬이다. 그래도 영광에 와서 먹지 않으면 두고두고 후회했을 것이다.

하루 일정이 끝나고 올라갈 일만 남았다는 핑계로 맥주도 한 병 마셨다.

법성포 시내 다리에 굴비 조형물이 튼실하게 살이 올랐다.

백제 불교 도래지

마라난타가 백제에 불교를 들여온 통로라는 법성포 불교 도래지 기념 시설이 엄청나다. 법성포에 불교가 전해지고 백제 최초로 지은 절이 불갑사라고 한다. 지금 불갑사에서 상사화 축제가 열리고 있다. 올해가 23회라고 하니 제법 오래된 축제이다. 아주 오래 전에 불갑사에서 지천으로 피어 있는 꽃무릇을 본 기억이 새롭게 떠올랐다.

만다라박물관에서 해설사의 안내를 들었다 익숙하지 않은 불교 용어지만 그래도 도움이 되었다. 불교 도래지에서 나와 주차장 가는 언덕배기 공터에서 색소폰 동호인들이 연주를 한다. 연주자들이 대부분 나이가 들어서인지, 아니면 처음 색소폰을 배우며 연주하는 노래인지 내가 아는 곡들이다. 나무로 만들어놓은 평상에 앉아 색소폰 소리에 묻혀 따라 불렀다. 큰 색소폰 소리에 내 목소리가 묻혀 버렸지만 기분이 좋아졌다.

색소폰 소리를 뒤로 남기며 언덕을 내려온다. 버스 시간을 확인하고 메시지를 확인하는데 굴비백반과 별도로 계산한 맥주값이 4만 원이다. 확인하지 않았으면 작은 낭패가 생길 판이었다. 4000원을 4만 원으로 잘못 계산되었다. 나이가 든 주인아주머니는 '잘못 계산되었다'며 아무렇지도 않은 듯 돈을 환불해준다. 악의가 없이 벌어진 일이다. 아주머니에게 "큰일 날 뻔했다"는 실없는 농담을 하며 환불받은 돈이 공돈이란 생각이 들었다. 영수증은 받지 않았거나 메시지를 보지 않았다면 그냥 지나갔을 일이다. 환불받은 돈으로 음식점에서 파는 고추장굴비를 한 통 샀다.

올여름은 더위가 유별나다. 더위에 무리하지 말자며 법성포를 다녀오고 서해랑길 걷기를 두 달 쉬었다. 35도까지 오르내리는 기온에 걷는 것은 역시 부담스러운 일이다. 걷기 여행을 오랫동안 쉬었더니 몸이 편안해졌다. 오랫동안 쉬는 것에 익숙해지니 다시 출발하기가 선뜻 내키지 않았다. 어찌하겠는가? 이왕지사 시작한 것

백제 불교 도래지 안에 조성된 간다라미술관. 백제 침류왕 원년(384년) 인도의 승려 마라난타가 중국 동진에서 불경 등을 가지고 온 곳이 법성포라고 한다.

내 사전에 중도 포기를 끼워 넣을 수는 없다. 회사 다니던 시절 마라톤 풀코스 도전 28회도 모두 완주했다. 마라톤한다는 내게 학교 친구들이 "너 학교 다닐 때 운동 못했잖아?" 하며 이상하다는 표정을 지을 때 내 어깨는 우쭐거렸다.

마라톤할 때 서울 중구청 보건소에서 체력 측정을 한 적이 있다. 젊은 의사는 체력이 약하니 하프마라톤이나 뛰라고 조언했다. 그런 내가 풀코스는 물론 100킬로미터 울트라 마라톤도 두 번 완주했다. 그것이 장거리 도보 여행에 큰 힘으로 작용하고 있다. 우선 거리에 대한 부담감이 적어진 것이 강점이다. 부족한 체력도 조금 나아졌을 터였다.

9월 15일이 되니 더위가 사그라지고 있다. 다시 시작이다. 인천터미널에서 영광까지 가는 버스가 있어 일단 접근성이 빨라 좋았다. 아침 8시 30분 버스라 여유도 있다. 영광 도착 시간도 예상 시간보다 20분 빨리 11시 30분에 도착했다.

영광에서 법성포 가는 버스가 오후 1시 10분이라 점심을 먹으려고 버스정류장

주변에서 음식점을 찾아다녔다. 한 음식점 문을 열었다. 아직 이른 시간이지만 손님이 한 사람 있다. 벽에 써 붙인 메뉴판에 음식 종류가 어림잡아 30여 종이다. 분식점을 제외하고 이렇게 많은 메뉴를 처음 본다. 음식점 안의 우중충한 분위기도 마음이 내키지 않고 여러 가지 음식을 하니 음식 맛도 별로일 것 같아 문을 닫았다. 옆집에는 생선찌개 전문점인데 1인분을 파는지도 모르겠고 시간도 걸릴 것 같아 망설였다.

음식점 여자가 문을 열고 문 앞에 소금을 뿌렸다. 뚱뚱하고 심술궂게 생긴 여자다. 생각 같아서는 한번 말싸움이라도 하고 싶었지만 참았다. 대신 근처에 소금 파는 곳이라도 있으면 한 됫박 사서 문 앞에 놓아주고 싶다. 음식점 안에 들어섰다 나온 것도 아닌데 그렇게까지 심통을 부릴 일도 아니지 않은가? 소금을 뿌린다고 마음이 좋아질지는 모를 일이다.

생선집을 돌아 팥칼국수를 하는 음식점에 손님이 그들먹하다. 국수 종류를 좋아하지 않지만 입맛이 동했다. 직접 반죽을 해서 국수를 기계로 뽑는다. 기다리는 손님도 있고 시간이 빠듯할 듯해서 얼마나 걸리냐고 주인 여자에게 말했더니 가타부타 말은 없고 먹을 거냐 묻는다. 기다려서 팥칼국수를 먹었다. 팥국물이 맛이 있어 국물까지 바닥을 냈다.

영광 백수해안도로는 아름다운 해안길로 선정되었다.

홍릉에 도착하여 백수 해변 쪽으로 걸었다. 영광대교까지 5킬로미터를 걸어 백수 해변 맛을 본다. 걷고 싶은 해변이다.

고창 구시포해수욕장

고창 상하면에 있는 구시포해수욕장. 넓은 백사장에 아름다운 노을이 자태를 보여준다. 아무리 어두워진다 해도 이쯤에서는 쉬는 대목이다. 바닷가 편의점 야외 테이블에서 커피를 마시며 잠시 쉬었다. 옆에 앉은 40대 중반 여자와 어린 여자 둘의 조합이 맞지 않아 보였다. 분명 딸은 아닌 듯한데 다정해 보인다.

"여행 중이신가 봐요?"

여자가 먼저 말을 걸어왔다.

"예, 도보 여행 중입니다. 해남부터 여기까지 이어서 걸었어요."

자랑삼아 말했다. 여자는 놀라워했다. 인근 중학교 기술 선생님이라는 그녀는 제자 두 명과 노을 사진을 찍으러 나왔다고 한다. 요즘 흔하지 않은 사제지간의 정이 느껴진다. 그녀는 나와 대화를 하며 장거리 걷기에 힘든데 다음 목적지인 동호해수욕장까지 자신의 승용차로 태워주겠다고 한다. 호의는 고맙지만 걷기가 목적이니 걷겠다고 말했다.

구시포에서 동호해수욕장까지는 10킬로미터다. 걸음을 재촉해도 4킬로미터 남기고 날이 어두워졌다. 아직 10리를 더 가야 한다. 해변길로 가끔 승용차들이 지나간다. 별도 랜턴을 준비하지 않아서 핸드폰 플래시를 켜고 걸었다. 동해안 걸을 때는 헤드랜턴을 켜고 숙소를 찾아 50킬로미터를 걸은 적도 있다. 이번 도보 여행은 밤이 되면 콜택시를 불러 숙소로 이동하여 별도로 랜턴을 준비하지 않았다. 짧은 거리이고 외진 해변길로 콜택시를 부를 수도 없을 테이니까.

날이 어두워지자 반딧불이가 떼를 지어 날아다니며 길을 밝혀준다. 어린 시절 안성 시골 마을 들판

노을이 아름답다는 구시포해수욕장에서 노을은 보지 못했다.

에서 보고 처음이다. 50년도 넘은 일이다. 내가 어렸을 적에는 반딧불이가 개똥에서 생긴다고 해서 개똥벌레라고 불렀다. 밤길 걷기가 무료해 반딧불이를 수를 세며 걸었다. 272마리까지 세다가 너무 많아 세기를 그만두었다. 옛날에 가난한 선비는 반딧불과 눈빛에 글을 읽었다는 형설지공(螢雪之功)이 떠올랐다. 학문을 할 재주는 미천하니 가던 길이나 잘 가라고 밝혀주는 반딧불이가 고맙다.

동호 해넘이 야간포차

반딧불이가 밝혀주는 밤길을 걸어 동호해수욕장에 저녁 8시 반쯤 도착했다. 모텔과 횟집을 겸하는 식당은 영업이 끝났다고 했다. 이곳저곳 기웃거려보아도 먹을 곳이 없다. 숙소에 들어가 컵밥을 먹어야 하나 생각했다. 불이 켜진 '동호 해넘이 야간포차'가 보여 들어갔다. 주인 내외와 친구 둘이 구석진 자리에서 뒤풀이 술 한잔하고 있다. 장사는 끝났다고 했다. 야간포차라면 늦게까지 영업하는 곳인데 손님이 없으니 늦은 시간에 영업을 하지 않는 것 같다.

지친 표정을 지으며 사정했다. 점심으로 컵라면을 먹고 걸었다고 제발 밥 구경 좀 시켜 달라고 구걸하듯 말했다. 주인 여자가 앉으라고 한다. 고마웠다. 때로는 이런 아부성이나 선의의 거짓말도 필요하다. 점심은 컵라면이 아닌 팥칼국수를 먹었는데 밀가루 음식이 늦은 시간까지 뱃속에 흔적이나 남았겠는가?

저녁 식사와 민박을 이용한 동호 해넘이 야간포차

2인 기준이라고 메뉴판에 되어 있는 백반을 준비하여 주인 여자가 내왔다. 미안해서 다른 음식을 시키겠다고 하니 남자가 괜찮다고 한다. 50대 중반으로 보이는 남자의 모습이 턱수염 때문인지 덥수룩한 정이 느껴진다. 미안하여 맥주 두 병을 시켰다. 음식값을 계산하고 나오는데 주인 남자가 숙소를 잡았냐고 묻는다. 아직이라는 내게 음식점 뒤편에 자기가 운영하는 민박이 있다고 소개한다. 인근에 모텔이 있지만, 이용하기 조금 불편해도 민박을 이용하기로 했다. 이렇게 또 작은 인연이 또 다른 인연으로 이어졌다.

방에 샤워실이 좁은 대신 식탁이 있어 아침에 컵밥이라도 먹기 좋겠다고 생각했다. 옆방에 든 손님이 내 방 앞에 있는 식탁에서 맥주를 마시며 합석을 권유한다. 그는 이 근처에 건설하는 교량 공사 감독인데 이곳을 이용하는 단골손님이라고 했다. 주인 남자도 내일 일이 있다며 사양하다가 함께 자리에 앉았다. 손님이 두 병, 주인 남자가 두 병, 나는 연장자라고 네 병을 샀다. 술은 역시 여럿이 마셔야 술술 들어간다.

작은 건설업을 하는 50대 중반 남자의 이야기에 호기심이 생겨 새벽 1시까지 흰소리를 나누었다. 생각해 보면 주인은 구걸하는 여행객에게 밥 한 끼 챙겨주며 밥과 맥주 2만 원, 민박 5만 원, 함께 마신 맥주 2만 원 등 9만 원의 매출을 올렸다. 나 그네의 사정을 봐주다가 가외로 생긴 수입치고 괜찮은 장사 아닌가? 때로는 작은 베풂이 상대의 감성을 자극한다.

선운산 천마봉

동호해수욕장 민박집에서 아침에 컵밥을 먹었다. 샤워실이 작아 불편했지만 가스레인지와 작은 식탁이 있어 그런대로 편리했다. 민박집을 나오며 주인에게 인사를 하려 했으나 보이지 않았다. 옆방 손님은 이미 일하러 나갔는지 방문이 열려 있다.

동호해수욕장을 지나 한 시간 정도 해변길을 걸었다. 자전거를 타고 오던 사람이 옆으로 다가오며 말을 걸어온다.

"어제 동호해수욕장에서 숙소 찾던 분 아니세요."

어제저녁 동호해수욕장에 들어서며 숙소를 묻던 것이 생각났다. 서울 길동에서 왔다는 그는 자전거로 전국을 일주한다고 했다. 58년 개띠라는 그는 키도 크고 건장해 보였다. 자전거를 끌고 가면서 한 시간 정도 함께 걸었다. 비박을 하고 간단한 식사는 준비해서 먹는다고 한다. 반대로 자전거 펑크가 나서 고생했던 이야기도 들려주었다. 경비를 절약할 수 있고 빨리 이동할 수 있지만 자전거가 고장이라도 나면 난감한 상황에 처할 것 같았다. 이곳 해변길은 두 번째 여행이라고 했다.

오산면 연화리 고인돌공원을 지난다. 1991년 호남고속도로 확장 때 발굴된 청동기시대 고인돌을 이전·복원하였다고 한다. 나이 든 느티나무 아래 자리 잡은 고인돌의 자태가 무게감을 느끼게 한다. 근처에 핀 꽃무릇이 편하게 나 좀 보고 지나가라며 활짝 웃고 있다. 꽃무릇은 잎이 비늘줄기에 모여 나는데 꽃이 나오기 전에 말라 죽는다. 죽은 비늘줄기에서 나온 꽃자루 위에 피기 때문에 꽃과 잎이 만날 수 없어 서로 그리워한다고 해서 상사화라고도 부른다. 혹자는 꽃무릇과 상사화를 별

청동기시대 연화리 고인돌. 꽃무릇이 고인돌을 감싸고 있다.

개로 구분하기도 한다. 열정적인 꽃무릇의 꽃말이 자못 심각하다. '슬픈 추억', '죽음', '환생', '잃어버린 기억' 등으로 아프다. 꽃무릇을 닮아 환생하면 어떤 모습일까?

선운산 천마봉(해발 284미터)에 오르는 산행 코스가 쉽지 않다. 천마봉은 기상이 준엄하여 장군봉이라고도 한다. 남파랑길이나 서해랑길 코스에는 산행 코스도 간간히 들어 있지만 임도가 대부분이다. 선운산 코스를 넘는데 힘이 들었다.

천마봉에서 내려다보니 선운산 자락이 눈 아래 펼쳐진다. '구름 속 선정에 든 선사'와 다름없다 해서 선운산(禪雲山)이라 했다. 원래 이름은 도솔산(兜率山)이었다. 천마봉에 오른 덕분에 내려가는 길에 도

고창 선운산 천마봉(284미터)

솔암 마애불을 보았다. 13미터에 달하는 '도솔암 마애불'의 모습이 자애롭다. 마애불을 새긴 장인의 모습은 어떤 분일까? 바위에 매달려 마애불을 새긴 장인 정신이 느껴진다.

선운사를 나와 식당가에서 식사를 하려고 기웃거렸다. 혼자 식당에 들어가기가 마땅치 않다. 몇 군데 식당 주인의 모습을 관찰하다 황소식당에 들어가 산채비빔밥을 시켰다. 갈증을 달래려고 맥주 한 병도 시켰다. 나이가 제법 든 투박한 모습의 주인 여자는 허리가 불편해 보였다. 점심시간도 한참 지나 여유를 가지고 식사를 했다. 더덕 껍질을 벗기던 여자가 눈에 무엇이 들어갔다고 봐 달라고 한다. 침침한 내 눈에는 아무것도 보이지 않았다.

그녀는 연천에서 시집왔다고 했다. 친정집에 머슴이 둘이나 있었다니 부농집 막

내딸이다. 시집와서 밥을 하지 못한다고 시어머니에게 구박을 많이 받은 모양이다. 시어머니 입장에서 밥도 못 짓는 며느리가 예쁘게 보이진 않았을 터였다.

말하는 그녀의 입가에 웃음이 배어 나왔다. 손아래 시누이가 셋이나 있어 남편이 동생들도 시집가서 그런 구박 받으며 살면 좋겠느냐고 말해도 시어머니는 막무가내였단다. 키 작은 남편이 아내를 처가에 석 달 동안 보내고 나서야 시어머니가 손을 들고 따로 살게 해주었단다. 아내를 배려해준 키 작은 남편은 어떤 사람일까 궁금했다.

아버지도 키가 작았다. 키 크고 억척스런 어머니와 살며 마음 고생하였을 아버지 생각이 났다.

고창읍에 나갔다는 키가 작은 그녀의 남편은 쉽게 돌아오지 않았다. 음식점을 나오는 내게 여자가 몸 생각해서 조금씩 걸으라고 한다. 역시 음식점을 잘 찾아 들어갔다. 편하게 식사하고 객쩍은 이야기까지 들었으니.

서정주 시인 생가까지 걸어가는데 날이 저문다. 중간에 모텔이 두 곳 있는데 모두 문을 닫았다. 코로나 여파인가 보다. 서정주 문학관도 늦은 시간이라 문을 닫았다. 인터넷을 조회하니 고창군 흥덕면에 모텔이 있다. 20여 분 기다려 흥덕행 버스를 타고 30여 분 만에 도착했다. 시간이 늦은 탓인가? 영업을 마쳤다는 순댓국집에서 또 사정해 끼니를 때웠다.

친일시를 전시한 서정주문학관

흥덕에서 1박 하고 아침 이른 시간에 선운리행 버스를 탔다. 어제 저녁 미당 생가만 보고 문학관을 보지 못했다. 나는 은퇴 후 시 공부를 시작하여 칠순 기념으로 시집도 냈다. 이번 걷기 여행을 다니며 매번 출발할 때마다 두 권씩 배낭에 넣었다. 걸으면서 인연이 맺어진 사람에게 시집을 건넸다. 어느 때는 미리 주어 정작 주어야 할 사람에게 주지 못하고, 어느 때는 나중에 더 큰 인연을 기다리다가 그냥 가져 오기도 했다. 1초 뒤의 일을 알지 못하는 삶의 묘미다.

아침 8시 30분에 선운리에 도착하였다. 문학관 문 열 때까지 30분 동안 마음 편하게 기다렸다. 폐교된 초등학교를 리모델링한 문학관은 넓은 운동장부터 시원했다. 문학관 직원이 출근하자마자 인사를 하고 문학관 안으로 들어갔다. 교실 한편을 미니 4층으로 올렸다. 그곳을 기어오른 담쟁이가 운치를 더해주었다.

미당(未堂)이란 호는 '덜 되어 부족하다'는 뜻이라고 한다. 서정주 시인은 '영원히 소년이고자 하는 마음'으로 풀이하기도 했다. 시인은 생전에 누구나 열심히 노력하라는 말을 자주 했다고 한다. '열심히 노력하는 영원한 소년의 마음. 이것이 바로 미당 문학 세계의 핵심'이라고 설명한다. 한민족대백과와 나무위키는 미당 서정주를

폐교된 학교를 리모델링한 미당문학관 전경. 가수 송창식이 부른 〈푸르른 날〉의 노랫말은 미당이 쓴 시다.

시인, 친일반민족행위자로 소개하고 있다. 미당을 감히 내가 평가할 수는 없다.

문학관 4층에는 그가 쓴 친일 시와 산문이 전시되어 있다. 그를 올바로 알리고 평가는 독자 개개인이 하라는 의미일 것이다. "미당의 시로 그의 처신을 덮어 버릴 수는 없다. 미당의 처신으로 그의 시를 폄하할 수도 없다. 처신은 처신이고 시는 시다"란 시인 김춘수의 글귀가 정답이 아닐까? 중대 문예창작 전문가 과정에서 만난 냉철한 류근 시인도 "미당이 아무리 친일을 했다고 해도 서정주를 건너뛰고 시를 논할 수 없다"고 했다.

문학관을 나와 줄포만 생태공원 쪽으로 걷는다. 아침나절부터 날씨가 뜨거워 숨이 막힌다. 9월도 중순을 넘은 계절에 이런 더위라니? 늦더위치고는 심하다는 생각이 든다. 배낭에 든 물 두 통을 거의 마셨다. 민가 몇 채가 보였다. 고추를 손질하는 늙은 아낙이 보여 집에 들어가 물을 구걸했다.

"물도 안 가지고 다녀요?"

작은 핀잔을 준 여인의 말에 대꾸가 필요했다.

"날이 너무 더워서 물 두 통을 다 마셨어요."

요즘 물을 사 먹는다며 여인은 냉장고에 든 생수를 가져와 한 컵을 따라준다. 굽은 허리에 물병을 든 여자는 한 컵 더 마시라며 따라준다. 빈 물통에도 가득 따라준다. 일흔여덟이라는데 여자는 혼자 산다고 했다. 말로는 '죽지도 않는다'지만 아직 한참을 더 살 나이이다.

"건강하게 오래 사세요."

물값으로 진정어린 인사를 하고 나왔다. 조금 지대가 높은 윗집에서 내 모습을 보던 중년 남자가 승용차에서 짐을 내리며 아는 체를 한다. 나는 그에게 얼마나 가야 식당이 있느냐고 물었다. 20여 분 가면 줄포면에 식당이 있다고 한다. 20분쯤이야 하고 걸어가는데 남자가 승용차를 끌고 와서 타라고 한다. 내 모습이 힘들어보였나 보다. 아니면 식당을 안내해주고 싶었을지 모른다. 이번에는 남자의 성의를 외면하지 않았다. 남자가 가본 적이 있다는 식당 앞에 내려주었다. 생선찌개를 하는 집인데 1인분은 안 된다고 한다. 메뉴판에 백반도 보였다.

이번 목적지는 곰소항이다. 그곳에 식당과 숙소도 있으니 오늘 걷기는 일찍 마칠 예정이다. 걷는 중간에 안내 리본을 잊어버려 네이버앱을 켜고 걸었다. 해변 쪽 왼편으로 4킬로미터 정도 걸어서 서해랑길 리본을 만났다.

곰소항 염전이 여기저기 보였다. 염전에 아직 바닷물이 가득 차 있다. 그 틈새를 비집고 뭉게구름이 호젓이 들어앉아 놀고 있다. 바닷바람에 나이가 부쩍 들어버린 소금 창고가 사랑스런 눈길로 뭉게구름을 바라보고 서 있다.

곰소항 들머리에 곰소 소금을 파는 매장이 있다. 10년도 넘은 일이다. ≪전통주 이야기≫ 책을 집필하며 술 빚는 사진을 찍기 위해 사진을 배웠다. 유정열 사진작

부안 곰소염전에 뭉게구름이 잠시 쉬고 있다.

나이 든 곰소염전 소금 창고가 마을을 이루고 있다.

가와 함께 사진 답사 여행으로 변산 채석강과 곰소항에 온 적이 있다. 그때 곰소 천일염 10킬로그램을 사와 그들이 반가웠다.

걸음을 멈추고 소금 파는 노인 부부와 이야기를 나누었다. 남자와 여자 모두 까만 얼굴이 건장해 보였다. 키가 작고 몸집이 통통한 부인은 양주 출신이라고 했다. 육군 상사로 근무하던 남편을 만나 이곳에 시집왔다고 한다. 여든 가까운 노인들이 서로 옛날이야기를 하며 눈길을 주고받는 모습이 따사해 보인다.

기차 좌석 팔걸이에 낀 배낭끈

곰소항에서 부안, 전주, 정읍으로 가는 버스가 있다. 정읍이 25분 거리이니 집에 갈 때 정읍에서 기차를 이용하는 편이 좋을 듯하다. 아침 8시에 정읍으로 출발하는 버스를 탔다. 버스기사에게 시간을 물어보니 40분 정도 걸린다고 했다. 여유 있게 말을 하는 것 같았다. 9시 10분 KTX를 타려면 급할 듯도 싶어서 예매는 하지 않았다. 버스터미널에서 기차역까지 거리를 물으니 버스기사는 걸어서 10분이면 충분하다고 하며 가는 길을 상세하게 알려준다. 버스를 탈 때부터 친절하게 안내해준 사람이다. 보통 기사들은 두 가지를 물으면 두 번째 묻는 것은 퉁명스럽게 대답하거나 아주 입을 닫는다. 이번 버스기사는 묻지 않는 세 개까지 말해준다. 그가 기차역까지 가는 길을 상세하게 알려주었지만 간단한 요기라도 하고 9시 10분 KTX를 타려면 시간이 빠듯했다. 타임 로스를 줄이려고 네이버앱을 켜고 걸어갔다. 터미널에 도착하니 8시 30분이다.

역에서 기차표를 샀다. 일요일인데 표는 매진되지 않았다. 타는 시간까지 20여 분이 남았다. 아침을 먹을 시간으로는 부족하다. 아침 대용으로 스프 한 잔만 마셨지만 허기지지는 않았다. 집에 간다는 기대 심리가 허기를 누른 것일까.

기차를 기다리며 1호차 대기하는 자리에 섰다. 기차를 타고 보니 6호차. 나이가 들어서인지 적응력이 부족한 탓인지 종종 이런 일이 생긴다. 1호차로 가려면 몇 칸을 건너가야 했다. 4호차를 지나다가 사고가 났다. 그래서 죽을 4자인가?

늘어졌던 왼쪽 배낭끈이 의자 팔걸이 사이에 끼어서 빠지지 않았다. 한참 동안 실랑이를 해도 역시 마찬가지다. 끈 끝에 작은 매듭이 사이에 걸려 나오지 않았다. 좌석에 앉은 남자 손님도 한참 힘을 써 보지만 역시 마찬가지다. 역무원 두 명이 와서 힘을 써 보아도 그들도 별수 없다. 역무원에게 그냥 가위로 잘라 달라고 했다. 역무원은 가위를 가지고 와서 자르지 못하고 나보고 자르라고 가위를 건네주었지만 나도 자르지 못했다. 지고 다니던 배낭이 불편하여 새로 산 배낭이다.

역무원은 기차의 종착지인 원당까지 가면 의자를 분해하여 끈을 빼고 배낭을 용산 유실물센터로 보내주겠다고 했다. 배낭끈을 온전하게 하기 위하여 원당까지 가거나, 아니면 용산으로 배낭을 찾으러 오가는 것도 내키지 않았다. 역무원이 다른 제안을 했다. 용산까지 간다는 내게 용산역에 6분간 정차하면 그곳에서 장비를 가지고 사람이 올라올 테니 자리에 앉아서 가다가 용산역에서 보자고 한다. 중간에 있는 특실 두 칸을 지나 1호실 자리에 앉아 일과를 정리했다. 하루치를 정리했는데 볼펜이 나오지 않는다. 옆에 배낭을 가진 손님에게 볼펜을 빌려 이틀치를 더 정리했다. 천안에서 내리는 손님은 볼펜을 그냥 사용하라고 하지만 쓸 것을 다 썼다며 돌려주었다. 작은 것이지만 다른 사람에게 신세를 지고 싶지 않았다.

용산역이 가까워졌다. 상황이 어찌 전개되는지 처음부터 볼 심산으로 1호실에서 4호실로 이동하였다. 기차가 정차하자 역무원 두 사람이 달려왔다. 의자와 팔걸이 사이에 큰 드라이버를 넣고 힘을 주니 틈새가 벌어져 배낭끈이 빠졌다. 앓던 이가 빠진 느낌이다. 역무원들에게 고맙다는 인사를 두 번이나 했다. 살면서 처음으로 역무원과 엮인 인연이다.

이 작은 사건의 종지부를 찍으며 서해랑길 6차 기행 3박 4일을 마무리한다.

06. 함께 걷는 변산 마실길

KTX 4인석의 역방향과 순방향

위드코로나라고 하더니 기차는 전 좌석표를 팔고 있었다. 출발 예정 시간인 아침 6시 24분 정읍행 기차의 순방향 좌석은 매진이란다. 4인 동반석의 순방향 표만 몇 장 남아 있다. 그래 동반석이면 어떠랴?

단체석 순방향의 창문 쪽으로 50대 남자가 앉아 있고, 앞쪽에 60대의 여자가 앉아 있다. 복도 쪽 역방향으로 40대 남자가 앉아 있다. 각기 연고가 없는 사람들이다.

발을 딛는 공간이 너무 좁다. 더군다나 나는 등산화를 신었다. 다행히 복도 쪽으로 자리를 잡고 앉아, 앞의 남자 발을 등산화 신은 내 발이 감싸고 있게 되었다. 그의 발이 내 발에 포위된 셈이다. 조심스레 남자의 발이 꼼지락거렸다. 그는 엄청 신경을 쓰며 조심하고 있는 듯했다.

세 사람 모두 잠을 청했다. 앞에 보이는 역방향 좌석의 눈이 내게로 다가왔고 뒤로는 순방향 좌석의 사람들이 뒤통수를 향했다. 순방향 좌석과 역방향 좌석이 만나는 중간 부분에 자리 잡은 4인 동반석이 이렇게 불편한 좌석이란 걸 처음 느꼈다.

나는 전에 처음으로 KTX 4인 동반석을 타고 목포에 민어를 먹으러 갔었다. 그때

꼼지락거리다

순방향과 역방향의
여럿 눈동자가 모여드는 곳
KTX 4인석
동행 아닌 각기 다른 사람이 마주 앉았다

세 사람 아무 말 없이
앉자마자 눈을 감았다
역방향 젊은 남자 발이 꼼지락거리면
테이블 위 서해안 지도가 조용해지고
남자의 발을 밖에서 감싸듯 있는
내 발은 꼼짝없이 긴장했다

여덟 식구 함께 잠자던 단칸방
꼼지락거린다고 옆에 자는 형에게
밤마다 핀잔 받으며
단칸방 어디에 불편함은 없었다

한 시간도 되지 않은 천안 아산역
세 명이 함께 내렸다
단칸방이 고급빌라처럼 넓어졌다
발을 앞좌석에 내밀고 꼼지락거리며
벽 허물어뜨린 옆 좌석에 기대었다

는 4인석 할인을 받았다. 할인 때문에 불편함을 참았던 건 아니다. '막걸리학교'에서 술 공부를 함께하고 이후에도 이어진 인연이니 불편함을 느끼지 못했다. 사실은 내가 빚은 술을 기차가 출발하며 마시기 시작했고, 술을 마시며 올라왔기 때문이었다.

특실 입구에서 집어 온 신문을 읽었다. 오랜만에 보는 종이 신문이다. 다리를 고정하고 나도 움직이지 않으려고 신경을 썼다. 앞 손님의 발을 감싸고 밖으로 발을 디디니 조금은 여유가 있다. 신문을 대충 읽고, 오늘 걸을 코스를 정리하며 시간을 보냈다. 다른 일에 집중하다 보니 불편함을 잊었다. 천안 아산역에 도착하자 동반석 세 사람이 동시에 내렸다. 속으로 쾌재를 불렀다. 내린 좌석에 새로 타는 승객은 없다. 생각지도 않던 행운이다. 등산화를 벗고 앞좌석 밑으로 다리를 디밀고 쭉 뻗었다. 좌석 팔걸이도 젖혔다. 비스듬한 자세로 눕다시피 하여 기지개를 켰다. 횡재란 뜻하지 않는 이런 기분일까? 생각지 않았던 아주 편안함이 내게로 왔다.

기차는 빠르고 편안하다. 정읍에 도착해 8시 50분 출발하는 곰소행 버스 시간까지 여유가 있어 분식집에서 아침을 해결했다. 음식점을 찾아가 혼밥이라고 거절당

곰소항 젓갈 축제를 알리는 농악패. 매년 10월초 곰소젓갈발효 축제를 개최한다.

하느니 분식집을 찾는 게 마음 편하다. 다시 찾은 곰소항이 눈에 익었다. 아침까지 해결했으니 새로 시작하는 이번 도보 여행의 발걸음이 가볍다.

곰소 시내에서 농악패를 만났다. 오랜만에 보는 풍경이다.

"오늘이 무슨 날이에요?"

앞에 선 상쇠에게 물었다. 궁금증은 해결해야 하니까.

"내일부터 곰소항 축제가 있어요."

지자체마다 여러 가지 축제를 하고 있다. 함평 나비 축제나 화천 산천어 축제가 성공한 축제라고 들었다. 진해 군항제는 해마다 벚꽃 피는 일정을 맞추지 못하여 애를 먹는다. 안성 바우덕이 축제는 역사성도 있는 내 고향의 축제이다.

길동무 만나 함께 걷다

곰소를 지나 들판 길을 걷는다. 10시 쯤 작은 정자에서 휴식 중인 서해랑길 도보 여행자를 만났다. 수원에 산다는 일흔일곱 살 남자는 체구가 자그마한 정 선생이다. 오늘이 걷기 아흐레째라고 했다. 그는 해파랑길을 몇 년 전에 걷고 남파랑길을 거쳐 서해랑길을 걷고 있는 중이라고 했다. 취미가 같아 자연스레 말을 섞었다.

서해랑길과 겹친 변산 마실길은 부안군에서 만든 걷기 길이다. 이름이 예쁘다. 어릴 적 내 고향 안성에서도 저녁나절에 남의 집에 가는 것을 '마실 간다'고 했다. 지자체마다 둘레길을 만들고 지역에 맞는 아름다운 길 이름을 지었다.

서해안 최고의 낙조 명소로 불리는 솔섬이 보인다. 바닷물이 빠져 멀게 느껴진다. 솔섬은 우리나라에서 화산 활동이 가장 활발하고 공룡이 번성하던 중생대 백악기(약 8000만 년 전)에 만들어졌다고 한다. 솔섬을 이루고 있는 암석은 화산이 폭발하면서 분출한 화산재와 용암이 쌓인 후 굳어진 것이다. 안내문을 읽고 다시 바라본 솔섬이 새삼 신비스럽게 느껴진다.

화산재와 용암이 쌓여 굳어진 솔섬이 가깝고도 멀다. 낙조 명소이지만 해가 저물려면 아직 많이 남았다.

정 선생과 함께 걸으니 이야기 상대가 있어 좋다. 걷기라는 공통분모가 있어 다행이다. 지난 남파랑길 구간에서 만나 서너 시간 함께 걸었던 선생보다는 걷는 속도도 맞고 이야기가 통한다. 점심을 함께했는데 정 선생이 계산했다. 그날 모텔비와 저녁 밥값은 내가 계산했다. 선생은 숙소에서 내게 2만 원을 건네주었다. 계산이 정확하신 분이다. 생선구이를 겸한 저녁 식사에서 소주 한 병을 마셨는데 정 선생은 딱 한 잔만 마셨다. 당뇨와 협심증이 있어 술을 하지 않는다고 한다.

방에 들어와서 일이 생겼다. 그는 저녁 9시가 취침 시간이고 아침 4시 30분에 일어난다고 했다. 방을 따로 써도 함께 걸으려면 일어나는 시간은 같아야 한다. 일단은 함께 해 보자고 생각했다. 방에는 침대가 두 개 있다. 하나는 간이침대이다. 정 선생이 간이침대에서 잔다고 하지만 그럴 수는 없었다. 나는 12시쯤 잠자리에 드는 습관이 있는데, 일찍 자야 한다고 생각하니 더 잠이 오지 않는다. 방 하나를 사용하니 경비는 절약되지만 다른 문제가 생긴 것이다. 아침 일찍 일어나려면 일찍 잠자리에 들고 잠을 자야 하는데 밤새 뒤척이며 잠을 설쳤다.

새벽 4시에 잠이 깼다. 정 선생이 일어나 불을 켰기 때문이다. 침대 위에서 스트레칭을 하고 황태 컵밥을 먹었다. 정 선생은 어제저녁 음식점에서 사 온 공깃밥과 얻어 온 김치로 식사를 했다. 날이 아직 밝지 않았는데 걷기 시작했다. 차들이 많지 않지만 그래도 위험하다. 핸드폰 불을 비춰보지만 희미한 불빛이다.

너무 이른 시간이라 어두워서 서해랑길 안내 리본이 보이지 않는다. 정 선생의 서해랑길 트랭글 덕분으로 코스를 크게 신경 쓰지 않아도 되었다. 출발하기 전 코스를 정리하며 이번 구간이 꽤 매력 있는 코스라 기대했는데 예상은 빗나가지 않았다.

아침 6시 20분에 변산면 격포리 바닷가에 있는 수성당(水聖堂)에 도착했다. 전국에서 유일하게 바다신을 모시는 곳이다. 절벽 위에 있는 수성당 모습이 위태로워 보인다. 지방문화재로 지정된 수성당은 조선 선조 1(1801)년에 처음 세웠다고 한다. 지금 건물은 1996년에 새로 지은 것이다. 바다의 신, 수성당에 좌정해 있는 개양할미는 어부의 생명과 안전을 보호하고, 풍어를 도와주는데 매년 정월에 개양할미에게 치성을 드린다고 한다.

수성당과 효녀 심청 안내판에는 음력 정월 열나흗날 수성당제를 지낸다고 씌어 있다. 가까운 곳 또 다른 수성당 안내에는 음력 정월에 정성스레 수성당제를 지낸다고 씌어 있다. 정월(正月)은 음력 1월을 말한다. 실제 수성당제를 지내는 날짜가 음력 정월 14일이다. 음력 정월이라고 두루뭉술하게 하지 말고 통일해야 하지 않을까.

수성당을 찬찬히 둘러보는데 정 선생은 그냥 걷는다. 수성당에 관심이 없다. 수성당 안내문조차 읽어보지 않는다. 오직 걷는 일에만 열중이다. 나는 급한 걸음으로 따라가 보조를 맞춘다.

거리 표시가 있는 이정표에서도 같은 지점에 있는 각기 다른 거리가 적혀 있어 신뢰감을 주

변산반도 서쪽 맨 끝 지점 해안가에 있는 수성당

지 않는다. 완도 수목원 입구에 그런 이정표가 있었다. 더 걸었는데도 거리가 늘어나는 건 어떻게 이해해야 하는지? 작은 것이라도 정확해야 하는데 말이다. 한국적 계량기준에서 되가웃이나 서너 되가 있다. 되가웃은 한 되 반쯤의 분량이다. 한 되면 한 되지 되가웃이라니. 서너 되는 석 되에서 넉 되를 말한다. 이것 또한 석 되면 석 되여야 하지 않은가? 고등학교 시절 이상목 화학 선생님이 한 말이 생각났다. 화학 실험을 하는데, 1~2그램이나 3~4그램으로 대충 계량을 하면 큰일이 일어나지 않겠는가. 그 영향을 받아 고깃집에서 고기를 살 때 한 근 달라고 하지 않고 600그램 달라고 한다.

고사포해수욕장은 변산면 운산리에 있는 넓은 백사장과 방풍림을 자랑한다. 해수욕장을 마주보고 카페 '마샤'가 있다. 호텔을 겸한 건물이다. 커피를 마시려고 건물 앞 백사장에 있는 탁자에 배낭을 내려놓았다.

'숙박 손님과 커피 손님을 위한 공간입니다.' 그 밑에 붉은 글씨로 '편의점 및 외부인 절대 사용 금지'라고 씌어 있어 아연실색했다. 탁자를 놓는데 경비가 들었다 하더라도 이곳을 찾는 손님들에게 잠시 쉬었다 가도록 하는 배려가 어려운 일일까.

정 선생은 모텔에서 챙겨 온 믹스커피를 마시겠다고 하지만 어찌 내 것만 커피를 사 와서 마실 것인가? 두 잔을 사 왔는데 정 선생은 마시지 않는다고 극구 사양한다. 이것저것 엇박자가 나기 시작했다.

변산해수욕장에서 음식점에 점심을 먹으러 들어갔다. 철 지난 횟집은 한산하다. 다른 손님이 없다. 회덮밥을 주문했는데 야채에 냉동되어 살짝 녹은 양념 얼음이 들어 있어 여기 회덮밥은 이런가 잠시 헷갈렸다. 주인 여자가 물회를 주문한 것으로 착각했다고 한다. 우리는 물소리도 내지 않았는데…. 정 선생도 나도 군소리하지 않고 회덮밥이라 생각하고 그냥 먹었다. 처음으로 음식점에서 바보스럽고 착한 손님이 되었다. 주인은 제대로 된 사과조차 하지 않았다.

점심 후 논길을 걷는다. 서해랑길 리본도 보이지 않는다. 10월 초순 한낮의 열기가 뜨거운지 트랭글도 헷갈려서 잠시 길을 헤매고 안내하지 못했다. 트랭글은 20미

구암리 지석묘군에 석양이 드리우고 있다. 지석묘란 청동기시대 돌로 만든 무덤으로 고인돌이라 한다.

터만 벗어나도 '경로를 이탈했습니다'라는 안내가 나온다. 우리가 사는 생이 1분 뒤도 가늠하지 못하고 사는데 둘레길 걷는 것도 '이리 가시오, 저리 가시오' 하는 안내를 따르고 싶지 않았다. 나는 기계치이기도 하지만 트랭글 사용하는 방법조차도 숙지하지 않았다. 둘레길 안내 리본이나 여러 가지 이정표를 보며 걷는 방법을 택했다. 그 덕분에 길을 잃고 남해고속도로를 걸은 적도 있지만⋯.

부안 구암리 지석묘군을 지나는데 힘이 들었다. 10기의 고인돌이 석양에 몸을 드러내고 있다. 한 시간 정도 더 걸었다. 날이 조금씩 어두워지고 있다. 숙소를 찾아 이동해야 하는 시간이다. 부안읍까지 4킬로미터 정도 남았다. 어두운 시골길을 더 걸을 수는 없다. 차들이 드물게 지나다녔다. 차를 불러 부안으로 가자고 의견을 모았다. 우리 앞을 가로질러 손님을 태우고 시골 마을로 들어갔던 택시가 나왔다.

나이가 60대 후반으로 보이는 택시기사에게 정 선생은 걷는 자랑을 했다. 기사는 해남부터 걸었다는 우리를 뒤돌아보았다. 택시기사는 곰소 젓갈 축제와 정읍 내장산 단풍놀이 때문에 숙소가 부족하여, 20분 거리인 부안으로 넘어간다고 우리를 내려주며 식사 전에 숙소를 예약하라고 귀띔해주었다.

기사의 말을 따라 식사 전에 방을 잡으려고 호텔 간판이 있는 곳에 들어갔다. 예약이 끝났다며 하나 남은 방이 12만 원이라고 한다. 힘들게 걸었는데 숙소를 잡지 못하면 낭패라는 생각이 들었으나 기우였다. 번화가 뒤편에 있는 5만 원짜리 모텔은 비어 있었다.

정 선생과 이별 앞에서 한 잔소리

연이틀 새벽 4시 기상은 살아오며 처음 있는 일이다. 몸이 정상이 아니다. 정 선생이 불을 켜서 잠이 깼다. 정 선생은 어제 택시를 탄 곳으로 가서 걷는다고 했다. 트랭글 80퍼센트 이상을 해야 완주 배지가 나온다고 했다. 나는 완주 배지가 목적이 아니므로 부안부터 걷기로 했다. 어쩌면 함께 걸으며 불편한 점이 있어 같이 가기 싫은 면도 작용했다. 이제 이별의 순간이 온 것이다. 하루 더 4시에 일어난다면 내 몸이 들고 일어날 것 같았다.

잠자리에서 일어나 헤어짐을 준비한다. 이틀 동안 함께 걸으며 느꼈던 점을 잔소리처럼 이야기해주었다. 나는 단지 내가 느낀 점을 말할 뿐이고 받아들이든 그렇지 않든 정 선생님 자신이 선택하라고 했다. 물론 내 생각이 잘못된 편견일 수도 있다.

첫째, 한 번에 열흘씩 걷기는 최대 5일 이내로 줄일 것. 열흘을 이어 걷는 건 나이 일흔일곱이면 몸에 부담이 되는 강행군이다. 나는 3박 4일이나 최대 4박 5일만 걷는다. 걷고도 열흘간 몸을 추스르고 다시 걷는다고 사족을 붙였다.

둘째, 몸에 나타나는 통증 등은 몸에 맡길 것. 몸이 아픈 것은 쉬라고 보내는 신호인데 이를 거스르는 것은 몸을 혹사하는 일이다. 걷기 후 나타나는 골반 통증 등은 물리치료나 스트레칭으로 풀고 휴식 기간을 가져야지 인위적으로 '태반주사'나 통증을 줄여주는 '페인스톱' 등은 사용하지 말 것.

셋째, 걷기에 얽매이지 말고 즐길 것. 정 선생은 오직 트랭글에 의존하며 구간을 80퍼센트 이상 걸으면 준다는 배지를 챙기기 위한 일에만 몰두한다. 구간의 유적지나 의미가 있는 것에는 관심이 없다. 정 선생은 수성당을 그냥 지나쳤다. 둘레길 변에 있는 새만금 홍보관도 둘러보지 않고 벤치에 앉아 나를 기다렸다.

넷째, 배낭 두 개를 겹쳐서 어깨에 메지 말고 배낭 한 개를 사용할 것. 배낭 위에 또 다른 작은 배낭을 얹으니 위에 있는 배낭이 한쪽으로 쏠려 몸의 균형을 무너뜨려서 몸에 무리가 올 수 있다. 정 선생은 자주 사용하는 물건을 작은 배낭에 넣어 편의성을 찾았다.

잔소리 때문인지 어제 아침에 아픈 왼쪽 골반에 페인스톱을 뿌리던 정 선생이 그냥 출발했다. 정 선생이 출발하고 다시 잘 수도 없고 컵라면을 먹고 배낭을 챙겼다. 정 선생의 반바지와 셔츠가 옷걸이에 걸려 있다. 컵라면이 사라진 자리에 대신 정 선생의 옷이 차지했다. 집에 돌아가서 택배로 보내야겠다. 6시 20분에 모텔을 나섰다. 일기예보는 오후부터 비가 온다고 하는데 아침부터 비가 내린다. 큰비는 아니지만 심란하다.

청구원으로 불리는 신석정 시인 고택. 선생은 이곳에서 활발한 문학 활동을 하였다.

부안읍 선은리에 있는 신석정 시인 고택의 초가집에 멈춰 섰다. 가르마를 곱게 탄 초가지붕이 단정하게 맞이한다. 청구원(靑丘園)으로 불리는 이곳은 한편에 측백나무 울타리가 둘러 있고, 그 안에 은행나무, 벽오동, 목련, 산수유, 철쭉, 시누대, 등나무 등이 심겨 있다. 주변이 공원으로 잘 관리되어 있어 청구원 초가집 한 채가 더 빛을 발한다.

시내를 벗어나 큰 도로 아래 논 옆으로 난 작은 길을 걷는다. 논에 아직 베지 않은 벼가 남아 있고, 넓은 논에 콩이 많이 심겨 있다. 콩값이 쌀값보다 좋은지, 아니면 쌀이 남아도니 대체 작물을 심으면 정부 보조금이 나오는지는 모르겠다.

보이지 않던 서해랑길 리본이 마지막 토끼굴 앞에 나타났다. 그래서 더 반가웠다. 아침부터 내리는 비가 그치지 않아 지어만 놓고 오픈도 못한 동진강휴게소 건물에서 잠시 쉬며 장흥 백재국 형과 중학교 동창 영진에게 느긋하게 전화를 걸었다. 동진강변 길을 따라 1.5킬로미터를 걷다가 정 선생에게 전화를 했다. 어제 택시를 탄 49코스로 되돌아 걷는데 트랭길이 연결이 되지 않아 포기하고 택시를 타고 온다고 했다. 그가 동진강휴게소에 도착했다고 해서 조그만 정자각에서 기다렸다.

챙겨둔 옷을 건네주고 다시 동행했다. 김제평야 들길을 빙 돌리는 코스는 둘이서 이야기하며 걷는데도 지루하다. 열하루째 걷는 정 선생이 어제 에너지공단 길에서 트랭글앱을 보다가 넘어져 깜짝 놀랐다. 무릎에 찰과상을 입어 신경이 쓰였다. 그는 넘어진 탓인지 오늘 걷는 모습이 불편해 보인다. 내 잔소리에 아침에 페인스톱을 뿌리지 못하고 출발했다며 길에서 바지를 내리고 골반 부위에 약을 뿌렸다.

봉화산 못미처 선생은 오늘 올라간다며 김제로 가는 버스를 타고 갔다. 몸이 아주 지치고 힘들어보였다. '건강관리 잘 하시고 서해랑길 완주하라'는 인사를 하고 혼자 봉화산을 오른다. 개 세 마리가 이리저리 뛰면서 경쟁하듯 대들었다. 돌을 던지고 대나무 지팡이를 휘둘렀다. 들개가 된 듯한 야생개들이 무섭기까지 하다. 산모퉁이로 달아났던 개가 무덤 뒤에서 튀어나와 3미터 내 옆으로 쏜살같이 내달렸다. 개도 놀라고 나도 놀랐다. 비가 오는 으슥한 산길이라 더 무섭다. 산속에서 개에게 물리기라도 하면 어떻게 하지? 대나무 지팡이로 나무도 두드리며 바짝 긴장하며 걸었다.

김제시 진봉면에 있는 심포항. 만경강과 동진강이 서해와 만나는 지점에 생긴 포구다. 예전에는 큰 포구였으나 새만금 간척지 조성사업으로 명맥만 유지하고 있다. 두 강이 바다와 만나는 지점을 찾아보려고 항구를 이리저리 돌아다녔으나 찾지 못했다.

심포항을 나와 나지막한 산길을 올라 백제 의자왕 때 창건했다는 망해사(望海寺)에 도착했다. 만경강 하류 서해의 고군산열도를 바라보고 있는 절은, 642년(백제, 의자왕 2년)에 부설거사가 이곳에 사찰을 짓고 수도했다고 하는 오랜 역사성에 비해 규모는 초라하다. 바닷가 오지에 자리 잡은 탓이리라.

망해사에 들러 반대편으로 산길을 내려오는데 날이 어둑해진다. 멀지 않은 진봉면 소재지에 숙소와 음식점이 조회되지만 어두워서 더 걸을 수 없다. 우산과 우의를 입었어도 옷이 젖어 몸이 떨렸다. 감기라도 걸릴까 염려되어 계속 몸을 움직였다. 등산화에 물이 가득 들어찼다.

망해사 종루는 서해와 멀리 고군산열도를 바라보며 무슨 생각을 하고 있을까?

방앗간 처마 밑에서 우산을 쓰고 콜택시를 부르려고 여기저기 눌러대도 연결이 되지 않고, 가을비만 하염없이 내린다. 지평선콜택시에서 가까운 곳은 출동하는 비용까지 부담해야 한다고 해서 진봉면이 아닌 김제시로 방향을 틀었다. 젖은 옷과 등산화가 심란하다. 내일 올라간다는 생각이 내 몸을 지배했다.

택시기사가 충청도 사투리를 쓰며 친근했다. 전라도에서 충청도 말이 생소하다고 했더니 장항에서 오랫동안 직장생활을 했다고 한다. 쉰한 살이라는 택시기사의 구수한 목소리가 비에 젖어 떨고 있는 나를 달래준다. 궁금했던 콜택시 운영시스템을 그에게 물었다. 월 기본 7만 원에 연결 건당 100원이란다. 월평균 12만 원쯤 낸다고 했다. 한 달에 500건이면 하루 16건 꼴이니 거의 콜택시에 의존해 영업하는 셈이다. 콜택시 영업에 무슨 관심이 그리 많은지 그의 말이 머리에 쏙쏙 들어왔다. 택시기사는 모텔 앞까지 차를 대주었다. 비 맞은 옷과 등산화가 무겁게 매달린다.

숙소 가까운 곳에 24시간 문 여는 콩나물국밥집이 있어 다행이다. 비 맞은 닭처럼 하여 저녁을 먹고 숙소에 들어왔다.

내일 4일차 걸을 수 있는 몸 상태가 아니다. 이틀 동안 부족했던 잠이나 보충하고 올라가야겠다. 일찍 잠자리에 들어 10시간 가까이 잤다. 그래도 몸이 풀리지 않았다.

다음날 비는 오지 않았다. 한글날 대체 공휴일로 연휴가 3일이라 엊저녁에 기차 시간을 확인해 보았는데 매진이다. 입석으로 가기에는 무리라 버스를 타고 가기로 했다. 어제 저녁을 먹은 콩나물국밥집에 들어서니 주인이 아는 체를 해준다.

버스정류장까지 1.5킬로미터를 걸어가는데 정신이 없다. 동행인을 만나 이틀간 잠을 자지 못한 게 하루 잠으로 보충이 되지 않는 모양이다. 몸 전체가 무거운 탓인지 터미널을 앞에 두고 한 바퀴를 헤맸다. 버스를 타고 곧바로 눈을 감았다. 버스나 전철을 타고 잠을 잘 자지 못하지만 쉽게 잠이 들어 비몽사몽했다.

일제 수탈의 상흔 새창이다리

다시 출발이다. 기차 탈 때 서울역이나 용산역에서 KTX를 탔는데 오늘은 김제행 무궁화호 열차를 영등포에서 타야 한다. 전철을 타고 나오면서도 몇 번이나 마음을 다잡았다. 습관처럼 용산역까지 가는 것 아닌가 신경이 쓰인다. 난 역시 소심한 사람이다. 그래서 기차표를 예약할 때 용산에서 출발할까 생각도 했다.

무심코 기차가 편해서 선택했지만 무궁화호라 그런지 김제까지 세 시간 20분이나 걸렸다. 기차 안에서 버스 시간을 챙겨보니 세 시간 5분이다. 터미널까지 가는 시간을 감안하면 비슷한 시간이다. 그렇다면 기차를 선택하는 것이 맞는 방법이다. 나만의 시간을 가지며 나름 여유가 있으니 말이다.

김제역에 도착해서 소고기국밥으로 점심을 먹었다. 출발할 때 스프를 먹어 시장기는 있지만 음식 맛이 없다. 역 근처라 그런지 반찬도 깔끔하지 않다. 그래도 걷기 위해서 억지로 다 먹었다. 오늘 코스에는 식당이 없기 때문이다. 진봉면 가는 버스를 물어물어 탔다. 김제 코스는 재미가 덜하다. 넓은 만경평야를 가로지르는 코스

만경8경 중 1경인 만경낙조. 탁 트인 만경평야에서 바라보는 노을이 궁금했다.

라서 그런 듯하다. 누렇게 익은 벼들이 고개를 수그리고 수확해주기를 기다리고 있다. 한 곳에서는 트랙터가 가을걷이를 하고 있다.

만경평야 중간에서 앉아 쉬는데 반대편에서 걸어오는 사람을 만났다. 예순 초반의 남자는 군산에서 왔다고 했다. 붙임성이 부족한지 그는 낯을 심하게 가린다. 내 인사에 건성으로 인사를 하고 옆에 앉아 점심이라며 햄버거를 먹는다. 그에게 시집을 한 권 건네주고 먼저 일어났다. 걸으면서 의미도 없이 시집을 괜히 주었다는 생각이 들었다.

만경강 낙조 전망대를 지나 강변을 걷는다. 일제강점기인 1933년 공사비 25만 원으로 준공했다는 새창이다리. 만경평야의 쌀을 새로 만든 신작로(新作路)를 이용해 군산으로 날라서 일본으로 가져가기 위해 만든 다리다.

새창이는 예로부터 불려오던 '새로 지은 창고'라는 뜻의 신창(新倉)에서 이름이 유래했다. 역사를 보전하는 건 좋은 일이지만 유지보수도 해야 하지 않을까? 새창이다리 난간에 박힌 쇠들이 녹이 잔뜩 슬어 구멍까지 숭숭 뚫려 있다. 다리가 소실되면 새창이다리 터라고 이름을 바꿀 것인가.

일제가 만경평야의 쌀을 수탈하기 위하여 놓은 새창이다리. 지금은 차량 통행이 금지된 상태다.

새창이다리를 건너 다시 만경강을 따라 군산 쪽으로 걸어갔다. 강변에 갈대며 잡목들이 무성하다. 생태계 복원이라고 좋아해야 할까? 먹이사슬이라도 생긴 것인지 개 한 마리와 고라니 두 마리 또 무엇인지 모를 사체가 길 위에 있어 몇 번이나 놀랐다. 자전거 길과 겸하는 강변길인데 군산시에서 관리해야 하지 않을까? 길 위에 나 있는 잡풀이나 길 위로 쓰러진 아카시아나무 등도 정리해야 할 것 같다.

남파랑길 남해도를 걸을 때 도로 잡풀을 예초기로 다듬는 현장을 직접 본 적이 있다. 지자체마다 둘레길에 대한 관심과 관리는 차이가 크다.

진봉면을 지나 들머리의 작은 뚝방길에 마른 잡초가 무성하다. 늦가을이라 풀이 시들었지만 만약 여름이었다면 걷기가 만만치 않을 듯하다. 뱀이 나올 우려도 있고 아침에는 이슬도 털며 걸어야 한다. 회현면사무소까지 걸었지만 숙소가 없어 버스를 타고 군산으로 나왔다. 첫날이라 그런지 어제 독감백신을 맞은 영향인지 다리도 아프고 힘이 든다. 저녁을 먹으며 피로도 풀 겸 맥주라도 한 병 하고 싶었지만 참았다. 독감 백신을 맞은 것이 신경 쓰였다.

군산 은파유원지와 째보선창

오늘 출발 지점은 군산 외당마을이다. 버스 출발 시간이 애매하여 택시를 탔다. 기사가 외당마을을 모른다고 해서 지곡동 쌍용예가 아파트 앞에서 내렸다. 환경미화원에게 외당마을 가는 길을 물었다. 산길로 난 길과 큰길을 상세하게 알려준다. 도심구간 300여 미터를 지나 서해랑길 리본을 만났다. 나지막한 야산을 지나 은파유원지에 이른다. 아기자기한 호수가 아름답다. 토요일이라 그런지 산책하는 사람이 많다.

둘째 날이니 무리하지 말자며 은파유원지 편의점에서 커피를 한 잔 마시며 쉬었다. 넓은 광장이라 출발하려는데 리본이 보이지 않는다. 오른쪽이 맞을 듯한데 자신은 없다.

오른쪽에서 오는 나이가 든 분에게 물으니 월명공원 방향은 왼쪽이나 오른쪽 어디로 갈 수 있다고 한다. 맞는 말이다. 길이란 어디로든 갈 수 있는 것 아닌가? 혹시 오시다 붉은 리본을 보지 않았느냐고 물었더니 보지 못했다고 한다.

오른쪽 방향으로 발길을 잡았다. 50여 미터 가다 서해랑길 리본을 만났다. 은파 유원지를 지나 월명공원 산길에서 산책하는 두 여자를 만났다. 잠시 대화를 하며 천천히 걸었다. 나이가 든 분은 몸집이 있고 잘 걷지 못한다. '그래도 걸어야 한다고, 걷지 못하면 앉고, 다음에는 눕게 된다'고 했더니 그 여자는 '맞다'며 맞장구를 쳤다.

월명공원에서 내려와 아침에 컵라면으로 부실하게 때운 끼니를 보충할 겸 점심을 잘 먹어야겠다고 생각했다. 주위를 돌아보아도 콩나물국밥과 아욱국밥 파는 두 곳만 보인다. 아욱국을 파는 음식점은 처음 본다. 아욱국을 좋아하기에 망설이지 않고 들어갔다. 두 곳 중 잘한다는 집이다. 주차 관리 하는 분이 추천해준 집이다. 담백하고 맛이 있다. 아욱이 불었지만 맛이 있다. 등산을 했느냐는 주인 남자의 말에 서해 바닷길을 걷는다고 했더니 주인도 걷는 것을 좋아한다고 말을 받는다. 나보다 한 살 많은 주인은 허리가 아파 시술을 했다고 한다. 서빙하는 모습이 부자연스러워 보였다. 식사하던 택시기사가 대화에 끼어들었다.

"왜 걸어요?"

"서해랑길은 53코스에서 55코스가 군산 지역인데 쉬는 날 혼자서 한 코스를 걸어 보시면 알아요. 아무 생각 없이 자연 속의 이것도 보고 저것도 보고, 이 사람 저 사람 걷는 모습도 보며 자신을 되돌아볼 수 있어요."

사실 왜 걷느냐고 물으면 자신 있게 해줄 그럴 듯한 말이 없다. 택시기사는 자기도 한번 해 보고 싶다고 했다. 그는 텔레비전에서 대통령 퇴진 운동 뉴스가 나오자 문 대통령은 잘한 게 뭐가 있냐며 한마디 하자, 음식점 주인은 탄핵을 당해도 두 번은 당했어야 한다고 열을 올린다. 호남에서 민주당 지지하지 않는 분 처음 본다고 했더니 이제는 호남 민심도 변했다고 두 사람이 입을 모았다. 장항이 가까워 지역색이 옅은 모양이다. 나는 그들 말에 끼어들지 않았다.

식사를 마치고 나서야 메뉴판에 적힌 모주가 보였다. '진작 보았으면 모주 한잔 마실 걸' 혼잣말을 했다. 주인 남자가 서비스라며 잔이 넘치도록 한 잔 따라준다. 혼자 걷는 모습이 애처로워 보였나 보다.

군산세관을 지나 군산 근대역사박물관을 보려 했으나 리모델링 공사 중이다. 꿩 대신 닭이다. 군산 근대미술관에 들어갔다. 이 건물은 일제강점기 일본 제18은행 군산지점이다. 일본 나가사키에 본사를 둔 은행으로 숫자 18은 은행 설립 순서를 의미한다. 1911년 준공된 건물로 국가등록문화재다.

본관에는 군산과 전라북도 출신 예술가들의 작품을 전시하고 있다. 분기별로 다양한 주제로 기획전을 연다고 한다. 금고동 2층은 안중근 의사의 여순감옥을 재현한 전시관으로 꾸몄다.

전시관을 나와 야외에 있는 여러 조형물을 보며 걸었다. 무언가 빠뜨린 듯 허전하다. 대나무 지팡이가 손에 없다. 걸어온 길을 복기해 본다. 근대미술관에서 관람하는데 지팡이가 위화감을 주는 듯하여 1층 구석에 세워두고 그냥 나온 것이다. 멀리까지 가지 않아 다행이다. 기억을 더듬어 지팡이를 놓은 곳을 기억한 것도 찾아냈으니 아직은 머리가 덜 녹슬었나 보다. 입구에서 지팡이를 두고 나왔다니 안내하는 여직원이 활짝 웃는다.

째보선창은 군산 금암동에 있던 포구다. 조선시대 이곳에 큰 대나무밭이 성(城)처럼 마을을 감싸고 있어 마을을 죽성리라고 불렀다. 죽성리에 있는 포구를 죽성포구라 하였다. 일설에 따르면 이곳에 살던 째보(언청이) 객주가 포구의 상권을 모두 장악하고 있어 째보선창으로 불렸다고 한다. 또 다른 설은 강줄기가 옆으로 째져서 째보선창으로 부른다는 설도 있다. 지금은 복개 공사로 째보처럼 움푹 파여 있는 선창을 볼 수도 없고, 포구 및 어판장의 기능도 없어졌다.

째보선창에서 낚시를 하는 여든 살 노인을 만났다. 많이 잡았냐며 낚시 고기통을 확인하니 꽤 여러 마리가 들어 있다. 많이 잡았다고 하니까 5미터 옆에서 낚시하는 젊은이는 얼마나 잡았더냐고 묻는다. 보지 못했다고 했다. 그냥 자신의 낚시질만 즐기면 되는데 무엇이든지 경쟁하는 습관이 우리 모두의 몸에 배여 있다.

경암동 철길마을의 추억

째보선창을 지나 경암동 철길마을이다. 군산역과 페이퍼코리아 공장을 연결하는 2.5킬로미터의 철로 주변 마을을 모두 철길마을이라 부른다. 일제강점기 말인 1944년 신문 용지를 운반하기 위하여 개설했는데 2008년 철도 운행이 중단되었다. 일부 구간의 철도를 남겨놓고 철로 주변에 추억의 상점들이 빼곡하게 들어차 있다. 교복 대여점, 문방구, 쫀드기 가게, 완구점 등등. 나이 든 남자, 여자들이 추억의 교복을 입고 사진 촬영을 하고 있다. 반장이란 노란 완장이 눈에 들어온다. 나도 그 완장을 차고 사진을 찍고 싶었지만 혼자라서 용기가 나지 않는다.

경암동 철길마을 입구. '바퀴벌레·쥐 119' 광고가 볼썽사납다.

철길마을에 해바라기가 탐스럽게 피었다. 이곳에서 추억 여행을 할 수 있다.

전북 군산시 해망동에서 충남 서천군 장항읍을 연결하는 동백대교(冬柏大橋) 앞에 이르렀다. 이 다리는 2018년 12월 개통되었다. 다리 이름을 군산시에서는 군장대교로, 서천군에서는 장군대교로 사용하다가, 두 시군의 공모를 통하여 동백대교로 부르기로 했다고 한다. 두 시군의 꽃이 동백꽃으로 동일한 점을 구실로 삼아 명명했다. 사실은 지역 이기심으로 지역을 담아내지 못하고 의미가 퇴색한 생뚱맞은 다리 이름이다.

군산에서 차를 타고 동백대교를 건너면 10분 이내에 장항에 도착한다. 군산 쪽 금강하구둑에서 출발하여 네 시간 이상 걸어 장항 쪽 동백대교 진입로에 닿았다.

동백대교 입구에서 대형 차량 옆에 서서 담배를 피우는 남자가 있어, 동백대교를 걸을 수 있냐고 물었다. 걷기 진입로가 있으니 걸을 수는 있지만 별도 인도가 없다고 들었는데 올라가보지 않아 모르겠다고 말해준다. 쉰 중반의 트럭 기사인 박주호 씨에게 군산과 장항에 대한 궁금한 것들을 물었다. 그는 고향이 익산이고 부인이 서천 출신이라고 한다. 그가 사는 곳이 인천이라고 하니 반가웠다. 우리 둘째아들도 인천에 산다고 했다. 시간적 여유가 있어 서서 많은 이야기를 나누었다.

회를 파는 곳을 물으니 조금 가면 있다고 알려주었는데 찾지 못하였다. 오늘은 회에 소주 한잔 하려고 물어물어 어시장을 찾았는데 어시장 수준이 생각보다 규모가 작다. 그곳에서 박주호 씨를 다시 만났다. 부인과 다른 남자가 함께였다. 우연치고는 쉽지 않은 일이었다.

시장에는 새우젓이 중심이고, 회 종류는 별로 없었다. 어종도 광어뿐이다. 큰 광어는 3~4인분이라 선어회를 샀다. 그곳에는 양념을 파는 곳이 따로 없고 백반집에서 떠간 회를 먹는다고 했다. 왜 회를 파는 집에서 초고추장을 주는지 의아했는데 음식점에서 알았다.

음식점에서 혼밥은 안 된다고 한다. 사정사정해도 안 된다며 서빙 하는 여자는 주방으로 들어갔다. 가족과 함께 식사하던 나이 든 아주머니가 밥 한 공기 시켜서 함께 먹자고 한다. 그건 더 안 되는 일이 아닌가? 자리에 앉으면서 2인분 값을 받든지 일단 밥을 달라고 했다. 마지못해 나온 백반 밥상에 다른 상에 나오는 굴비와 배추쌈이 없는 식단이다. 그래도 감지덕지했다. 화물차 기사 박주호 씨 부부와 동생 내외, 동서 내외가 그 집으로 들어왔다. 조금 떨어진 좌석에 앉은 화물차 기사가 생선회와 새우를 접시에 담아 가지고 왔다. 그에게 소주 한잔을 권하고 시집 한 권을 건네주었다.

07. 보령 천북 바닷길을 걷다

도선장 갤러리 '장항을 꿈꾸다'

장항에서 1박 하고 장항 도선장을 찾았다. 도선장은 금강 하구를 사이에 두고 장항과 군산을 오가던 여객선을 타던 곳이다. 매표소와 대합실, 승선장이 남아 있다. 금강하구둑이 생기면서 2009년 여객선 운행이 중단되었다. 금강하구둑은 군산시 성산면에서 서천군 장항읍 도산리로 이어진다.

금강하구둑 건설은 장항 도선장 폐쇄를 불러왔지만 장항선과 구 군산선을 연결하여 철도역 연장을 가져왔다. 장항선은 천안역을 시작으로 장항까지 운행하던 철도 노선이다. 장항역 이름을 따 장항선이라 불렀다. 지금은 군산역을 거쳐 익산역까지 연장된 장항선이 되었다.

도선장 넓은 터는 낡은 나무 울타리를 철거하고 공원으로 조성하여 '도선장 갤러리'로 새롭게 탈바꿈하였다. 갤러리에는 '장항을 꿈꾸다' 등 조형물과 '아버지의 자리' 등 벽화를 비롯하여 많은 작품들이 설치되어 있다.

도선장에서 300여 미터 떨어진 곳에 일제강점기 일본이 우리나라 쌀을 수탈하기 위해 만든 서천 구(舊)장항미곡창고가 보인다. 1931년 장항선 철도 개통을 계기로 경기, 충남 지역의 쌀을 수탈해 간 역사를 간직한 건물이다. 독특한 건축 기법이 역사 교육 자료로 인정받아 등록문화재로 지정되었다. 원형을 보존한 채로 리모델링해서 문예 예술 창작 공간으로 재탄생했다.

당나라 수군을 격파한 기벌포해전 전망대

장항 송림은 말 그대로 소나무 숲이 잘 조성되어 있다. 1954년 장항농고(현 장항공고) 4.5회 생들이 2년생 곰솔을 심었는데 지금은 1만 2000여 그루가 멋진 자태를 뽐내며 1.5킬로미터의 해변을 따라 이어져 있다. 송림 사이로 난 산책로를 따라 걷는 속도를 줄여본다. 곰솔은 해송, 흑송, 검솔이라고도 하는데 줄기와 가지가 검은색을 띤다. 이 소나무들도 이제 칠순을 바라보는 나이다. 중간 중간에 심겨 있는 손자 소나무들을 넉넉한 품으로 안아주고 있다.

나무 밑에는 초록의 맥문동이 소나무와 푸르름을 다투고 있다. 맥문동은 송림그늘을 탓하지 않는다. 맥문동은 그늘에서 잘 자라며, 5월부터 8월까지 보라색 꽃을 피워 올린다. 2023년 8월 25일부터 29일까지 이곳 송림에 맥문동 축제도 열렸다. 무리 지어 핀 꽃의 자태는 보지 못했지만 초록의 향연 자체만으로도 좋았다.

그 멋진 송림 숲에 스카이 워크가 있다. 오른쪽으로 송림, 왼쪽으로 바다와 조화를 이룬다. 스카이 워크 끝 넓은 광장에 기벌포해전 전망대가 있다. 시설의 명칭을 구태여 스카이 워크라고 해야 하나? 역사성도 살리는 기벌포해전 전망대가 더 어울릴 듯한데.

나당연합군이 백제와 고구려를 멸망시키고, 당나라는 한반도 전역에 영향력을 행사하면서 신라의 권리를 침해했다. 이에 신라가 반발해 나당전쟁이 반발했다. 육지에서 시작된 전쟁은 처음에 당군이 승리하였으나 매소성 전투에서 신라가 크게 승리한다. 이에 육지에서 패전한 당군이 기벌포(서천군 장항 앞바다)로 침투하여 신라군과 벌인 전쟁이 기벌포해전이다. 이 전쟁에서 신라군이 승리하며 당의 세력을 완전히 몰아냈다.

송림 숲 들머리에 있는 카페에서 빵 한 개와 커피를 즐겼다. 150여 평의 대지에 올린 2층 건물이 소나무 숲과 조화를 이루었다. 몇 년 전에 평당 150만 원에 땅을 사고, 건물을 짓는 데 8억 원, 인테리어에 얼마가 들었다고 나이 든 주인 여자가 빵을 내오며 자랑을 했다.

해변이라 식당이 보이지 않는다. 솔숲을 지나 문에 외출 중이라고 표시한 음식점이 보였다. 전화번호가 적혀 있지만 차마 전화하지 못했다. 혼자라는 설움을 느꼈다. 일행이라도 있으면 힘주어 전화하고 맛있는 음식을 먹을 텐데. '비인 해변'을 들어가기 전 음식점이 보였다. 현관문을 열어놓고 주인이 보이지 않아 전화를 했다.

"왜유?"

근처에서 온 주인 여자가 뜨악한 표정으로 물었다.

"식사 좀 하려고요."

여자는 표정이 없다. 무슨 음식을 먹겠냐고 묻지도 않는다.

"준비하기 편한 음식 주세요."

얼음처럼 굳은 표정의 여자를 보니 메뉴를 선택하여 주문할 상황이 아니다. '무슨 음식 해줄 게요'라는 말도 없다. 준비하기 편한 음식을 달라고 했으니 그런가 보다. 갈비탕이 나왔다. 시장이 반찬이라고 맛이 있다. 반찬은 별로다. 점심시간이 지난 지 한참이라 그런지 들어오는 손님도 없다. 여자는 건너편 의자에 등을 돌리고 앉아 있다. 매상이라도 올려줄 마음으로 맥주 한 병을 주문했다. 맥주를 들고 온 여자는 여전히 표정이 없다. 잠시 후 주인 여자의 딸과 손자들이 놀다 들어와서 홀에서 이야기를 나누고 있어 그나마 위안이 되었다. 불편한 식사를 마치고 현금으로 밥값을 치르며 잘 먹었다고 인사를 해도 무표정한 여자는 대답이 없다.

식사를 마치고 5분 정도 걸어 '비인 해변'에 이르니 바지락칼국수 집이 서넛 영업 중이다. 손님들도 여러 명 보였다. 국수를 좋아하지는 않지만 조금만 더 참고 걸었더라면 눈치 보지 않고 편하게 점심을 먹었을 텐데. 백사장에 있는 리본을 따라 한참 걸었다. 호원항을 지나자 어둑해진다. 숙소가 있는 춘장대해수욕장까지 3킬로미터를 더 걸어야 한다.

작은 마을 뒤편의 야트막한 언덕인데 서해랑길 리본이 보이지 않는다. 야산으로 향하는 듯했지만 선뜻 들어서지 못했다. 조금 더 어두워지면 리본이 보이지 않고 길도 보이지 않을 것이다.

마을 노인 세 분이 언덕길을 올라오신다. 춘장대 가는 길을 물었더니 한 분이 정답을 말해준다. 산길로 가면 빨리 갈 수 있지만, 어두우니 오던 길을 뒤돌아가 서도초등학교를 지나 서도마트에서 좌회전하라고 상세하게 알려주신다.

춘장대해수욕장은 바닥은 넓어도 아직 다듬어지지 않은 느낌이다. 호텔 하나와 모텔 하나가 보이고 펜션은 수도 없이 많다. 호텔과 모텔 주인이 같은 사람이라고, 저녁 먹은 음식점 주인 여자가 알려준다. 모텔이 1박에 6만 원으로 비쌌다. 이용하지도 않을 것이면서 호텔은 얼마냐고 물어보니 12만 원이라고 한다.

모텔은 비싼 값을 했다. 방도 넓고 침구도 깨끗하다. 욕실도 널찍했다. 혼자 사용하기에는 지나치게 넓다. 2인 기준 방값인데 혼자 이용해도 깎아주지 않는다. 세 명이 이용하면 1인분 추가 비용을 받으면서 말이다.

도보 여행 3일차나 4일차에 숙소를 찾아 인근 시내로 가면 다음날 이어 걷는 곳의 접근성이 떨어져 그냥 집으로 올라왔다. 춘장대는 코스가 이어지는 구간이다. 오늘이 4일차로 오전은 걷고 오후에 올라가기로 마음을 잡는다. 어제 많이 걸어서 불편했던 다리의 통증도 가라앉았다. 아침에 춘장대 해변의 풍차 두 대가 구름을 불러들여 멋진 장면을 연출하고 있다. 이국적인 냄새가 물씬 풍긴다. 풍경에 취해 기분도 상쾌하게 구름처럼 피어오른다.

아침 7시에 춘장대를 출발하여 부사방조제길을 걸었다. 서천 춘장대에서 웅천을 막아 무창포해수욕장 방향으로 연결하는 방조제이다. 농지 목적이 아니고 서해에

서천군 서면에 있는 춘장대해수욕장의 풍차가 구름을 불러 모으고 있다.

서 밀려드는 조수의 피해를 막고 웅천읍 일대의 농경지를 보호하기 위해 건설했다. 1997년 완공했으며 총길이 3474미터다.

10월 말이 되니 아침에 피부에 닿는 찬 바람이 상큼하다. 썰물로 서서히 드러나는 뻘이 살아 움직인다. 아침 시간이라 그런지, 아니면 올라간다는 생각에 발걸음을 재촉했다. 바닷길이 열리는 무창포까지 걸었다.

무창포는 춘장대에 비해 여행객이 많다. 횟집들이 모두 영업을 하고 있어 이른 점심을 할까 생각하다 그냥 걸었다. 대천까지 걸어가도 집에 갈 시간이 넉넉할 것 같았다.

대천해수욕장을 5킬로미터 앞에 두고 발걸음이 더뎌진다. 발걸음에 제동을 걸지 않아 초반에 과속한 탓이다. 그래도 부득부득 걸음을 옮긴다. 월요일인데 대천해수욕장은 번화한 도시 같다. 서해랑길 걸어오며 지나온 해수욕장 중 가장 사람들이 많이 북적였다. 횟집에도 사람들이 제법 많이 있다. 횟집에서 회덮밥을 먹고 음식점 주인 여자에게 콜택시를 부탁했다.

뒷좌석에 탄 나를 돌아보며 택시기사가 물었다.

"어디 여행 다녀오세요?"

"해남부터 대천까지 걸어왔어요. 강화 평화전망대까지 이어지는 서해랑길을 걷고 있어요."

예순 중반의 기사는 놀라는 표정이다. 걷기 여행에 관심을 보이는 그에게 코리아 둘레길 이야기를 해주었다. 자기는 서해랑길이 있는 것도 몰랐다고 한다. 당장 쉬는 날 보령 구간을 천천히 걸어보라고 말해주었다.

"오늘 저녁에 동료들 만나 술 한잔 하며 할 이야깃거리가 생겼네요."

특종 뉴스를 만난 신문기자처럼 좋아한다.

"강화도까지 완주하십시오."

기사는 대천역에 내려주며 격려해준다.

"감사합니다. 기사님도 보령 구간 꼭 걸어보세요."

대천역에서 영등포행 무궁화표를 샀다. 월요일이라 표는 여유가 있다.

브레이크 타임에 먹은 김치찌개

영등포에서 새벽 5시 48분에 출발하는 대천행 무궁화호 첫차를 타기 위해 송내역에서 5시 6분 출발하는 첫 전철을 탔다. 배낭이 무거워서 앉으려고 몇 칸을 돌아다녀도 빈자리가 없다. 이른 시간인데 사람들이 많아 새삼 놀랐다. 전철의 첫차 시간을 당기거나 아침 시간에는 배차 간격을 줄여야 하지 않을까. 물론 러시아워에 지하철은 더 복잡하다. 이른 새벽부터 일터나 용무가 있어 나오는 사람들에게 지하철 이용을 편하게 했으면 하는 바람이다.

대천행 버스는 인천에서도 있지만 늦게 출발해서 12시나 되어야 보령에 도착한다. 버스를 타면 하루의 반이 지나는 셈이라 기차를 탔다. 새벽부터 부산을 떤 덕에 아침 9시 3분에 대천에 도착하니 완전한 하루 걷기가 가능하다. 이만한 번거로움은 당연히 감수해야 한다.

어제 저녁에 부천에서 하는 전통주 강의도 끝났다. 수강생들이 10회에 걸친 교육도 열심히 받고, 졸업주로 빚은 술맛도 좋았다. 술 빚기를 교육하고 지도한 강사로서 마음이 뿌듯하다. 어제 수강생들이 빚은 술을 시음하고 평가하며 밤이 깊어졌다.

걷기 여행을 가기 위해 아침 일찍 일어났지만 피곤함보다 교육을 마친 홀가분한 마음이 몸을 이끌어주었다.

걸으면서 점심을 먹을 만한 식당을 만나는 것도 행운이다. 오늘도 길 주위에 음식점이 보이지 않았다. 차가 다니는 도로변으로 나가 서해랑길 방향으로 걸었다. 나이 든 남자가 알려준 항아리칼국수집은 문이 열려 있으나 주인이 보이지 않는다. 혼자서 국수 먹는다고 전화할 용기가 없다. 음식점 한 곳은 시장을 보러간다는 핑계를 대고, 중국집에서는 점심 장사가 끝났으니 쉬어야 한다고 혼밥 손님을 거절한다. 다시 걸었다. 네 번째 '진미가든'이 보였다. 브레이크 타임이다. 편의점에서 컵밥이라도 먹어야 하나 생각하다 식당 주인에게 '배가 고프니 제발 밥 좀 달라'고 사정했다. 주인 여자가 앉으라고 한다. 메뉴도 말하지 못하고 준비하기 편한 음식을 달라고 했다. 무슨 음식을 해주겠다는 말은 없이 김치찌개가 나왔다. 시장이 반찬이라 맛이 있다.

식사를 마치고 밥값이 9000원인데 1만 원을 냈다. 시집도 한 권 건네주며 말을 걸었다. 브레이크 타임이지만 서해랑길 걷는 사람들이 대천해수욕장을 출발하면 이 시간에 이곳에 도착하니 힘들어도 점심도 먹지 못한 그 사람들에게 편의를 봐달라고 말했다. 여자는 긍정도 부정도 하지 않고 듣고만 있다. 긍정의 생각이 있어 보였다. 정말 고맙다며 사업 번창하라는 말을 남기고 음식점을 나섰다.

신부 5명과 신자 500명이 순교한 갈매못

　오천면에 있는 갈매못은 앞바다가 섬과 육지로 둘러싸여 붙은 이름이라고도 하고, 갈마연(渴馬淵)에서 온 것이라고도 한다. '갈증을 느낀 말이 목을 축이는 연못'이라는 의미이다.

　1866년 병인박해 당시 프랑스 신부 다섯 명과 500여 명의 신자들이 순교한 천주교 성지다. 순교자들이 체포되었을 때, 조선 왕실은 고종의 왕비 간택을 앞둔 시기였다고 한다. 한성 인근에 피를 보는 것은 좋지 않다고 생각하여 수군 기지가 있던 수영성으로 보내어 그곳에서 10리 떨어진 갈매못 백사장에서 처형했다고 한다. 갈매못 순교성지에 다섯 성인의 비석과 야외 제단, 기념관을 겸한 소성당, 십자가의 길, 승리의 성모성당이 조성되어 있다.

갈매못 순교성지 순교성인비와 순교복자비. 순교터에 세워 성인들의 삶을 기리고 있다.

일본 작가 엔도 슈사쿠의 《깊은 강》에 "인간은 이렇게 슬픈데, 주여! 바다가 너무 푸릅니다"라는 구절이 떠오른다. 해 저무는 갈매못 순교성지 앞바다가 검푸르게 빛나고 있었다.

나는 천주교 신자는 아니지만 프랑스 신부님이 세운 안법(安法)중학교에 다녔다. 교장선생님이던 신부님(신 루카)과 학교 앞에 있는 구포동성당과 인연이 있다. 소풍이나 여행, 행사가 있는 날이면 하루 전날 성당에서 미사를 드리고는 했다. 아내 쪽이 천주교 집안이라 면목동성당에서 혼배성사를 올리기도 했다.

성지에서 저무는 날이 발길을 재촉한다. 날이 어둑어둑해질 무렵 오천면 충청수영성에 도착했다.

보령 오천면에 인터넷으로 사전에 조회한 홍기와모텔이 보여서 반가웠다. 숙박비를 치르고 방에 들어서니 텔레비전이 노트북 두 배 크기만 하다. 생전 처음 보는 작은 TV이다. 모텔은 이곳뿐이니 어쩔 수 없는 일이다. 일단 배낭을 풀었다.

"오늘 월드컵 축구 봐야 하는데 세상에 이런 텔레비전 처음 봐요."

식사하러 나오며 주인 내외에게 불만을 털어놓았다. 걷기 여행 중 모텔을 이용하며 많은 불편 사항이 있지만 처음 있는 일이다.

"모텔 인수한 지 한 달밖에 안 돼서 아직 바꾸지 못했어요."

나이 들어 보이는 남자 주인의 핑계를 흘리며 저녁을 먹으러 나왔다. 작은 면소재지를 둘러보니 여인숙이 하나 보였다. 들어가 보니 후덕한 아주머니가 있다. 함께 운영하는 횟집은 영업을 하지 않고 있다. 시멘트를 바른 계단으로 2층으로 올라가보니 댓돌 위 방문 밖에다 신을 벗는 오래된 재래식 여인숙이다. 텔레비전은 31인치 정도로 모텔 것보다 네 배는 컸지만, 시설은 모텔에 비해 어림없다. 주인 여자에게 모텔비를 취소해주면 오겠다고 하고, 모텔을 찾아가 환불을 요청하니 순순히 해주었다. 텔레비전이 크다는 이유로 좁은 샤워실의 불편을 감수해야 했다.

둘레길을 걸으면서 처음에 들어간 모텔에서 나온 것도 처음이고, 여인숙도 처음이다. 여인숙 주인이 말해준 식당에서 돼지국밥을 먹으며 소주 한 병을 마시고 들어왔다. 술 덕분에 졸다가 우루과이전 전반전은 보지 못했다. 계속 잠을 잤다면 숙소를 옮긴 의미를 잊어버릴 뻔했다. 후반전만 보았다. 비겼지만 우리 선수들 잘 싸웠다.

갈매못 순교성지에서 2킬로미터 떨어져 있는 보령 충청수영성은 한양으로 가는 조운선(漕運船)을 보호하고 왜구 침탈을 방지하기 위해 조선 초기에 설치했다가 고종 33(1896)년 폐영되었다. 세종실록지리지 기록에 의하면 초기 충청수영성과 그 산하에 배속된 군선 142척에 수군 8414명에 이르렀다. 서문 밖 갈마진두(갈매못 순교성지)는 수영의 군율 집행터였다.

성 내에 있는 영보정은 천수만과 어우러지는 경관이 수려하여 조선시대 시인 묵객들의 발걸음이 잦았던 곳이라고 한다. 현재 영보정은 2005년에 복원하였다.

천북 굴단지에서 만난 한 가족

갈매못 순교성지와 수영성을 지나 보령방조제길을 걷는다. 보령시 오천면과 천북면을 가로질러 막은 작은 방조제다. 길이가 1킬로미터로 매우 짧다. 방조제길을 지나 천북면 바닷길로 향하는 리본을 따라 작은 언덕으로 올라갔다. 바닷가 주변에서 서해랑길 리본이 보이지 않았다. 다시 작은 마을로 내려왔다. 김장을 준비하는 아주머니들에게 천북 굴단지로 가는 길을 물었다. 알타리를 다듬던 여자가 알타리 한 개를 건네준다. 가을무라 그런지 껍질을 정갈하게 벗긴 무가 맛있다.

어린 시절 들판에서 무밭 주인과 이야기하던 아버지가 작은 무 하나 뽑아 먹으라는 말에 무밭을 이리저리 다니다가 자라지 않은 작은 무를 뽑아 먹은 기억이 떠올랐다. 아버지는 아들의 세상살이가 쉽지 않다고 생각했는지 집에 와서, "인사치레로 작은 무를 뽑으라고 했는데 진짜 생기다 만 무를 뽑는 바보가 어디 있냐"고 혀를 끌끌 찼다.

아주머니가 알려주는 대로 마을을 돌아 천북 바닷가로 내려섰다. 물이 빠질 때 조개 등을 캐서 옮기기 편하게 바다 가장자리로 시멘트 길을 만들어놓았다. 뻘밭 여기저기에서 사람들이 조개를 캐거나 낙지를 잡고 있다. 잡은 해산물을 운반하려고 경운기며 승용차까지도 들어와 있다. 아마 물때까지 생각해서 이곳을 걸을 계획을 했으면 시간을 맞추기 어려웠을 것이다. 마침 바닷물이 빠져 천북 바닷길을 걷는 행운을 가졌다. 중간에 바닷물을 모아놓는 커다란 수조에서 잡아온 조개며 물고기를 씻고 있어 구경하며 천천히 걸었다.

배낭에 작은 태극기를 꽂고 수염이 희끗한 사람이 뒤에 다가와서 서해랑길을 걷느냐고 묻는다. 그를 응원하기 위해 용인에서 내려와 1박2일 동행하는 두 사람도 함께였다. 나이 차가 조금 있어 보여 어떤 조합인지는 가늠이 되지 않았다. 천북 굴단지까지 그와 함께 걸었다. 세무사로 일하며 세금에 관한 책을 썼다는 K의 자부심은 대단했다. 지리산 둘레길은 물론 제주 올레길과 산티아고도 다녀왔다고 한다. 그는 승용차를 가지고 다니면서 한 코스가 끝날 때까지 한 달이고 두 달이고 계속 걷는다고 했다. 나는 그 방법에 선뜻 동조하기 어렵지만 암튼 대단한 사람이다.

그는 천북 굴단지에서 함께 온 일행을 기다렸다. 나는 이곳에서 끼니를 때울 것인지 조금 더 걸어가 남당항에서 할 것인지 망설이다 이곳에서 하기로 했다. 모두 굴을 취급하는 음식점이다. 들어서며 혼자 먹을 수 있는 메뉴를 물어보니 굴밥이나 굴구이를 추천한다. 굴구이를 먹고 싶지만 낮이라 굴밥을 주문했다. 굴밥을 준비하는 데 30여 분 시간이 걸렸다.

핸드폰 충전을 하려고 먼저 온 일행이 앉아 있는 옆자리에 앉았다. 괴산에서 왔다는 여든두 살이라는 키가 작은 노인이 음식값 14만 원을 계산했다. 키 작은 아버지 모습을 닮았다.

"죽을 때 가지고 갈 것도 아닌데 써야지."

노인이 옆에 앉아 있는 나를 바라보며 도움의 눈길을 보낸다.

"어르신, 맞습니다. 살아 계실 때 돈을 써야 고맙다는 말이라도 듣죠."

맞장구를 쳐주었다. 몸이 불편한지 휠체어를 탄 부인과 세 딸, 사위 둘이 함께였다. 계산을 끝낸 노인 얼굴에 미소가 한가득이다. 음식점에서 나가며 딸들이 아버지와 몇 마디 대화를 한 잠시의 인연으로 내게도 인사를 하고 나간다. 사위들은 장인에게 잘 먹었다는 말도 하지 않고 내게 눈길도 주지 않고 나간다. 장인에게 대접받는 게 아주 익숙한 조금은 뻣뻣해 보이는 사위들이다.

점심을 먹고 느긋하게 걸었다. 홍성방조제를 지나 남당항에 도착했다. 오래 전 마라톤할 때 동호회 회원들과 새조개를 먹으러 왔던 곳이다. 옛날 추억은 남아 있지 않았다. 슬라브 건물 대신 넓게 들어찬 상가들이 오히려 을씨년스러워 보인다. 손님도 보이지 않는다. 혼자 먹을 음식점도 마땅치 않다. 편의점에서 커피를 마시고 다시 걷는다. 역시 천북 굴단지에서 식사하길 잘했다.

바닷가 작은 동산이 바다의 거센 물결을 묵묵히 견뎌내고 있다.

홍성 궁리항에 도착하니 모텔이 하나 보인다. 날도 저물어가고 이곳에 숙소를 정할까 망설였다. 식사할 곳을 찾아보니 마땅치 않다. 오후 5시가 넘어가는 시간이다. 간월도까지 남은 거리 4.2킬로미터를 더 걷기로 했다. 그곳이 더 규모가 크기 때문이다. 이틀째 32킬로미터 넘게 걸어서 힘이 든다. 네이버앱으로 조회해 보니 간월도에 모텔은 확인이 되지 않고 펜션이 조회된다. 식사할 곳은 많이 있었다.

간월도 간월암

간월도(看月島)는 '달빛을 본다'는 뜻으로 무학대사가 이곳 간월암에서 달빛을 보고 득도했다고 해서 붙여진 이름이다. 무학대사는 간월암에서 멀지 않은 서산군 인지면 모월리에서 태어났다. 간월암은 간월도에 있는 또 다른 섬이다. 밀물과 썰물때 섬과 육지로 환생하는 섬. 간월도는 서산시 부석면에 속한 작은 섬이었다. 천수만에 방조제가 생기면서 육지와 이어졌다. 서산A지구 방조제를 걷는데 해가 넘어간다. 폐유조선을 이용해 방조제를 마무리했다는 일명 '정주영 공법' 안내판을 자세히 읽어보고 그분의 창의적 사업가 정신을 새삼 기억해 보았다.

간월도에 들어서는데 해가 졌다. 간월암을 찍는 사진작가에게 이곳에 모텔이 있

2022년 11월 25일 간월암 야경

2022년 11월 26일 간월암의 아침 풍경

느냐고 물어도 대답이 없다. 작품 사진을 찍는데 대답할 겨를이 없는 듯하다. 나도 따라쟁이가 되어 어둑해진 간월암을 핸드폰에 담았다.

간월암이 가까이 있는 간월도에서 반건조 생선을 파는 가게의 주인 여자에게 명함을 받았다. 생선이 튼실하고 먹음직스럽다. 잠잘 곳이 어디쯤 있는지 물었더니 멀지 않은 곳을 가리키며 바다모텔을 알려준다. 모텔 입구에 임시로 무인으로 운영한다는 안내가 있지만 익숙하지 않아 전화를 했다. 모텔과 붙어 있는 횟집에서 식사하던 주인 여자가 모텔 입구로 나왔다. 횟집 주인이 운영하는 모텔인 모양이다. 60대 중반으로 보이는 여자는 숙박비가 6만 원인데 혼자이니 4만 원만 내란다. 일단 호감이 간다. 회도 대·중·소 구분하지 않고 5만 5000원이다. 혼자이니 먹을 만큼만 달라니 3만 5000원에 준다고 한다. 우선 소주 한 병을 시켰다. 회만 먹을 수 없는 일 아닌가? 회가 나오기 전에 내온 생굴은 양이 적지 않다. 굴을 좋아해 양이 많다고 말하지 않고 먹었다. 다음에 나온 멍게도 양이 많다. 사장님 손이 크다고 했더니 주인 여자는 '맞다'고 한다. 오늘부터 같이 일을 한다는 실장이라는 남자도 맞장구친다. 중간 크기의 골뱅이도 네 개가 나왔다. 회는 적당량이다. 주인 여자와 오늘부터 일하게 되었다는 남자 실장과 주인 여자가 대천으로 회를 사러간다며 편하게 드시라고 했다. 음식값을 미리 달라고 하지 않았지만 먼저 계산해주었다. 최소한 대천에 가서 횟감을 고르고, 사 가지고 오려면 세 시간 이상 걸릴 것이다. 그때까지 혼자서 음식점에 있을 것 같지 않았다. 식당 한 곳에 있는 트레드밀이 신경 쓰였다. 왜 그것이 그곳에 있는지도 궁금했다. 식당 내부가 두서가 없어 보인다.

횟집 옆 공간에 오래된 노래방 기기가 있다. 주인 여자가 이용하라며 사용 방법을 알려준다. 실장은 한 잔 먹고 노래 한 곡씩 부르라며 한 수 더 둔다. 그들이 나가고 소주 몇 잔 마시고 정말 노래 한 곡 하려는데 음정 박자가 맞지 않는다. 술을 덜먹어서 그런지 기계가 오래되어 그런지 모르겠다. 노래방 기기에 그냥 메들리를 틀어놓고 술을 마셨다. 처음 있는 일인데 색다른 묘미가 있다. 살다 보니 이런 별스런 일도 생긴다.

청포대해수욕장 독살터

바다모텔은 방의 온도 조절이 되지 않아 한증막처럼 너무 더웠다. 방바닥이 발을 디딜 수 없을 정도로 뜨거웠다. 바닥에 이불을 하나 깔았다. 침대 주변을 살펴보아도 온도조절기가 눈에 띄지 않았다. 술에 취해 찾지 못했는지 모르겠다. 그렇다고 일을 보러나간 주인 여자에게 전화하는 일도 실례인 것 같다. 방안의 열기와 씨름하다가 잠을 설쳤다.

냉장고에는 플라스틱 통에 정수기 물이 담겨 있다. 어제저녁에 주인이 대천에 갔을 때, 회를 먹고 있는 내게 투숙한 손님이 나를 주인인 줄 알고 수돗물을 준다며 항의했다. 모텔과 횟집을 인수한 지 한 달이 채 되지 않았다지만 여러 가지가 뒤죽박죽이다. 처음 모텔업과 음식점을 한다니 진정으로 이곳이 잘되어 여행객들에게 좋은 쉼터와 먹거리 터가 되었으면 하는 바람이 생겼다.

아침에 일어나 이런 일들을 주인에게 문자로 보낼까 했지만 하지 않았다. 일어나지도 않은 주인에게 일찍부터 그런 문자를 보내는 것은 실례인 것 같았다. 아침에 모텔을 나서는데 주인 여자가 따라 나와서 식사라도 간단히 하고 가라고 한다. 아마도 길 떠나는 내게 인사라도 하려고 일찍 일어난 것처럼 보였다. 그녀의 말은 진심에서 우러나오는 것 같다. 그런 여자에게 아침부터 방의 온도 조절과 생수 문제를 이야기했다. 음식점 한 편에 있는 트레드밀도 치워야 될 것 같다고 말해주었다.

"명심 또 명심하겠습니다."

속마음은 어떤지 몰라도 주인 여자는 시원스럽게 대답했다. 진정으로 자신을 생각해서 해주는 이야기라고 생각하는 듯했다. 20여 분 걷다 생각해 보니, 세면대에 물이 빠지지 않는 것을 빼먹었다.

어제 저녁 궁리에서 서산A지구 방조제길을 지루하게 걸었는데 아침부터 서산B지구 방조제길을 걷는다. 역시 방조제길은 걷는 재미가 없다. 끝이 보이지 않는 넓은 논을 바라보며 현대 정주영 회장의 뚝심을 생각해 본다. 휴게소에서 바지락칼국수를 먹었다. 손님이 없어서 그런지 메뉴판에는 2인분부터라고 써놓았지만 1인분도 주문을 받았다. 바지락이 엄청 많이 들어 있다. 면도 쫄깃하고 식감이 좋다.

논밭길, 그리고 작은 언덕을 걸어 청포대해수욕장에 도착했다. 여행작가협회 기행에서 와본 곳이다. 별주부전 전설이 전해지는 해변의 조그만 동산을 자라바위라고 했다. 토끼가 거북의 등을 타고 있는 조각상이 보인다. 누가 만들어놓은 우화인지 재미있다. 토끼가 간을 빼서 널어놓았다고 한 자라바위에도 올라가보았다.

자라바위 옆에 있는 '독살'에 모래가 많이 들어와 제 모습을 잃고 있다. 독살은 어살의 한 종류로 가장 원시적인 형태의 고기잡이 방식이다. 살을 설치하는 재료가 돌이므로 '돌로 막는 살'이란 충청도 방언이다. 밀물이 들어올 때 따라 들어왔다 썰물 때 나가지 못한 물고기를 '독 안에 든 쥐'처럼 잡기 때문에 독살이라 부른다는 이야기도 있다. 예전에 왔을 때는 독살 체험장을 운영했는데 코로나 때문에 손님이

청포대해수욕장. 별주부전 전설이 전해지는 작은 동산이다.

전통 방법으로 고기를 잡던 독살의 흔적이 희미하다.

없어 관리하지 않는 모양이다. 하나 둘 지워져 가고 있는 옛 모습이 안타깝다.

청포대해수욕장 백사장에서 나와 걷기 길로 접어들었다. 어제 만났던 K를 다시 만났다. 몽산포해수욕장까지 함께 걸었다. 몽산포해수욕장은 넓은 백사장이 푸른 소나무 숲을 품고 있어 풍광이 아름답다. 경치가 아름다워 '태안팔경' 중 하나로 꼽는다.

K가 자신의 이야기를 조금씩 풀어놓았다. 나도 몽산포에 얽힌 이야기 하나를 풀어놓았다. 내가 제약회사에 근무할 때 상사 부인이 약사였는데 그들 부부와 여름 휴가를 이곳 몽산포에 왔었다. 그때 함께 찍은 사진을 상사 부인이 외아들이 다니

는 미술학원 원장에게 보여주었다. 그 사진의 인연으로 미술학원 원장을 내게 소개해주어 지금의 아내가 되었다고 했다. K는 재미있는 인연이라고 했다.

　몽산포해수욕장에서 K는 오늘 일과를 마무리한다고 했다. 점심때가 한참 지나 식사하러 작은 식당에 들어갔다. 넓은 해수욕장이지만 11월 말경의 해수욕장은 대부분 음식점이 문을 닫았다. 코로나 때문에 찾는 이 없는 것도 한몫했다. 바지락칼국수를 먹고 있는 손님 한 팀이 있다. 우리는 돼지고기 두루치기에 막걸리 한 병을 나누어 먹었다. 계산은 연장자인 내가 한다고 하니 현역인 K가 한다고 했지만 편하자고 내가 계산했다. 식사 후 편의점에서 그가 사준 커피를 마시고 그곳을 떠났다.

　앞으로 걸어야 할 코스에 모텔은 없다. 펜션은 몇 개 조회가 되지만 식사 준비할 재료가 없어 펜션은 이용하지 않았다. 걷는 데까지 걷다가 콜택시를 불러 연포해수욕장으로 가야 하나, 아니면 태안읍으로 가야 하나 결정하지 못하고 걸었다. 날이 어두워지려면 한 시간 정도 남았는데 길 왼편으로 '우리집펜션'이 보인다. 입실한 사람들이 숯불에 삼겹살을 구우며 이른 저녁을 준비하고 있다. 숙박비를 물어보니 6만 원이라고 한다. 도보 여행 중이라 저녁 먹을거리가 없다고 하니 라면이나 햇반을 주겠다고 한다. 일단 알았다 하고 나오는데 여자가 명함을 건네준다. 오실 거면 전화를 미리 주어야 보일러 가동을 한다고. 2~3킬로미터를 걸으며 생각이 깊어졌다. 태안 읍내로 들어가면 아침에 다시 이곳으로 나와야 한다. 이곳에서 자고 이어서 출발하는 편이 좋을 듯하여 우리집펜션으로 발길을 되돌렸다. 여자는 쟁반에 생수 두 병과 라면 한 개, 김치가 든 작은 반찬통을 가지고 왔다. 아주 익숙한 모습이다.

08. 잊혀 가는 먼동 해변

세 번째 만난 K씨

컵밥을 먹고 아침 7시 10분에 우리집펜션을 나섰다. 오늘이 4일차 걷기다. 오전에 연포해수욕장까지 걷고 올라가기로 마음을 정했다. 금년 마지막 달 12월을 사흘 앞두고 날씨가 제법 춥다. 살얼음이 얼었다. 길가 마른 풀에는 서리가 하얗게 내렸다. 도심에 살며 오랫동안 보지 못한 풍광이다. 그 풍경을 눈에 깊이 담아본다. 손이 시려 장갑을 꺼내 끼고 얇은 넥워머를 했다. 추위는 몸 어디에도 자리 잡지 못하고 사라졌다.

시골길에서 자전거를 타고 가던 마을 사람이 어디 가냐고 물었다. 처음 보는 사람이 내게 말을 걸어온 건 강진방조제 이후 처음이다. 아침 운동으로 자전거를 타는 그는 건장해 보였다. 먼저 내게 나이를 물어온다. 나와 갑장이라는 말에 정감이 갔다. 한참을 서서 이야기하다 그는 자전거를 끌고 10여 분 내 옆에서 함께 걸었다. 이제 친구들이 하나둘 떠나간다는 그의 말이 마음에 와 닿는다. 시골 한마을에 살던 불알친구 세 명이 세상을 떠났다.

내가 이 세상을 떠나는 그날은 언제쯤일까, 어떤 모습으로 어떻게 떠나게 될까?

잠시 상념에 빠져본다.

"아내에게 오늘 할 말이 하나 생겼어요."

헤어지는 남자가 자전거에 올라타며 손을 흔들었다.

지난번 춘장대에서 대천역까지 이용한 택시기사도 "오늘 저녁 친구들과 술자리에서 해줄 말이 생겼다"고 하던 말이 떠올랐다. 작은 길이라 이정표를 찾지 못하여 이곳저곳으로 다른 길을 따라가다가 리본을 찾기도 했다. 시골길에는 서해랑길 리본 부착이 좀 부족하다는 생각이 든다. 연포해수욕장을 5킬로미터 남기고 작은 언덕길을 넘어 민가 앞에 이르렀다. 남자가 채칼로 무를 썬다. 아낙은 절인 배추를 씻는다.

"김장하시네요."

"예."

단답형으로 답한 중년의 남자가 힐끔 쳐다본다.

"수고하세요."

한참을 서서 김장하는 것을 보았다. 단답형 대답에도 마무리 인사는 필요했다.

인사를 마치고 걷는데 뒤에서 인기척이 들린다. K였다. 이런 인연이라니.

"세 번 만나면 정들어 안 되는데."

내가 하는 말에 그의 표정이 밝다. 어제 몽산포에서 일정을 마친 그가 6킬로미터 정도 더 걷고 하루 일정을 마친 나를 따라잡은 것이다. 그는 시속 6.4킬로미터로 빠른 걸음이다. 평지 5.2킬로미터 속도로 걷는 내게 비해서 엄청 빠른 걸음이다. 그가 걸어온 인생길처럼 주위도 돌아보지 않고 오직 걷기에만 몰두하는 것처럼 보인다. 오늘 아침 출발 시간도 빨랐을 것이다.

어제 두 번째 만났을 때도 말이 적던 그가 이야기보따리를 풀었다. 어머니는 혼자 장사를 하며 다섯 형제를 키우셨다고 한다. 고등학교를 졸업하고 세무공무원을 하다가 서른아홉에 세무사가 되었다. 방통대 독학 과정의 대학 과정을 2년 만에 마치고 동국대 경영대학원도 졸업했다. 또 용인대에서 박사 과정을 이수하고, 용인대에서 교수로 근무도 했다. 현재는 20여 명의 세무사를 둔 큰 세무법인 대표 세무사로 일하고 있다. 기부 활동도 열심히 하고, 이제는 자기가 없어도 세무법인이 제대로 굴러간다.

그의 이야기보따리는 엄청 크다. 성공한 그의 보따리를 처음 만난 사람에게 풀어놓을 수는 없는 일이다. 내게 풀어놓은 것도 세 번째 만남에서다. 아침 운동으로 자전거를 타다가 만난 갑장의 말처럼 나도 아들들에게 말할 거리가 하나가 생겼다.

연포해수욕장 들머리에 있는 편의점에서 커피를 마시고 헤어졌다. 인천까지 올라오면 전화하라고 했는데 그의 전화는 오지 않았다. 나도 전화하지 않았다. 그는 크리스마스 전에 서해랑길 걷기를 마칠 계획이라고 했다.

쉬지 않고 달려온 그의 삶이 습관이 된 듯하다. 이제 걷기는 쉬엄쉬엄하면 어떨까? 시속 6.4킬로미터는 경보 수준이다. 그는 오직 앞만 보고 걸으며 풍광을 빠르게 핸드폰 카메라에 담았다. 옆도 보지 못하고, 걸어온 뒤를 돌아볼 여유도 없다. 오직 목적지만 앞에 있는 것이다. 그가 살아온 길처럼….

2022년 12월 28일 그는 서해랑길 걷기를 잘 마쳤다며 사진과 함께 카톡이 왔다. 완주를 축하한다고, 추위에 고생했다고, 나는 이제 태안반도까지 왔다고 답장했다.

만리포에서 백리포까지

인천터미널에서 출발한 버스가 예정 시간보다 10여 분 늦게 태안에 도착했다. 아침 9시에 출발하는 연포행 버스가 이미 출발하여 한 시간을 기다려야 했다. 터미널 안에 있는 작은 카페에서 커피를 마셨다. 온스 단위로 가격을 써놓았다. 처음 본 온스로 표시된 세 종류의 커피 메뉴가 왠지 신선한 듯 낯설다. 온스가 무게 단위냐고 주인 남자에게 물었다. 주인 남자는 부피 단위라고 말하지만 구체적으로 설명하지 못하고 우물쭈물했다.

나는 궁금한 것은 못 참는 성격이라 때로는 자신을 피곤하게 옭아매기도 한다. 아메리카노를 앞에 놓고, 국립국어원 표준국어대사전으로 온스를 검색해 보았다. 온스는 고체의 무게 또는 액체의 부피를 나타내는 단위이다. 1온스는 영국식 단위로 약 28.41그램, 미국은 약 29.57그램으로 국가별로 차이가 있다. 왜 제대로 알지도 못하고 세계적으로도 통일되지 않은 온스로 표시하는 것일까? 세상에서 자주 접하지 않는 '온스가 신선하다는 느낌은 들었다.

10시 출발하는 연포행이나 9시 40분 만리포행 버스가 송현1리 버스정류장을 거친다고 했다. 주차 대기 중인 만리포행 버스기사에게 물었더니 기사의 대답이 유쾌하지 않았다. 시골 버스라 그런지 정류장 안내 방송이 없다. 지역을 아는 사람만 알아서 벨을 누르고 내린다. 버스기사에게 송현1리에 내려달라고 큰 소리로 말해도 대답이 없다. 뒤에 앉은 아주머니도 송현리에서 내린다며 자기 내릴 때 내리라고 말해주어서 조금 안심이 되긴 했다. 고개를 뒤로 돌리고 아주머니와 이야기를 나누고 가는데 기사가 여기 내리라고 말한다. 아주머니는 더 가야 한다고 했지만 내렸다. 길 건너에 서해랑길 안내판이 보였다. 내리기는 잘 했지만 기사의 불친절이 마음에 남았다. 대부분 기사들이 친절한데, '알았다'는 말만 했어도 되는데 하는 아쉬움이 남는다.

작은 모항저수지 오른쪽 아랫길로 태안 해변길 안내판이 있고, 서해랑길은 왼쪽 윗길에 리본이 붙어 있다. 서해랑길과 태안 해변길이 저수지를 도는 방법이 다른가 하며 서해랑길 안내를 따라갔다. 저수지가 끝나는 지점에 리본이나 이정표는 보이지 않았다. 민간인 통제구역이란 표시가 보이고 두 명의 통제사가 나와 여기는 민간인 통제 구역이라며 돌아가라는 말만 남긴다. 서해랑길을 걷고 있는데 돌아가는 길이 어디냐고 물어도 모른단다. 저수지 끝나는 쪽으로 돌아 나가니 모항 아랫길 태안 해변길과 서해랑길이 함께 산으로 오른다. 따로 의미도 없는데 같은 코스로 가지 않고 각기 다른 길로 간다.

모항항(茅項港)을 지난다. 태안 지역 어업의 주요 거점 역할을 하는 항구라지만 규모는 크지 않다.

태안 지방의 자염(煮鹽) 안내판을 보고 소금에 대해 한가지 더 배웠다. 자염은 염전에서 생산한 소금이 아니라, 갯벌에서 염도를 높인 바닷물을 가마솥에 끓여서 만든 서·남해안의 전통적인 소금을 말한다. 구한말 천일염이 들어오기 전에 사용한 전통 소금이다. 자염은 제조비용이 높은 단점이 있지만, 천일염에 비해 부드러운 짠맛과 달콤 쌉싸름한 맛이 있다. 끓이는 과정에서 잡내도 날아가 살균 효과도 있다. 제조비용이 높아 가격은 천일염에 비해 비싸다. 태안 지역은 넓은 갯벌과 풍부한 땔감 등 자연적인 조건이 좋아 충청 지역 제일의 자염 생산지였다고 한다. 끓여서 만드는 자염은 연료비 등 제조비용이 높아 경제성이 맞는지는 모를 일이다.

해변을 따라 해수욕장이 이어진다. 만리포해수욕장은 아름답고 질 좋은 모래밭이 있고 수심이 얕아 가족 단위 피서객이 많이 찾는다. 변산해수욕장과 대천해수욕장과 더불어 서해안 3대 해수욕장으로 꼽힌다. 만리포는 조선시대에 명나라 사신을 환송할 때 '수중만리 무사 항해'를 기원하며 전별식을 한 곳이다. 수중만리의 '만리'를 따 '만리장벌'이라 부르다가 현재는 만리포라 부른다.

마라톤을 할 때 클럽 회원과 이봉주와 한전 김재룡 감독과 하룻밤을 지내고 다음날 인근 학교 운동장에서 축구 경기를 한 추억이 있다. 이봉주 선수는 술도 잘 마시고 소탈한 모습이었다.

정서진 정남진은 어디일까

정동진이라는 지명은 조선시대 광화문을 기준으로 정동쪽 끝에 존재한다고 해서 붙여진 이름이다. 현대의 측량 기술로 측정한 실제 정동진은 지금의 정동진에서 남쪽 15킬로미터 지점인 동해시 대진마을이라고 한다. 서울에서 정동(正東)이 어디냐는 문제로 논쟁을 벌이기도 했다. '지리적' 정동은 동해시. '역사적·문화적' 정동진은 강릉시라고 한다. 드라마 모래시계 열풍으로 정동진은 관광명소가 되었다. 바닷가에 접한 정동진역은 일출 명소며 기차 여행의 단골 명소이다. 바닷가에는 모래시계에 등장한 '고현정 소나무'도 있다.

태안에 정서진이 있다. 남북한을 합친 한반도의 중심은 충북 중원이며, 중원을 기점으로 태안 만리포가 서쪽이라는 게 태안군의 논리다. 태안군은 2005년 만리포 지역을 정서진으로 지정하였으며, 2011년 '제1회 만리포 정서진 선포식 및 기념축제'를 열어 인천 서구와 정서진 소유권을 주장하고 있다.

만리포해수욕장에 있는 정서진 표지판. 중원을 중심으로 만리포가 정서진이라는 논리다.

인천 서구에서는 광화문 도로원표를 기준으로 경인아라뱃길과 서해가 만나는 지점이 정동진의 대칭 개념으로, 2011년 정서진 사업의 시작을 선포했다.

정서진뿐만 아니라 정남진은 광화문 기준 정남쪽 방향에 있다고 붙여진 이름이다. 장흥 정남진 전망대에서 득량만 일대와 소록도, 거금대교, 완도 등을 조망할 수 있다.

천리포해수욕장은 만리포해수욕장에서 2킬로미터 정도 떨어져 있다. 해수욕장 크기는 작지만 조용하게 피서를 즐길 수 있다. 미국인 밀러(한국명 민병갈)가 62헥타르 면적에 일군 한국 최초의 민간 수목원인 천리포수목원이 인근에 있다. 독도 면적이 18.7헥타르라고 하니 수목원의 규모가 꽤 크다. 귀화한 미국인이 엄청난 일을 한 셈이다. 수종이 1만 5600여 종이나 된다고 한다.

천리포수목원을 지나 북쪽으로 산기슭을 넘어 비탈진 숲 아래로 작은 해변이 있다. 폭 250미터, 길이 800미터의 백리포해수욕장이다. 호젓한 분위기가 마음을 이끈다.

모처럼 작은 펜션에서 바다를 바라보며 하룻밤 머무를까 생각했지만 문을 열지 않았다.

신두리 사구와 해수욕장들

태안군 원북면 신두리 해변에는 넓게 펼쳐진 신두리해수욕장이 있다. 해수욕장을 지나며 바닷바람이 만들어놓은 작은 사막 같은 사구에 키 작은 나무와 풀포기가 질긴 생명을 이어가고 있다. 데크길도 예쁘게 잘 만들어놓고 아기자기한 길들이 걷기에도 재미있다. 날이 저문다. 또 숙소를 찾아야 한다.

모텔은 보이지 않고 펜션만 있다. 요금도 10만 원이라니 부담이 간다. 콜택시를 불러 태안읍으로 갈까 만리포로 갈까 하다가 택시비와 모텔비를 합친 요금이면 이곳에서 머물기로 하고, 또 다른 펜션에서 7만 원 달라는 것을 깎아서 6만 원에 들었다. 방은 넓지만 춥고 침구가 너무 불결했다.

신두리 해변 검은 구름이 겹겹이 내려앉아 어두움을 더하고 있다. 신두리 해안 사구는 태안반도의 바닷가를 따라 형성된 모래언덕이다.

사구-砂丘

바람에 날리고
파도에 떠밀려
신두리 해변에 앉았다

밤새 철썩이는 파도 소리 외로워
달맞이꽃도 품고
해당화도 품고
빗장 열어 비수리도 품었다

야위어진 가슴
까칠한 셋째아들 품고

무디어진 호미 끝
줄줄이 달린 여섯 남매
치마끈 조여 매며
살다 가신 어머니

학암포해수욕장으로 가는 길목에 먼동 해변이 있다. 이름처럼 예쁜 작은 해변의 경관이 아기자기하다. 학암포 명성에 눌려 기가 잔뜩 죽어 있는 모습이다. 1993년 〈먼동〉이란 드라마를 이곳에서 촬영했다. 드라마 촬영으로 태안의 일몰 명소로 유명해져서 한때 사진작가들이 많이 찾던 곳이다. 해수욕장 뒤편에 작은 마을도 있다. 민박하며 조용한 피서를 즐기려면 이런 곳이 제격이겠다. 우리나라의 냄비 근성을 불러오려면 〈먼동〉이란 영화나 〈먼동2〉 드라마라도 방영해야 다시 각광을 받을 것 같다.

다음으로 이어지는 구례포해수욕장은 규모도 제법 크다. 〈용의 눈물〉과 〈장길산〉 촬영지라고 소개하고 있다. 학암포 해변 쓰레기를 수거하는 사람들이 두 명 보였다. 해변에 사람들도 몇 명 보인다. 쓰레기 수거하는 50대로 보이는 사람과 이야

먼동 해변 일몰 촬영 포인트. 원래는 해녀마을 해수욕장으로 불리었으나 KBS 50부작 대하드라마 〈먼동〉의 촬영지로 알려지며 이름표를 바꾸었다.

충남 학암포 앞 바다에 있는 인천광역시 소속 섬들. 인천광역시 섬은 168개로 유인도 40개, 무인도 128개로 구성되어 있다.

기하다 학암포 앞 바다에 보이는 자월도 백야도, 선갑도, 율도, 팔문갑도 등의 섬들이 인천시 소속이라는 이야기를 들었다. 몇몇 섬은 이름만 들어본 섬이다. 태안에서 더 가까운데도 어업조차 하지 못한다고 한다. 자기의 일을 하면서 자기 일과 관련이 없는데도 그것을 인지하고 여행객들에게 설명해주는 마음이 고맙다. 어떤 경로로 섬의 관할이 정해지는지 모르지만 같은 나라 안에서 비효율적이 아닌지 모르겠다.

서해안 바닷가는 모래밭만 있으면 모두 해수욕장이다. 들어보지 못한 작은 해수욕장들이 더 아름다워 보였다. 태안 화력발전소로 인하여 바닷길이 아닌 내륙의 길을 우회하여 태안항과

학암포해수욕장 상징물. 학암포는 해변에 물이 빠졌을 때 드러나는 바위의 형상이 학 모습처럼 보인다고 하여 유래되었다.

이원면을 잇는 이원방조제길을 걷는다. 역시 방조제길은 재미가 없다.

서울서 두 달 살기를 하러 내려왔다는 70대 남자를 태안 볏가리마을 농로에서 만났다. 시골길을 걷는 그의 모습이 평화로워 보였다. 이곳에서 두 달 산 경험으로 나에게 마을과 걷기 길을 안내해준다. 두 달 살기는 내일이 끝나는 날이란다. 공무원을 퇴직하고 지역 자원 행사로 와보았는데 도시의 아파트에서 느껴보지 못한 많은 것을 체험했다고 한다. 내일이 떠나는 날인데 살다 보니 정이 많이 들어 서운하다고 한다.

어제저녁도 오늘 아침도 컵밥을 먹었다. 오늘은 만대항까지 가서 회라도 한 접시 하고 싶지만 거기까지 가기에는 무리이다. 꾸지나무골 해변을 앞두고 적당한 숙소라도 잡을까 망설이는데 빈 택시가 나온다. 약속이 있다는 50대 기사는 잠시 망설이더니 나의 복장을 보고 선뜻 차를 돌렸다. 만대항에서 회를 겸한 저녁을 먹었다. 베트남 여자 두 명이 일을 하고 있어 그들이 주인인 줄 착각했다. 남의 일을 자기 일처럼 솔선수범하는데 놀랐다. 주인이 복 받은 사람이다. 만대항에 걸린 민박 안내 현수막을 보고 전화를 했다. 차로 데리러온다는 것을 걸어서 간다고 말했다. 밤길을 천천히 40여 분 걸어 민박에 도착했다. 차를 타고 만대항에 들어갔으니 나올 때는 걸어 나와야 한다는 강박감이 작용했다. 민박이지만 어제 펜션보다 훨씬 아늑하다.

민박집에서 아침에 일어나 보니 등산화와 대나무 지팡이가 보이지 않는다. 밤 사이 무슨 일이 일어났나 생각해봐도 감이 잡히지 않는다. 과음한 탓인가 잠시 더듬어 생각해도 기억이 나지 않는다. 배낭에 짐을 챙기고 민박집 주인 여자에게 전화를 했다. 한참 만에 전화를 받는다. 잠에서 막 깬 목소리다. 신발이 없어졌다는 말에 그럴 리가 없다며 남편과 나왔다. 방안이 마룻바닥보다 낮은 구조라 신발을 방에 벗은 것으로 착각했다. 거실을 거쳐야 방에 들어가야 하므로 현관에서 신을 벗고 방에 들어온 것을 깜박 잊었다. 주인 내외의 잠을 깨워 미안하다고 하자 주인 여자는 일어날 시간이라 말했다. 방 구조상 그럴 수 있는 착각이라며 이해해주어

민박집을 나와 떠오르는 아침 해를 맞이한다.

고마웠다. 남자는 현관 신장에 있는 신발을 내려놓으며 벌레 씹은 표정이다.

민박집에서부터 서해랑길 코스는 서해를 바라보며 작은 산길로 걷는 코스다. 이른 아침이라 이슬이 많이 채일 것 같아 도로를 따라 걸었다. 산등성이를 밟지 않으면 코스를 이탈했다고 자신을 책망할 것 같았다. 산재산 등산로 표시를 보고 올라갔으나 길이 없다. 마른 풀섶을 헤쳐 길을 내며 올라갔다. 능선에서 산길을 만나 솔향기 캠핑장에 도착하니 서해랑길 73코스 시점과 종점 그리고 꾸지골해수욕장 안내 표시가 있다. 산등성이에서 바라보니 바다 건너편 태안발전소에서 내뿜는 연기가 아침 해변을 휘감고 있다.

셋째 날이라 걷기가 힘들다. 내려올 때 4박5일 일정 계획으로 일요일에 올라갈 예정이었으나 내일 올라가야겠다. 몸의 컨디션에 순응해야 하니까.

컵라면 물 구하기

식당이 검색된 태안군 원북면 청산리 나루터에 고픈 배를 달래며 찾아갔으나 문이 굳게 닫혀 있다. 간식으로 빵을 먹었지만, 시간은 오후 2시가 지나고 너무 시장하다. 컵라면이라도 먹어야 하는데 뜨거운 물을 구할 수 없다. 닫힌 집 문을 두드리고 들어갈 용기는 차마 없다. 길옆에 드문드문 보이는 집을 지나치며 기웃거렸다. 여든이 넘어 보이는 노인이 현관에서 흔들의자를 타고 있는 모습이 보인다. 조심스레 들어가 인사를 하고 끓는 물을 부탁했다. 노인은 못마땅한 표정으로 한참 쳐다보더니 '알았다'며 현관문을 열고 들어갔다. 안에서 부인인 듯한 여자와 나누는 목소리가 들렸다.

노인이 편수 냄비에 끓인 물을 들고 나왔다. 노인이 취급하기에 위험한 듯하여 내가 컵라면에 부으려 해도 부득불 노인이 컵라면에 물을 부어주고 깍두기 몇 개가 담긴 작은 일회용 플라스틱 통을 건네주고 안으로 들어갔다.

허겁지겁 라면을 먹고 배낭을 챙겨 뗐다. 현관문이 닫혀 있어 문을 두드리거나 열고 감사 인사라도 해야 하나 멈칫거렸다. 감시카메라라도 설치되어 있는지 노인이 나왔다. 고맙다는 내 말에 노인은 코로나 때문에 결례를 했다며 이해해 달라고한다. 먹고 남은 컵라면 통이 신경 쓰였는지 '여기다 버리라'며 현관 구석을 가리킨다. 나는 배낭에 챙겨 넣었다고 했다. 노인의 행동이 이해되지만, 완전 코로나 환자취급 받은 느낌이다.

라면이라도 먹으니 배는 든든했다. 사흘 동안 제대로 먹은 것은 회덮밥 두 번이다. 컵밥 두 번 먹고 라면을 먹었다고 생각하니 더 힘이 나지 않는다.

갯벌이 끝없이 펼쳐지는 가로림만을 걷는다. 12.9킬로미터의 길고 아기자기한 갯벌에 볼거리가 많다. 멀지 않은 바다에 있는 선돌바위가 마을을 바라보고 있다. 일제강점기 일본인들이 깨뜨려서 어디론가 가지고 가는 것을 마을 사람들이 더 이상 바위를 깨뜨리지 못하게 하여 지금의 모습으로 남아 있다고 한다.

가로림만 바다에 있는 선돌바위가 마을에 고마움을 표하는 모습으로 서 있다.

　75코스 종점인 구도항까지는 갈 시간이 되지 않아 걷는 데까지 걷다 택시를 불러 태안읍으로가 숙소를 찾기로 하고 걸었다. 태안 웰스리조트를 지나니 얕은 산길이 이어진다. 길이가 얼마인지 몰라 작은 산등성이까지 3킬로미터 정도를 걸었으나 계속 가기는 무리였다. 해가 저물면 산속으로 콜택시를 부를 수도 없는 일이다. 다시 걷던 길을 내려와 버스정류장까지 4킬로미터를 걸었다. 막 지나가는 버스를 손을 들어 세웠지만 못 본 듯 그냥 지나갔다. 콜택시를 불러 태안 버스정류장에 도착했다. 태안에서 자고 하루 더 걸을까 생각했지만, 저녁 7시 20분 출발하는 인천행 버스가 입 벌리고 어서 타라고 유혹한다.

09. 왜목마을에서 삽교호까지

왜목마을 바가지 요금

강추위와 폭설로 걷기 여행을 한 주 미루었다. 추위는 견딜 수 있으나 내린 눈이 녹으면서 빙판이 되어 길이 미끄럽기 때문이다. 내일이면 올 한 해도 마지막 날이다. 날도 푸근해져서 걷기 계획과 연중행사인 새해 일출맞이 계획을 세웠다. 이틀 동안 걸어서 서해안 유일의 해돋이 명소 왜목마을에서 일출을 보기로 했다.

일출을 보려고 몰려드는 사람들 때문에 숙소가 붐빌 것 같아 미리 예약을 해야 할 것 같다. 왜목마을 몇몇 모텔에 전화를 했다. 방값이 25만 원에서 30만 원이란다. 아무리 한철 대목이라지만 너무 심하다는 생각이 들어 예약은 하지 않았다. 대신 왜목마을에서 머지않은 삼길포에서 숙박하고 이동하면 어떨까. 여기저기 인터넷 쇼핑을 했다. 이도저도 마땅치 않다. 계획을 바꿀 수도 없고 일단 서해랑길 열한 번째 도보 여행은 계획대로 해야 한다고 마음을 여미었다. 정 안 되면 밤샘하는 카페에서 하룻밤을 버티든지 무슨 방법이 있겠지 생각했다. 몇 년도인가 정동진 일출을 보러갔을 때 밤기차를 타고가, 비싼 숙소도 만원이라, 근처 카페에서 밤샘을 한 적이 있었다.

아침에 집을 나서니 눈이 내렸다. 많은 눈이 아니라서 서설로 생각하며 마음을 가다듬어 본다. 아침 6시 55분 출발하는 서산행 버스에 오른다. 서산에서 구도항으로 출발하는 버스가 8시 15분에 있는데 버스 도착 예정시간이 그 시간이다. 애당초 그 차는 타기가 어려울 거라고 생각했다. 서산 삼성생명 앞 도착 시간이 8시 25분. 이미 차

아라메길 4구간에 복원해 놓은 옷샘. 백사장 모래밭에서 맑은 물이 솟아나와 기려움증이나 옻이 오른 곳을 씻어내면 효험이 있다고 한다.

는 떠난 후였다. 다음 차는 12시가 넘어서 있다. 시간을 죽일 수 없어 택시를 탔다. 팔봉초등학교가 보인다. 팔봉초등학교는 서해랑길 76코스의 종점이다. 오늘 시작점인 구도항부터 한 바퀴를 돌면 팔봉초등학교로 돌아온다.

팔봉초등학교의 기억들

해안길을 한 바퀴 돌아 다시 팔봉초등학교 앞 서해랑길 안내판 앞에서 사진을 찍고 잠시 망설였다. 시간이 오후 1시 30분 점심을 해결해야 하는데 주변에 편의점도 없고 식당도 없다. 팔봉초등학교에 들어갔다. 12월 30일인데도 방학을 하지 않은 모양이다. 운동장에 학생 몇이 있다. 한 여학생에게 물어 급식실을 찾아갔다.

넓은 급식실에 영양사 두 분이 있다. 컵라면을 먹으려 하는데 끓는 물을 부탁했다. 문 앞에 있는 영양사 한 분이 어쩔 줄 모르며 '곤란하다'고 한다. 코로나철이라 외부인에게 마음대로 편의를 봐줄 수 없다고 했다. 행정실에 가면 냉온정수기가 있으니 그곳으로 가라고 한다. 그녀는 물을 주는 것이 맞는 일이지만 행정실의 꾸지람을 걱정하고 있었다. 급식실이 아닌 행정실로 끓는 물을 구하러 가는 것이 더 이

팔봉초등학교 6학년 박시현 여학생이 준 쿠키

상해 보였다. 구도항부터 여기까지 걸으며 편의점도 없었다며 사정을 했다. 급식실에는 정수기가 없다며 편수 냄비에 물을 끓여주었다.

컵라면에 끓인 물을 받아 복도를 돌아 나오는데 급식실을 알려준 여학생이 뒤따라오며 우유와 쿠키 두 개를 내민다. 마음 씀씀이 고마워서 이름을 물어보았다. 6학년 박시현이다. 아직 어린 학생인데 어디서 그런 예쁜 마음이 생겼을까? 쿠키 두 개만 받아들었다. 일반 우유는 먹지 못한다고 했다. 학생의 고마움에 전화번호라도 묻고 싶었지만 혹시라도 오해의 소지가 있을 것 같아 묻지 않았다. 학생에게 고맙다는 인사를 하고 운동장으로 나와 컵라면 먹을 곳을 찾아 두리번거렸다.

운동장 앞 화단 쪽에 벤치가 보인다. 다른 곳에는 마땅치가 않아 벤치에 앉아 컵라면을 먹는데 중년 아주머니가 오더니 자기가 '학교 지킴이'인데 외부인이 여기서 식사하면 안 된다고 한다. 괜히 부아가 돋았다. 아무리 코로나 상황이라도 운동장 가에서 이미 식사를 하고 있는데 작은 배려도 없는 것에 부화가 났다.

"그럼 길거리에서 식사해요?"

학교 지킴이에게 화를 담아 큰 소리로 말했다.

"그럼 선생님에게 알려야지."

그녀는 학교 건물 안으로 총총히 사라졌다. 잠시 후 교무실 직원인 듯한 여자가 내 옆을 지나 운동장에 세워져 있는 스쿨버스 문을 만지작거리다 돌아섰다.

"저 보러 온 건가요?"

싸울 듯한 기세의 큰 목소리가 나도 모르게 터져 나왔다.

"아니에요."

그녀는 종종걸음으로 내 앞을 지나갔다. 이미 라면을 다 먹고 빈 통을 정리하고 있는 나를 보고 부질없다고 그녀는 생각했는지, 아니면 내 기세에 눌렸는지 모를 일이다.

학교를 나와 투덜거리며 걸었다. 아무리 코로나 시국이라 해도 너무한 것이 아닌가, 상대방은 생각하지 않고 내 편의주의적인 생각만 한다. 그래도 아무리 생각해도 화가 풀리지 않는다. 코리아 둘레길이라고 만들어놓았지만 편의점도 없는 곳이 많다. 그런 것에 대비하여 비상용 식량을 준비해야 하는 것은 물론 걷는 사람들 몫이다. 빵이나 양갱, 떡 등을 준비하지만 그것만으로 허기를 채울 수 없다.

밥을 달라는 것도 아니다. 끓는 물 주는 것이 아무리 코로나 상황이라 해도 쌍방이 마스크를 쓰고 있는데 그렇게 경계하고 주저할 일인지 모르겠다. 정작 코로나 환자라면 걸을 수도 없지 않겠는가? 무사 안일한 행정으로 직원들의 행동까지 제약받고 있는 것은 아닐까. 급식실 영양사가 외부인에게 끓는 물 주었다고 경위서라도 쓰지 않았는지, 학교 지킴이는 왜 자리를 떠서 문제를 만들었는지 핀잔을 받을까 걱정이 되었다.

학교를 지나 1킬로미터쯤 걷는데 집 앞에서 드럼통에 쓰레기를 태우고 있는 여자를 만났다. 매캐한 연기가 코에 감겨들었다. 어린 시절 여름밤 앞마당에서 멍석을 깔아놓고 피우던 모깃불처럼 느껴졌다. 잠시 걷기를 멈추고 구경했다. 여자가 커피 한잔하고 가라고 한다. 마음도 다스릴 겸 그녀의 집 앞으로 이끌리듯 따라갔다. 여자는 나무 손질을 하는 남편을 불렀다. 손에 톱을 들고 남자가 다가왔다. 그는 작은 키에 곱게 나이가 들었다. 일흔일곱이라는데 아이처럼 천진한 모습이다. 남편이 젊다고 했더니

가지런하게 매달려 있는 메주와 복잡한 농기구가 대조를 이루고 있다. 금이 크게 간 벽을 받치고 있는 주춧대가 위태로워 보인다.

커피를 들고 나온 여자는 자기가 잘 챙겨주어서 그렇다고 생색을 낸다. 부부는 혼자 서해랑길을 걷는 내게 관심과 격려를 해주었다.

그들에게 팔봉초등학교에서 있었던 일과 왜목마을의 바가지 숙박료에 대해 고해 바치듯 이야기하고 마음을 달랬다. 부부는 학교의 처사와 왜목마을의 바가지 행위에 이해할 수 없다며 나의 말에 동조했다. 커피를 마시고 나자 여자는 사과 한 개와 귤 세 개가 든 비닐 봉지를 건네준다. 팔봉초등학교 건은 그들 부부를 만나서 퉁 친다고 생각하니 뭉친 마음도 풀려 발걸음이 가벼워졌다.

'진또배기'는 솟대의 강원도 사투리

대산읍 해장국집에서 아침을 먹고 있는데 마흔 중반의 남자가 들어오더니 내가 앉은 테이블 옆 반대편 쪽에 앉는다. 주인 여자가 해장국을 얹은 서빙 카트를 그의 뒤편으로 밀고 왔다. 남자는 무엇이 불만인지 시비를 건다.

"이게 최선의 방법이에요?"

혼잣말 하듯 작은 목소리지만 또렷한 소리였다.

"그런데요."

그녀는 군소리 달지 않고 짧게 대꾸했다. 4인용 테이블이 세 개씩 석 줄이 놓여 있는 식당이다. 남자가 앉은 자라는 가장자리 쪽 가운데다. 나는 중간 줄 첫 번째 좌석이고, 내 자리의 뒤쪽 줄에 손님 두 명이 앉아 있어 남자 쪽으로 가는 것이 맞을 듯싶다. 여자가 반찬과 해장국을 테이블에 놓고 주방 쪽으로 가자, 남자는 한참을 씨부렁거렸다.

"요즘 여자들 말발이 너무 쎄졌어. 남자들 말발이 없으면 여자들 상대 못해. 남자는 그저 돈 벌어 오는 사람이야. 너는 너 나는 나야. 남자는 직진하고 여자는 과감히 버리는 거야. 아까 왜 좁은 자리로 오는 거야?"

남자는 꺼이꺼이 울기까지 하며 옆에 상대가 있기라도 한 듯 중얼거렸다.

"여자들은 남자 없으면 헛방이야. 며칠 전 북한 무인기 떴는데 전쟁 나 봐. 남자가 총 들고 나서는 거야."

그래도 맘이 풀리지 않는지 후렴까지 하는 남자의 표정이 궁금했지만 아침부터 괜한 시비라도 붙을까 하여 그를 쳐다보지 못했다. 곁눈질해 보니 해장국은 먹지 않고 소주만 마시고 있다. 무슨 사연이 있는 걸까? 저녁 시간이라면 소주라도 같이 하면서 그의 넋두리를 들어주고 맞장구라도 쳐주고 싶었다.

식사를 마치고 계산하는 내게 주인 여자가 미안하다며 대신 사과를 한다. 그녀에게 무슨 잘못이 있겠는가? 살다 보면 이런 일 저런 일이 생기고, 보게 되는데 오늘 일은 처음 보는 요상스런 일이다.

귀한 아침밥을 먹으니 그런 일도 본 것이리라. 컵라면이나 컵밥을 먹었더라면 보지 않아도 될 일이었다. 해변길을 걸으며 자꾸 그 남자 생각이 났다. 무슨 일이 있었기에 마음을 다스리지 못하고 꺼이꺼이 울기까지 할까. 서빙 키트는 그 남자를 건드리지도 않았다. 행여 건드리기라도 했더라면 더 큰일이 일어났을지 모른다.

밀물 때인지 바다에 물이 빠졌다. 군데군데 달려 있는 안내 리본을 따라 바닷길을 걸었다. 작은 뚝방길로 들어서기 전에 나뭇가지로 만든 앙상한 솟대가 군락을 이루고 서 있다. 나무의 생김새를 살려서 만들어 오히려 자연스럽기도 했다. 한 사람의 작품일 듯했다. 솟대를 만든 사람은 풍어와 풍년, 마을의 평화를 기원하며 그 많은 것들을 만들었을 것이다.

대중가요 '진또배기'란 노래를 무심코 들었다. 진또배기는 솟대의 강원도 사투리란 걸 이 글을 쓰며 비로소 알게 되었다.

솟대가 서로 경쟁하듯 갯벌에 서 있다. 지방에 따라 '소줏대', '별신대' 등으로 불린다. 강원도에서는 '진또배기'라 불린다.

삼길산 둘레길

삼길산은 해발 166미터의 낮은 산이다. 삼길포항을 내려다보며 항구를 포근하게 안고 있다. 산꼭대기 봉수대 옆에 있는 봉수전망대에 오른다. 대호방조제 건너 당진화력발전소 굴뚝에서 나오는 연기가 장난이 아니다. 서해안 화력발전소 벨트가 장항에서 태안, 서산, 당진까지 이어지고 있다. 중요한 산업 시설이지만 공해문제 등 꼼꼼한 대책도 따라야 할 것이란 생각이 든다.

임도처럼 넓게 조성해 놓은 둘레길이 꽤 길게 이어진다. 삼길포항이 가깝게 내려다보이는 내리막길인데도 배가 고프니 걷기도 지루하고 힘이 든다.

삼길포항에 도착해 어시장을 한 바퀴 돌았다. 주인 얼굴을 선보기 위해서다. 나이 든 아주머니가 있는 '영진호 수산'에 발걸음이 멈추어졌다. 회를 떠주며 손님들을 대하는 아주머니의 활달한 성격에 호감이 갔다. 그곳에서 우럭회를 떴다. 그녀가 회를 건네주며 길 건너 양념집을 알려준다.

"양념집도 혼자 가면 눈치 보여요."

"그럼 조금 떨어져 있지만 '영진식당'으로 가세요. 거긴 우리가 운영하는 식당이랍니다."

저 정도 양심 있는 여자를 내 눈으로 찾았으니 자리라도 한 자락 펴야 되겠다.

"혹시 아시는 민박집 있어요?"

그냥 덤으로 물어보았는데 제대로 짚었다.

"음식점 2층에 방이 있는데, 좀 지저분해요. 마음에 들면 이용하세요."

"얼만데요?"

"3만 원만 주세요."

방값도 3만 원이라니 연말연시에 웬 횡재냐 싶었다. 삼길포에서 왜목마을까지 12킬로미터 정도이니 아침에 택시를 이용해도 왜목마을 모텔을 이용하는 것보다 싼 편이다.

회를 들고 어시장에서 조금 떨어져 있는 영진식당으로 갔다. 식당에 서빙하는 아주머니에게 말하고 2층에 있는 방을 보니 정리되지 않았지만 그냥 하루 묵을 수는 있겠다 싶은 방이다. 아주머니에게 방을 쓸지 말지는 저녁에 연락하겠다고 전화를 했다.

회 한 접시를 곁들인 식사를 마쳐도 오후 2시가 안 되었다. 회가 있으니 소주 한 병이 따라왔다. 하루 걷기를 마치기에는 너무 이른 시간이다. 대호방조제를 걸었다. 대호방조제는 당진시 석문면과 대산읍 삼길포를 연결하는 방조제로 7.8킬로미터나 되는 짧지 않은 거리다. 걸으면서 생각했다. 숙소가 없으면 택시라도 타고 다시 삼길포로 넘어올 요량이었다.

왜목마을 가기 전 2킬로미터 지점에 심야 찜질방이 보였다. 저녁에 삼길포로 넘어가고 다시 아침에 택시를 이용하는 건 쉽지 않은 일이다. 영진호 아주머니에게 민박을 취소한다고 연락했다. 찜질방이 없었다면 비싼 모텔은 이용하지 않겠지만

2022년 마지막 날을 보내기 위한 왜목마을해수욕장의 풍경. 새해 일출을 보려고 많은 사람이 모여 들었다.

또 다른 고민을 했을 것이다. 도보 여행을 하며 몇 번 찜질방을 보았지만 하룻밤도 보낸 적은 없다. 찜질방은 사람들이 북적여서 제대로 잠을 잘 수 없다. 그래도 오늘은 이곳에서 하룻밤을 보내야 한다.

믿을 구석이 생기니 마음이 든든하다. 찜질방 근처에 24시 해장국집도 있다. 가벼운 발걸음으로 왜목마을해수욕장까지 걸었다. 저녁 시간인데도 사람들이 제법 많다. 해맞이 조형물들도 여기저기 설치해 놓았다. 해변에 있는 카페를 두리번거렸지만 24시간 운영하는 곳은 보이지 않았다.

겨울 산

야윈 굴참나무
산에서 조용히 내려와
한참 동안
나지막하게 울었다

삼길포항으로 내려가는 둘레길
팔이 잘린 벚나무
채 감지 못한 푸른 눈망울
벚나무 목덜미에 걸린
서해랑길 길잡이 붉은 리본과 파란 리본
서로 껴안은 채 숨죽어 있다

가던 길 멈추고
리본을 조심스레 풀어
단풍나무 가지에 매달았다

조금 지나 겨울 산으로 올라간 굴참나무
살아 나풀거리는 리본
가만히 내려다보고 있다

찜질방에서 보낸 한 해의 마지막 밤

찜질방에서 하룻밤을 보내야 한다. 넓은 탕에서 몸을 정갈하게 닦으니 한 해의 피곤이 싹 풀리는 기분이다. 찜질방은 만원이다. 아는 사람이라곤 찜질방에서 만난 사람 하나다. 그가 옆에 앉아 말을 걸어왔다. 맥주라도 하며 이야기를 나누고 싶었지만 그는 술을 하지 않는다고 했다. 그가 도보 여행에 관해 여러 가지를 물어 이야기 해주며 시간이 지나갔다. 12시쯤 눈을 붙이려 누울 자리를 찾았다. 덮을 담요는 물론 깔판도 없다. 연말이라 사람이 몰린 탓이다. 이리저리 헤매다 깔판을 두 개 겹쳐서 깔고 있는 사람을 보고 한 개를 양보 받아 깔고 누웠다.

사람들의 이야기 소리, 아이들 뛰어다니는 소리에 잠이 오지 않는다. 조금 누워 있으니 몸이 식어 춥기까지 하다. 기름값이 비싸서 그러려니 생각해도 찜질방이 춥다는 것은 이해하기 어려웠다. 새벽녘이 되어 사람들이 잠을 자며 조용해졌지만 이제는 추워서 잠을 잘 수가 없다. 일어나 보니 반대편 자리에 작은 덮개 한 개가 널브러져 있다. 사람이 나갔나 하고 하나 가지고 와서 하체를 덮었다. 따뜻하다. 잠이 막 들려고 하는데 여자가 오더니 이불을 확 걷어간다. 화가 난 모양이다. 나간 줄 알았다며 변명해도 여자는 말이 없다. 자리를 잡은 곳이 아이들 장난감이 있는 놀이방이다. 넓은 홀보다 춥다는 생각이 들어 깔판을 챙겨 홀로 나왔다. 어떤 사람이 재킷을 덮고 잔다. 왜 그 생각을 못했지? 나도 배낭에서 재킷을 꺼내 덮었다. 한결 따뜻하다. 아침 5시까지 두어 시간은 잔 것 같다.

새벽에 찜질방 옆에 있는 양평해장국집에서 콩나물국밥으로 몸을 달래주었다. 아직 어둑한 시간이지만 왜목마을해수욕장까지 걸었다. 작은 숲에서 대나무 지팡이를 찾아냈다. 어제 저녁 왜목마을을 사전 답사하고 찜질방으로 가면서 지팡이를 둘 곳이 마땅치 않아 길옆 숲에 감추어둔 것이다.

새해맞이 왜목마을 일출과 한진포구 일출

2023년 새해 아침이다. 이른 시간인데 백사장에 사람들이 많이 모여 있다. 모두들 추워서 어깨를 움츠린 채 일출을 기다렸다. 일출 시간이 7시 46분인데 구름이 낀 하늘을 보며 일출이 늦어지거나 보기가 어렵지 않을까 걱정했다. 그러면 낭패 아닌가? 매년 새해에 형제들이나 친구들, 그리고 지인들에게 일출 사진을 보내며 새해 인사를 했다. 내 마음을 알기라도 하듯 해는 구름 속에서 늑장을 부리다 8시 15분쯤 얼굴을 내밀었다. 사람들이 환호성을 지르며 사진 찍느라 바쁘다. 나도 사진을 20여 장 찍었다. 일출 사진을 찍던 사람들이 하나둘 사라졌다. 근처 카페에서 커피를 마시며 언 손을 녹였다. 카페에 사람들이 가득이다. 한 시간여 동안 가족과 지인들에게 카톡으로 일출 사진을 보내며 새해 인사를 했다. 새 해를 보내주어 고맙다는 답장이 이어졌다.

당진 왜목마을해수욕장에 2023년이 밝아오고 있다. 해는 게으름 피우며 약속 시간보다 한참 늦게 모습을 드러냈다.

왜목마을해수욕장에서 찍은 일출 사진을 천북 바닷길에서 만난 K에게도 보냈다. 감사하다는 인사와 함께 새해에 대한 시 한 편이 답장으로 왔다.

석문방조제가 시작되는 광장처럼 넓은 곳에서 나이 든 남자가 군밤을 팔고 있다. 그냥 지나치다가 혹시 중간에 식당이 없으면 어쩌나 싶어 돌아서서 군밤을 사서 먹었다. 나보다 세 살이 적은 그는 마치 세상을 다 산 사람처럼 사는 일이 힘들다고 하소연했다. 나는 밤 한 봉지를 다 먹도록 그와 이야기를 나누었다. 이제 장년의 시작인데 새해에는 마음을 새롭게 하여 열심히 살라는 덕담을 해주고 아산 쪽으로 가는 길을 물었다. 그는 석문방조제길을 직진하라고 일러준다. 서해랑길 리본은 직진하지 말라고 오른편에서 팔랑거렸다. 잠시 망설이다 이 길을 언제 걷겠냐 생각하며 석문방조제길로 걸었다. 석문방조제는 당진시 송산면 가곡리에서 석문면 장고항리로 연결된다. 길이 10.4킬로미터로 2008년 기준 우리나라 단일방조제 중 가장 길다. 새만금방조제는 세계에서 가장 긴 33.9킬로미터의 방조제인데 전라북도 군산시에서 김제시를 거쳐 부안군까지의 섬들을 연결했다.

20리가 넘는 석문방조제길. 멀고 지루하다. 걸어도 걸어도 끝이 가까워지지 않았다. 정말 진력이 나도록 걸었다. 서해랑 이정표를 따르지 않은 게 후회가 되었다. 방조제길을 건너가 현대철강 울타리를 한 바퀴 돌았는데 사람이나 건물 등은 보이지 않고 현대스틸 정문, 동문 등이 연이어 나타난다.

해는 저무는데 주변에 모텔은 보이지 않고 식당이 보여 급한 대로 저녁을 먹고 숙소를 찾았다. 추위에 네이버앱도 얼었는지 낮은 산길로 안내한다. 너무 어두워 쉽게 결정하지 못하고 망설였다. 마침 트럭에 사람이 보여 한진포구로 가는 길을 물었다. 산길로 가면 10분, 큰길로 돌아나가면 40분이 걸린단다. 휴대폰 충전기도 오늘따라 수명을 다해 흐릿해졌다. 보조배터리를 켜니 힘을 내어 어둑한 산길을 비춰준다. 산을 내려서니 한진포구가 희미한 불빛으로 반겨준다.

한진포구는 당진 송악읍에 있는 작은 포구다. 왜목마을과 더불어 서해안에서 일출을 볼 수 있는 곳인데 덜 알려졌다. 흠이라면 백사장이 아주 작다는 점이다. 늦은 저녁이지만 음식점도 여럿 보이고 모텔도 여럿 보인다. 사전에 인터넷으로 찾아 두었던 '정다운모텔'을 찾았다. 샤워를 마치고 나갔더니 모텔 근처에 있는 꼼장어집 영업시간이 마감되었단다. 모텔 주인까지 따라와서 음식을 달라고 한마디 거들어 주었지만 안 된다고 한다. 일출 손님을 받는다고 새벽부터 일을 했으니 힘들 터였 다. 주인 남자는 주방의 여자 눈치를 살핀다. 주방 여자에게 사정을 이야기하니 꼼 장어 한 접시를 번개탄 위에 얹어준다. 남자는 내가 앉은 자리의 난로 옆에 등을 보 이고 앉아 말을 걸어도 대답하지 않았다. 노골적으로 싫다는 의미다.

두 팀 손님 중 한 팀이 나갔다. 다른 한 팀에게 조금만 더 있다 나가라고 말했다. '혼자 남으면 눈치 보여서'라는 이유를 들은 젊은 여자가 '아!' 하며 알겠다는 표정을 지었지만 그리 오래 있지는 않았다. 그들이 나가고 주인 남자에게 10분만 더 있다

▼ 한진포구 뒷산에서 본 당진 화력발전소 야경

나간다고 예고까지 했다. 그래도 주인은 답이 없다. 꼼장어 한 판과 소주 한 병을 마시는 데 25분 걸렸다. 그래도 먹고 싶은 꼼장어를 먹었으니 다행이다. 계산을 마치고 주방 여자에게 팁까지 주었다. 나오는 내게 여자는 다음에는 낮에 오라는 말을 등 뒤로 흘린다. 덕분에 모텔에 들어와서 텔레비전을 보다가 옷도 벗지 않고 어제 찜질방에서 지내며 못 잔 하루치 밀린 잠을 잤다. 잠에서 깨보니 새벽 2시경이다. 다섯 시간 잤다. 양치하고 다시 오늘 잠을 청했다.

찜질방에서 설친 잠을 더하여 이틀치 잠을 하루에 자고 나니 아침이 개운하다 어제 일을 간단히 메모하고 가지고 온 사과를 먹었다. 한진포구에서 새해 둘째 날 일출을 보았다. 관중은 없지만 해는 어제 일출보다 더 힘차게 떠올랐다. 조연이 주연보다 더 빛난 셈이다.

▼ 2023년 1월 2일 한진포구의 일출. 새해 일출보다 더 맑게 떠올랐다. 가끔 주연보다 조연이 빛날 때가 있어 좋다.

모텔에서 가까운 곳에 있는 해나루음식점에서 백반을 먹었다. 도보 여행 중 제대로 먹어보는 아침이다. 배낭에는 아직 컵밥과 컵라면이 남아 있다.

심훈기념관을 거쳐 삽교천으로

심훈기념관 가는 길에 ≪상록수≫의 주인공 실제 인물이라는 심재영 생가터가 있어 둘러보았다. 소설 속 박동혁은 기억 속에 가물거린다. 이번에 올라가면 다시 읽어보아야겠다. 필경사 정원을 둘러보고 기념관에는 들어가지 않았다. 진에 와본 적도 있지만 오늘 평택항까지 가려면 서둘러야 했다.

필경사(筆耕舍)는 '붓으로 밭을 일군다'는 뜻을 담고 있다. 심훈은 1935년 이곳에서 소설 ≪상록수≫를 썼다.

서해대교가 보인다. 마침 마을 사람이 보여 서해대교를 사람이 건너갈 수 있냐고 물었다. 그는 고개를 갸웃거리며 고속도로에는 사람이 걸을 수 없다고 한다. 서해대교가 아산만을 횡단하여 평택과 당진을 잇는 다리라고만 생각했다. 서해안 시대를 연 서해안고속도로의 다리라는 생각은 하지 못하고 살았다. 세상 물정도 알지 못하는 바보 아닌가 하며 남해고속도로를 걷던 걸 생각하며 혼자 웃었다.

삽교호 데크길에서 스물일곱 젊은 청년을 만났다. 신평에 산다는 그는 현대오일뱅크에 근무한다고 했다. 이틀 근무하고 이틀 쉰다는 직장이 나는 쉽게 이해되지 않는다. 나라면 적응하기도 어려울 듯싶다. 삽교천에서 장사하는 어머니를 도와드리려고 나오는 길이란다. 이곳에 작은 터미널도 있다는 걸 그 친구를 통하여 알았다. 젊은 친구가 붙임성도 있고 주관도 뚜렷했다.

나는 기억을 끄집어내 삽교천 기공식날 박정희 대통령이 시해 당했다고 했더니 그는 맞다고 맞장구를 쳐주었다. 박 대통령에 대한 젊은이의 평가를 듣고 싶었다. "독재는 했지만 산업화를 통해 국민을 잘살게 한 공을 인정한다"고 젊은이가 말했다.

그 시절 아버지는 60호 되는 시골 마을에서 두 명의 야당 당원 중 한 사람이었다. 나는 어릴 적 아버지의 영향을 받아 야당을 지지했지만 나도 젊은이의 말에 동조한다고 말해주었다. 그는 삽교천 들머리에서 작별인사를 하고 어머니 가게라며 2층으로 올라갔다.

젊은이와 헤어지고 혼자 걸었다. 아침부터 조금씩 나타나던 왼쪽 다리의 통증이 조금 더 심해졌다. 평택항까지 가기는 무리일 듯했다.

삽교방조제를 걷고 아산이나 천안으로 가서 집에 가려면 접근성이 떨어진다. 젊은이가 알려준 삽교천 작은 터미널이 보였다. 버스 시간표를 보니 인천행 버스가 오후 1시 35분에 있다. 당진에서 출발하는 버스가 하루 네 번 이곳을 경유한다. 점심을 먹고 커피도 마실 시간이 된다. 마음이 기울어졌다. 무리하지 말자는 마음으로 올라가는 표를 사고 점심을 먹었다. 아직 시간도 40여 분이나 여유가 있다. 카페에서 커피를 마시며 오늘 일과를 핸드폰에 정리했다.

삽교천방조제 준공을 기념해 세운 '삽교천방조제기념탑'. 넘어질 위험 때문에 2023년 5월 철거되었다.
(사진 2023년 1월 2일 촬영)

10. 경기도 해안 따라

오래되고 아름다운 공세리성당

일기예보에 따르면 사흘 연속 비 예보다. 다음 주가 설 전 주이고 오늘 출발하지 않으면 이번 달에 서해랑길을 갈 여유가 없다. 아산시 일기예보를 검색해봐도 하루 종일 비 예보다. 겨울비가 그리 많겠나하며 출발했다. 지난번에는 삽교천에서 출발하는 버스를 타고 귀가했다. 인천터미널에서 당진행 버스가 삽교천을 경유하는 것도 알게 되었다. 정보란 이렇게 활용할 가치가 있다. 일부러 애써 당진 시내까지 가서 다시 삽교천으로 나오지 않아도 되고, 아침 7시 30분 출발하니 여유도 있다.

버스를 탈 때 좌석번호를 제대로 확인하지 않고 30번이 내 좌석번호로 알았다. 자리가 많은데 웬 뒷좌석이냐고 툴툴거리며 중간 좌석에 앉았다. 출발 시간 5분 전인데 손님이 일곱 명이다. 어디 다른 지역을 경유하면 내 자리가 아니라 낭패당하지 않을까 하는 소심함에 승차권을 확인해 보니 좌석번호가 7번이다. 출발 시간 7시 30분을 착각한 거다. 오늘 왜 덤벙거리지 조심해야겠다며 자신에게 타이른다.

비가 조금씩 내리는데 우산을 쓰지 않고 걸었다. 빗길에 사고가 난 모양이다. 졸음운전을 했는지 과속인지 대형 트럭을 들이받은 타이탄 트럭 앞부분이 심하게 부서졌다. 기사가 심하게 다치지 않았는지 걱정이 되었다.

삽교방조제를 지나 식당이 보여 11시에 이른 점심을 먹는다. 이 지역을 벗어나면 밥을 먹을 곳이 없을지 모른다는 불안한 생각이 적중했다. 오후 3시까지 걸어도 식당이 보이지 않았다.

안개비가 내렸다. 우산을 펴기는 애매했다. 내리는 비에도 옷은 젖지 않고 모자

공세리성당 올라가는 길과 나무들의 조화롭다. 아주 오래되고 아름다운 성당이다.

챙에서 물방울이 조금씩 떨어졌다. 걷기에는 아주 최적의 조건이다.

역사가 살아있는 공세리성당에 도착했다. 공세리는 충청 지역 40개 고을의 조세미를 쌓아두던 곳이다. 조선시대에는 세곡을 실어 나르기 위한 조운선이 수시로 드나들었다. 마을 사람들은 아산만이 내려다보이는 공세창 언덕에 무사 항해를 기원하는 제당을 지었다. 서해와 가까워서 신부들의 왕래가 잦아 일찍부터 천주교를 받아들였다고 한다.

1895년 폐허가 된 조세창고와 제당 자리에 성당이 들어섰다. 아주 오래되고 아름다운 성당이다. 우리나라에서 가장 아름다운 성당이라고 한다.

성당의 본당 신부로 부임한 드비드 신부가 이명래에게 고약 제조법을 전수해주었다고 한다. 그것이 100년 전통의 '이명래고약'이다. 나는 어릴 적에 뾰루지가 자주 났다. 그것도 코끝에, 어머니가 붙여주던 고약이 이명래고약이었다. 공세리성당 곳곳을 천천히 산책했다.

안성 구포동성당이 떠올랐다. 프랑스 공베르 안토니오 신부가 1901년에 지었다고 하니 120년이 넘어 고풍스럽다. 안토니오 신부는 우리나라에 포도를 들여 왔으며, 1909년도에 안법학교를 설립했다. 내가 안법중학교 다닐 때 교장선생님이 안경 쓰고 키가 큰 신 루까 신부님이었다. 신부님은 학교 여행이나 소풍갈 때 미사를 주관했다.

공세리성당을 뒤로하고 작은 언덕을 내려와 노양리 낚시터에 도착했다.

걷기 첫날이라 그런지 아니면 걷는 속도가 빨라서인지 힘이 들었다. 오후 4시 30분이 지나고 있다. 근처에 숙소는 없다. 평택 시내로 나가려면 거리가 멀다. 마침 버스가 나를 기다리듯이 서 있다. 행선지가 평택이다. 소요 시간과 운행 간격을 확인하고 버스를 탔다. 40여 분 걸려 평택역에 도착했다. 맛집으로 이름난 파주옥에 들어가니 손님이 아무도 없다. 저녁 시간으로 이른 시간이지만 뭔가 이상하다. 곰탕을 주문하고 인터넷을 열어보니 여러 댓글이 난분분하다. 전에 두어 번 이용한 적이 있는데 그때는 빈자리가 없었다.

이런 모텔, 이런 카페

평택역 가까운 곳의 모텔에 들어갔다. 3층 복도에 매트리스가 나와 있다. 방에는 세탁한 수건이 가득 널려 있다. 주인은 잠시 기다리라며 방에 널어놓은 세탁물을 걷었다. 이미 2층에서 숙박비를 계산한지라 기다리다 방에 들어와 배낭을 벗었다.

수건이 달랑 한 장에 냉장고에 생수도 없다. 생수를 달라는 내게 수건 두 장과 생수 두 병을 주며 주인 여자가 빙그레 웃으며 미안하다고 한다. 커피를 마시려 했더니 그 흔한 종이컵도 없어 주인을 다시 찾았다. 주인 여자는 환한 웃음을 지으며 또 미안하다고 한다. 주인은 손님이 화를 내지 않으니 자신이 더 미안하다고 했다.

욕실에 휴지도 보이지 않는다. 배낭 속 휴지를 꺼냈다. 새해이니 화를 내지 말고 마음을 다스리자고 다짐했는데 오늘 제대로 실천하는 기분이다.

욕실은 20여 년 전 모습이다. 샴푸며 바디워시, 린스 통이 아홉 개다. 예닐곱 개는 빈 통이다. 대야처럼 물을 받아쓰는 통도 처음 본다. 그냥 이해하기로 했으니 마음을 다독이며 빈 샴푸통 세 개를 휴지통에 넣었다. 몇 개는 내용물이 조금 남아 있어 버리지 않았다. 그래도 남은 것이 여섯 개나 된다. 이 아주머니가 정말 모텔 영업을 하려는 것인지.

아주 숙면을 했다. 어제 모텔 상황이 최악이었는데 마음을 편하게 먹은 것이 도움이 되었을까? 아침에 싸락눈보다 작은 눈이 내렸다. 어제 종일 내리던 안개비가 눈이 되어 내리는 모양이다. 사람들의 반 정도가 우산을 들었지만 그 행렬에 동참하지 않았다.

평택역 건너편 버스정류장에서 어제 이용한 12-1번 버스를 찾았으나, 운행 시간이 뜸한지 버스 정보 상황판에 뜨

욕실 바닥에 샴푸통이 아홉 개 있다.

지 않는다. 택시를 탈까 망설이다가 상황판에 있는 12번 운행 정보를 살펴보았다. 거의 12-1과 비슷하다. 10분 후에 도착한 버스의 행선지를 확인하니 노양리 낚시터에 간다. 어제 평택 시내로 들어오는 것보다 10분 빠르게 노양리 낚시터에 도착했다. 그곳이 종점이라 버스기사도 내렸다. 기사는 이 차가 팽성읍 안정리 지역을 돌지 않아 12-1번보다 빠르다고 했다. 장님 문고리 제대로 잡았다.

평택 국제대교를 건넌다. 고향이 안성이지만 다리 이름이 생소하다. 허기야 내륙인 안성에서 평택 시내가 아니고 해안은 먼 거리다. 왕복 4차선 다리에 보행자 도로도 널찍하다. 차는 별로 보이지 않는다. 다리로 들어서서 걷는데 반대편에서 이쪽으로 오고 있는 사람의 모습이 흐릿하게 보였다. 다리 중간 지점에서 그 사람을 만났다.

"안녕하세요."

그도 걷고 있는 사람이다. 반가워서 잠시 대화라도 나누고 싶었다. 그는 목례를 했다.

"서해랑길 걸으세요?"

"예."

그는 단답으로 대답하고 지나갔다. 대화할 기분이 아닌 내성적인 사람인데 괜히 말을 걸었나 보다.

평택호가 보이는 마안산 자락에 여선재(餘禪齋)라는 카페 간판이 보였다. 건물 앞에 승용차 두 대가 서 있다. 외관이 눈을 사로잡아 커피라도 하며 잠시 쉬었다 가려고 들어갔다.

난로 옆에 손님으로 보이는 남녀 두 사람이 보인다. 주인과 가까운 사이 같았다. 커피 한 잔을 부탁하니 남자가 주방으로 들어가 주인을 부른다. 주방 안에서 나온 주인이 "영업을 하지 않는데 기다리세요" 하며 주방으로 들어간다. 실내가 오밀조밀 꾸며져 있다. 가게 중앙에 악기가 설치된 작은 무대가 있다. 서양화가인 주인 김석환 씨의 작품들이 벽에 걸려 있다. 그는 천식으로 중환자실에 입원까지 했다고 한

평택시 현덕면 마안산 자락에 있는 여선재

다. 퇴원 후 나비처럼 자유롭게 살고 싶었다고 했다. '여선재'는 하늘에서 보면 나비
가 살포시 내려앉은 형상으로 그가 직접 지은 예술 작품이다.

  커피와 귤 몇 개를 덤으로 내온다. 난로 옆 탁자에 찐 고구마가 놓여 있다. 그걸
먹고 싶은 내 마음을 아는지 아침을 먹었냐며 고구마를 권한다. 좋아하는 고구마
를 두 개나 먹었다. 더 먹고 싶은 것을 참았다. 테이블 한편에 평택 막걸리통이 보
였다. 내가 직접 빚어가지고 다니던 탁주가 있어 따라주었다. 막걸리는 물을 희석
하여 보통 알코올 6~8퍼센트다. 내가 빚은 술은 물을 타지 않아 17퍼센트 정도의
탁주다. 술을 마신 그가 술맛이 좋다고 한다. 시집도 한 권 꺼내주었다. 술을 빚는
다는 말에 그는 술에 관한 많은 시를 쓴 소야 스님을 말해준다.

  '날씨야 추워 봐라 옷 사 입나 술 사 먹지'란 〈술타령〉 시는 술집에서 몇 번 보았

는데 소야 스님이 썼단다. 그는 직접 소야 스님에게 전화하여 통화까지 했다. 스님은 김제에서 소야문학관을 운영하는데 시간이 되면 함께 가자고 한다. 기회가 주어진다면 한번 가보고 싶다.

주인이 기타를 치며 노래 두 곡을 불렀다. 난로 옆 남자는 조금 사양하다 김영웅 노래를 두 곡 불렀다. 내게도 부르라고 해서 빼지 않고 〈모란동백〉을 불렀다. 가곡 〈그리워〉를 부르고 싶었지만 튄다는 생각이 들어 참았다.

손님으로 온 여자는 고스톱 치자고 두 남자를 졸라댄다. 좀 더 늦은 시간이라면 오늘 걷기를 마치고 함께 아울리고 싶은 생각도 들었다. 걷기를 마치기는 아쉬운 시간이라 연락처를 주고받으며 그곳을 떠났다. 마음이 그냥 편안하고 좋았다. 어제 형편없는 모텔에서 군말 없이 편하게 잠을 자서 이런 일도 생기나 보다.

서해랑길 103코스 중 이제 18코스 남았다. 하루 두 코스 걸으면 아흐레면 끝난다. 한결 마음이 가벼워 내 마음도 나비처럼 날아갈 것 같은 기분이다.

집에 올라와서 감사한 마음에 술을 보내주려고 주소를 요청했다. 직접 빚은 술 두 병을 보내드렸다. 2023년 6월 8일 〈나비처럼 나빌레라〉를 KBS에서 방영한다고 카톡 동영상이 왔다. 프로그램을 시청했다. 그는 나비처럼 사는 예술인이다.

평택강을 아시나요

여선재에서 꽤 많은 시간을 보내고 나와 걸었다. 평택강이란 안내판을 만났다. 안성이 고향인 나는 인접 도시인 평택에 강이 있다는 말을 듣지 못했다. 2021년 6월 평택시는 안성천과 진위천 합류 지점에서 평택시 현덕면 아산방조제까지 20킬로미터 구간을 '평택강'으로 부르겠다고 선포했다. 안성천은 안성시 고삼면과 보개면 일대에서 발원하여 평택을 지나 아산만으로 흘러드는 길이 76킬로미터의 하천이다. 인접한 시나 시민단체 등 공론화 과정도 없이 평택시 혼자 밀어붙이는 시대

착오적인 행정이라는 비난이 일고 있다.

태백시 황지에서 시작하는 낙동강(낙동강 발원지는 ≪동국여지승람≫이나 ≪대동지지≫ 등 옛 문헌에서 황지가 발원지라고 했다. 함백산 너덜샘, 너덜샘 아래쪽의 용소, 태백산 장군봉 아래 용정이 발원지라는 주장도 있다)이 내륙 700리를 흘러 남해로 흘러간다. 낙동강 본류가 어느 지역을 지난다고 따로 지역 이름을 붙인 강이라도 있는지 찾아봐야겠다.

평택호예술공원은 아산방조제 북쪽 평택호에 접한 공원이다. 아산방조제를 기준으로 내륙 쪽 호수를 평택호라고 한다. 한국 소리터, 국악의 대중화, 현대화, 세계화를 이끈 평택 출신 지영희 선생의 업적을 기리기 위해 지영희국악관, 해금벤치 등을 설치했다. 평택호는 호수인지 바다인지 분간이 되지 않을 정도로 넓다. 점심을 먹으

평택시는 안성천·진위천 합류 지점에서 현덕면 아산방조제까지 20킬로미터를 '평택강'으로 부르겠다며 선포하여 비난이 일고 있다.

려는데 카페만 줄지어 있다. 경양식 집이 하나 보였으나 그냥 지나쳤다. 한참 지나 보아도 한식집이 보이지 않아 다시 그 집을 찾았다. 생선까스를 시켰다. 아마도 30여 년 만에 경양식을 먹는 것 같다. 배도 고프고 창밖으로 보이는 바다가 반찬 역할까지 해서 맛있다. 가끔은 꽉 짜인 일상의 틀에서 벗어나야 하지 않을까 생각해 본다.

중학교 3학년 손자가 집에 오면 할아버지 일상이 너무 판에 박힌 듯 하다고 평한다. 좀 답답한 듯하지만 얽매어놓은 계획을 따라 하루하루 보내는 것이 나는 좋다. 나이가 들어 매일 변하는 생활은 어지럽고 적응하기도 어렵다. 이것도 고루한 생각일 터다.

평택항까지 걸어갔으나 근처에 숙소가 없다. 조금 더 걸을까 하며 버스정류장 안내판을 보니 10분 뒤에 평택역 가는 버스가 있어 기다렸다 탔다. 여자 기사는 평택역까지 한 시간 반 걸린다고 한다. 오늘 집에 갈까 하는 생각이 들었지만 다음에 평택역에서 평택항까지 접근하는 데 두 시간 이상으로 시간 낭비가 많을 것 같아 안중읍 터미널에서 내렸다.

원효대사가 깨달음을 얻은 수도사

원효대사(617~686)가 해골 물을 마시고 깨달음을 얻었다는 수도사(修道寺)는 조계종 제2교구 용주사의 말사로 평택시 포승읍에 있다. 신라 문성왕 14(661)년 이곳 암자에서 득도한 것으로 알려져 있다. 창건 이후 사세가 크게 번창하였으나 도적들의 노략질로 절이 비게 되었으며 산사태로 폐사가 되기도 했다. 이후 조선 중기까지 사찰의 연혁이 전해지지 않고 있다. 조선 선조 25(1592)년 임진왜란 때 불에 탄 것을 복원하였다. 1911년 불에 타 폐사로 남아 있던 것을 1960년에 재건하였다고 한다.

절이 역사성에 비해 중간에 이어지지 않는 부분도 있다. 고풍스럽지도 않고 어수선해 보였다. 웅장하게 지어진 원효대사 깨달음 체험관은 이른 시간이라 그냥 지나쳤다.

오도송(悟道頌)은 선승들이 깨달음을 얻고 깨달음을 읊은 선시다. 원효대사가 해골 물을 마시고 아침에 깨어나 깨달은 것은 화엄경에 나오는 일체유심조(一切唯心造)다. 즉 '모든 것이 마음먹기에 달려 있다'고 여기는 사상이다.

팽성읍에 있는 수도사. 원효대사가 깨달음을 얻은 곳으로 알려져 있다.

매향리 평화생태공원

매향리는 미군 해상 폭격 사격장이 있던 마을이다. 2005년 매향리 사격장은 폐쇄되었다. 넓은 공간에 평화생태공원을 조성하고 유소년 야구장인 드림파크 야구장이 들어섰다. 역사의 현장을 보존하는 것도 중요하지만 공간 활용도는 부족해 보인다. 넓은 공원에 사람들이 보고 즐길 수 있는 시설이 보이지 않는다. 코로나 시국이라 방문객이 없다는 핑곗거리는 되겠다.

매향리 평화생태공원을 통과하여 바닷길로 이어진 화성방조제길에 이른다. 직선으로 뻗은 9.8킬로미터 거리가 지루하다. 방조제길을 여럿 걸었지만 어느 곳이나 방조제길은 지루하고 힘들다. 자꾸 거리를 측정해 보고 핸드폰 만보기를 들여다보

54년간 미 공군사령부의 사격장으로 사용하던 부지를 생태공원으로 조성하였다.

며 얼마나 걸었나를 가늠해 보았다. 몸 상태가 좋지 않다는 징조다. 다리도 아프고 내일까지 걷는 것은 무리라는 생각이 자꾸 든다.

방조제 끝이 낙조가 좋다고 알려진 궁평항이다. 근처에 모텔도 있지만 오늘 귀가하기로 마음을 굳혔다. 걷기 여행에서는 몸 상태가 중요하다. 몸이 보내는 신호에 귀를 기울여야 한다. 아픈 몸으로 계속 걸으면 큰 탈이 난다.

궁평항까지는 수원역에서 90분이면 도착하니 접근성도 괜찮다고 위안한다. 궁평항 횟집에 들어갔다. 회 안주에 소주 한잔하며 이번 걷기를 마무리하고 싶었다. 회는 작은 것이 7만 원이란다. 횟값이 올랐나 보다. 점심으로는 너무 과하다는 생각이 들었다. 회덮밥을 먹을까 생각하다 3만 원짜리 회덮밥을 해달라고 했다. 2만 5000원이라며 회덮밥이 나왔다. 회가 성성하지는 않지만 양은 좀 있다. 아마도 회덮밥용 회가 떨어진 것 같다. 손님이 3만 원짜리를 주문하는데 작은 것이 나오니 말이다. 그래도 양심적인 주인이다. 회를 비벼서 소주 한 병을 천천히 마시고 밥 반 공기를 비벼 먹었다. 커피까지 마시고 궁평항에서 오후 2시 50분 수원행 400번 버스를 탔다. 얼마나 걸리냐고 물으니 한 시간 반 정도 걸린단다.

저녁에 집에 도착해 보니 왼쪽 잇몸이 붓고 이도 아프다. 내일 치과에 가야 하나 하며 집에 있는 물 죽염을 입에 20여 분 머금고 가글을 했다. 입안이 상쾌하고 시원해졌다. 두어 시간 지나니 잇몸 붓기가 많이 빠졌다. 아팠던 이도 조금 진정된 듯싶다. 마음 편하게 하룻밤 자고 나면 해결될 것 같다.

첫 번째 당일치기(2023.01.23)

집에서 당일치기 코스로 출발하는 첫 걷기 여행이다. 출발하는 마음에 여유가 있어 좋다. 대도시 코스라 식사 걱정은 하지 않아도 된다. 잘 곳을 찾아 헤맬 필요도 없다. 시간이 늦더라도 대중교통 편으로 집에 가면 된다.

오늘은 궁평항에서 시작이다. 전에 점심 먹었던 식당이 보인다. 식당 뒤편에 바다 위로 만들어놓은 데크길이 길게 이어진다. 낙조가 아름답다는 이곳에서 저녁노을을 보면 좋겠다. 한나절이라 마음뿐이다.

길옆에 큰 카페가 있다. 전경이 아름답진 않지만 목적지가 가까워지고 걷기를 마무리하자니 아쉬움이 남아 카페에 들어가 커피를 느긋하게 마신다. 손님들이 모두 중년 여성이다. 자녀들을 어느 정도 키워놓고 이제 여유를 찾아가는 모습이다. 그 속에서 노년인 남자도 혼자 걸으며 여유를 찾는다. 모든 게 마음먹기에 달려 있는데, 없던 여유도 아닌데, 살면서 걸으면서 찾지 못했을 뿐이다. 마음과 몸이 한층 가벼워진다.

전곡항은 화성시 서신면 전곡리에 있는 항구이다. 이름만 들으면 군생활하던 휴전선 부근의 전곡이 생각난다. 전곡항은 제부도 누에섬과 마주하고 있으며, 서쪽으로 9킬로미터 거리에는 궁평항이 동쪽으로 1.5킬로미터 거리에는 탄도항이 있다. 궁평항과 전곡항 사이 제부도에도 작은 항구가 있다. 경기도에 있는 다섯 개의 항구(전곡항, 탄도항, 제부항, 풍도항, 대명항) 중 규모가 가장 큰 어항이 전곡항이다.

전곡항과 탄도항을 연결한 탄도방조제로 이루어진 만(灣)이므로 조수 간만의 차가 적다. 요트와 보트가 접안할 수 있는 마리나 시설이 있어 매년 경기국제보트쇼와 코리아매치컵 세계요트대회가 열린다.

바다와 산으로 둘러쌓인 동주염전은 1953년에 시작한 대부도의 대표 염전으로 지금까지 재래 방식으로 소금을 생산하고 있다. 한때는 소금을 청와대에 납품했다고 한다. 동주염전의 천일염은 옹기 타일을 깐 갯벌에서 천일염을 생산하는 독특한 생산 방식이다. 따라서 생산 과정에서 중금속 등의 유해 성분이 쉽게 배출되어 소금의 품질을 좌우하는 미네랄 함유량이 매우 높아 상품성도 좋다고 한다.

나는 일반 염전에서 생산하는 천일염만 전부인 줄 알았다. 도보 여행을 하면서 토판염을 알게 되었다. 신안에서 사 온 토판염을 아주 맛있게 먹고 있다. 토판염은 뻘 위에서 만드는 소금이다. 염전에 비닐이나 장판을 깔고 생산하는 것을 장판염이

옹기 타일을 깐 갯벌에서 '옹기판염' 방식으로 천일염을 생산하는 동주염전

라고 한다. 바닷물을 일부 증발시킨 후 끓여서 만드는 자염, 동주염전처럼 옹기 타일을 깐 염전에서 소금을 생산하는 방법도 있다.

바다를 연결한 구봉도전망대

당일치기 두 번째 걷기 여행이다. 출발 전에 다음번 걷기로 연결되는 시발점 접근이 어려우면 하루 자려고 생각했다. 컵라면이나 컵밥과 간식은 물론이고 내의와 양말도 챙겨넣었다. 전철을 이용해 접근하려니 출발 전에도 마음이 홀가분하다.

아침에 느긋하게 일어나 전철을 타고 오이도역에 내렸다. 두 번 갈아타는 번거로움이 있지만 그래도 마음이 편하다. 내려서 어느 쪽으로 나가나 잠시 둘러보다가 북쪽 방향으로 나갔다. 어두운 길눈에 비하면 제대로 내렸다. 사전 조사한 자료에 따르면 790번 버스를 타야 한다.

비스 운행 정보를 살펴보았다. 790번 버스는 보이지 않았다. 반대편 개찰구로 나가야 하나 잠시 고민하다 여학생에게 물어보았다. 반대편이 아니라 승차장 앞쪽에서 출발한다고 친절히 알려준다. 790번 버스를 타고 중현동 정보화마을에서 환승해야 한다. 버스를 타고 시화방조제길을 건너 한참을 더 갔다.

환승 지점에 내려서 버스 운행 정보를 보았다. 환승할 일반버스 727번은 운행 시간이 뜨지 않는다. 무작정 기다릴 수도 없고 시작부터 콜택시를 부르기도 어정쩡하다. 환승하여 하차할 대남초등학교를 검색해 보니 5킬로미터가 조금 넘는다. 막연

2018년 지정된 대부도 람사르 습지 상동갯벌. 람사르협약에 의거하여 보호받고 있다.

하게 기다리느니 걷기로 했다.

아침의 시작이라 힘이 넘친다. 그래도 처음부터 무리하지 말자고 브레이크를 밟는다. 차들이 많이 다니는 길인데 갓길이 좁다. 역방향으로 걸으며 차량에 집중했다. 40여 분 걷는데 서해랑길 리본이 보인다. 무척이나 반갑다.

마을 안으로 들어가야 하는 홍성리 마을회관 코스를 이탈하여 홍성리 선착장으로 방향을 잡았다. 선재도와 영흥도 가는 다리 아래서 젊은이 두 명이 낚싯줄을 던지고 있다. 궁금해서 어디서 왔냐고 물으니 안양에서 왔다고 한다. 온 지 얼마 되지 않은지 잡은 고기는 없었다. 한 친구는 간식을 먹으며 아직 낚시 도구를 펼치지도 않았다.

바닷가 옆에 바닷물을 이용한 인공 낚시터들이 보인다. 낚시를 할 수 있는 장소와 작은 방갈로까지 세트로 되어 있다. 한 곳에는 사람이 한 명도 보이지 않았다. 또 다른 곳에는 낚시꾼 다섯 명이 낚시를 즐기고 있다. 바닷가에서 바다가 아닌 인공 낚시터에서 낚시하는 이유를 물어보고 싶었다. 바다보다 좋은 이유가 있을 것 같았다. 우선 편익 시설은 좋을 듯했다.

오늘 목표 지점인 대부도관광안내소까지 가려면 서둘러야 한다. 마음은 느긋하게 걷자고 하면서도 행동은 조급하다. 걷기 마무리도 얼마 남지 않았는데.

방아다리 해변 전에 있는 구봉도 낙조전망대는 누에처럼 기다란 섬으로 들어갔다가 되돌아 나오는 코스이다. 잠시 들어갈까 망설였다. 그곳을 들어가지 않으면 시화방조제길을 조금 늦게라도 걸을 수 있을 듯은 했다. 서두르지 않아도 되는데 몸에 밴 조급증이 꿈틀거린다.

구봉도 낙조전망대로 가기 위해 해솔길을 따라 작은 산을 오른다. 해변으로 가는 길도 있지만 아기자기한 산에서 내려다보는 바다 풍경을 생각했다. 산을 넘으니 데크길이 잘 조성되어 있다. 바닷길을 개미허리 다리로 연결해 놓아 바다 위를 걷는 느낌이다.

방아다리에서 돈지섬까지 이어지는 해솔길 1코스는 서해랑길 코스와 중복되며 가장 인기 있는 코스라고 한다. 바다 위를 걷는 기분으로 경관을 감상하며 황홀경에 빠진다. 오지 않았으면 후회 할 뻔했다. 태양을 상징하는 조형물이 이채롭다. 둥그런 구조물 안으로 지는 해를 잡는 포트존이라고 한다. 해는 아직 구조물 안에 그림자도 보이지 않았다.

회사 다니던 동료들이 혼자만 걷지 말고 어느 한 구간 함께 가자고 조른다. 봄날이나 가을날 변산 구간을 가려고 계획 중이었다. 그 계획을 바꾸어야겠다. 이곳으로 하면 접근성도 좋고 낮은 산이라 걷기도 좋을 듯했다. 펜션도 많이 있어 여러모로 하룻밤 자며 즐기기 좋을 듯하다.

바닷가 길을 걸어 방아다리해수욕장에 도착했다. 작은 파도가 밀려오고 밀려갔다. 좀 더 가까이서 그 모습을 보려고 백사장을 걸었다. 모래밭인데 힘이 들지 않

구봉도 낙조전망대 구조물. 태양을 상징한다고 한다.

았다.

해질 무렵이 되니 먹을 때가 된 모양이다. 이른 시간인데 배가 고프다. 대부도 관광안내소 100미터 코앞까지 왔다. 큰 식당이 있어 들어가서 회덮밥을 주문했다. 회덮밥을 먹기 전에 체크해 놓은 일몰 시간은 5시 59분이다. 미리 나가야 하는데

대부도 일몰. 게으름을 피우다 시간을 놓치고 말았다.

식사가 마무리 되지 않아 6시 정각에 바닷가로 나갔다. 넘어가는 해의 머리 꼭대기만 간신히 잡았다. 놓친 고기가 크다고 했다. 붉은 꼬리만 보인 노을이 그림처럼 아름다웠다. 일몰 사진을 보니 미리 서두르지 않은 것이 조금 아쉽다. 같은 상황이 연출되기도 어렵지만 사진을 찍으러 다시 오는 일도 쉽지 않은 일이다.

일몰 후 시화방조제길 11.2킬로미터를 걸을까 고민했다. 고민할 일이 아닌 걸 가지고 괜한 생각을 했다. 방아머리정류장에서 오이도역 가는 버스를 탔다. 두 시간이면 집에 도착하겠다는 예상을 해 보았다. 예상은 빗나가지 않았다. 집까지 한 시간 50분이 걸렸다.

11. 인천에서 서해랑길 마침표 찍다

대부도에서 오이도로

오늘은 방아머리부터 시작이다. 디딜방아의 머리를 닮아 붙은 이름이란다. 이곳에는 어제 걸었던 방아머리해수욕장이 있고, 방아머리선착장이 있다. 방아머리선착장에서 페리를 타고 대이작도, 자월도 등의 섬에 갈 수 있다. 또 이곳에 터를 잡은 동춘서커스단은 명성과 역사를 가지고 있다. 일부러 오기도 그렇고 이번 기회에 그것을 관람할까 이리저리 시간을 재보았지만 만만치 않다. 평일은 1회 공연이고 토요일과 공휴일은 3회 공연이다.

오이도역에서 시화방조제길을 걸어 대부도로 넘어오면 서커스 타임을 맞출까 생각했지만 그것도 여의치 않다. 계획에 없는 것을 넣으려니 쉽지 않다. 서커스 공연은 다음 기회로 미루고 나니 마음이 후련하다.

방아다리 방향의 버스를 타려고 오이도 버스정류장에서 확인해 보니 50분을 기다려야 했다. 시간을 절약하려고 택시를 탔다.

"현금을 주셔야 합니다."

행선지를 확인한 기사가 말했다.

"왜 그래요."

"카드로 하면 수수료가 나가요."

"승차 거붑니까?"

"시외는 승차 거부해도 됩니다. 다른 차를 타세요."

아침부터 실랑이하기 싫어서 택시에서 내렸다. 시외라고 거부한 것이 아니라 카드라 거부한 것은 더 나쁜 승차 거부라는 말을 하지 않은 것이 머리에서 계속 맴돌았다. 그렇게 해서 불편한 마음으로 목적지까지 간다 한들 서로 못할 짓 아닌가?

뒤에 대기하고 있는 택시를 탔다.

"왜 앞 택시에서 내렸어요."

"시외는 승차 거부할 수 있다네요."

안산시 단원구 대부북동에 속하는 무인도 큰가리섬. 작은가리섬과 쌍섬이었으나 작은가리섬에 조력발전소가 들어섰다.

기사에게 카드 결제 거부라고 말하지 않았다.

집과 가까운 거리라 걷기 시작 지점에 쉽게 접근하기 좋은 것이 이렇게 마음 편할 줄 몰랐다. 흐린 날씨 때문인지 미세먼지 탓인지 먼 바다까지 희뿌옇다. 그래도 시화방조제길을 걷는데 바닷바람이 불어 상쾌하다. 출발하기 전에 걷는 것이 잠깐 꾀가 나서 한 주 미룰까도 생각했다. 집에 있지 않고 나온 것은 역시 잘한 일이다. 시흥 정왕동과 안산시 대부도를 잇는 11.2킬로미터 길이의 긴 방조제길이지만 아침 시간이라 크게 지루하지는 않다. 군데군데 강태공들이 낚시를 던져놓고 있다. 몇 곳을 기웃거려도 잡은 고기는 보이지 않는다. 방파제 중간 턱에 낚시꾼들이 남겨놓은 스티로폼 박스, 비닐 조각, 페트병들이 즐비하다. 낚시만 즐기지 말고 경관을 보존하는 정신은 언제쯤 가지게 될까?

시흥시 오이도에 있는 함상전망대. 오이도 해양단지를 특화하기 위해 250톤급 퇴역 경비함을 리모델링한 것이다.

시화방조제길을 중간쯤 걷고 있는데 한 개 차선을 점령하고 자전거 여행하는 일행 30여 명이 줄지어 달려온다. 자전거 도로가 아닌 차도를 기세당당하게 달린다. 자전거 행렬 뒤에서 오던 차들이 차선을 바꾼다. 이것이 바로 다수의 횡포다. 반대편에 중앙선까지 있는 자전거

파란 바다와 하얀 구름과 잘 어울리는 오이도의 상징 빨간 등대. 실제 등대는 아니다.

도로가 따로 있다. 그들이 자전거 도로를 달리는데 위험하지도 않고 결코 좁지도 않다. 누군가가 먼저 그들을 제지하는 작은 용기가 있어야 기초 질서가 자리 잡힐 텐데.

시흥 배곧신도시 공원이다. 바다 옆으로 확 트인 공원이 잘 조성되어 있다. 헬렌 켈러, 세종대왕, 오빌과 윌버 형제, 베토벤, 이순신 등 위인들에 대한 소개도 곳곳에 해 놓았다. 작은 주머니 모양의 배낭을 허리에 맨 젊은 친구가 빠르게 지나갔다. 서해랑길을 걷고 있는 친구다. 나도 속도를 내며 20여 미터 간격으로 뒤따라갔다. 30여 분 따라가다 보니 오른쪽 오금이 아프다. 뱁새가 황새를 따르면 안 되는 데. 너 자신을 알라는 말이 생각났다.

소래 어시장과 습지생태공원

소래 어시장이다. 집에서 가까워서 예전에 자주 찾던 곳이다. 코로나 상황이지만 시장이 떠들썩하다. 점심때 회덮밥을 먹지 않았다면 회라도 먹으면서 하루 일정을 마쳤을 것이다. 반건조 민어 한 마리와 보리새우 한 봉지를 사서 배낭에 넣고 습

지를 한 바퀴 돌았다. 일제가 조성했던 소래 염전이 쇠락하고 폐허가 된 자리에 들어선 것이 소래 습지생태공원이다. 이곳에서 생생한 서해 갯벌도 보고 염전 체험도 할 수 있다. 산책로와 자전거길도 잘 만들어놓았다. 서해랑길은 넓은 습지공원을 돌아 나와야 한다.

습지공원을 나와 인천 남동체육관 입구에 도달하니 해가 저문다. 걷기를 마치려고 탈출구를 찾았으나 보이지 않는다. 그렇다고 산길을 오를 수는 없다. 날은 어두워 오고 뭐 이런 길이 있나 툴툴거리면서 걸었다. 도로를 가로지르는 육교를 건너 이어지는 곳이 오봉산 입구다. 시내에 있는 산이라 높지는 않겠지만 늦은 시간에 산길을 들어설 수는 없다. 공장 오른쪽으로 내려가는 길이 있어 탈출했다. 도로에 도림사거리 이정표가 보인다.

인천광역시 남동구 논현동에 있는 소래습지생태공원. 소금창고를 개조한 전시관이 있다.

승기천변길

아침 기상 시간에 알람을 해 놓았지만 눈이 떠지지 않는다. 오늘 걷기는 그만둘까 어쩔까 줄다리기를 하다가 집에서 아침도 먹지 않고 출발했다. 송내에서 아침을 간단히 먹고 인천터미널에서 어제 내린 버스정류장을 찾았다. 어젯밤에 분명 인천터미널 반대편에서 내려 횡단보도를 건너 터미널 쪽으로 건너왔다. 물론 사방이 불빛으로 주변을 살피지는 못했다. 시장기를 못 이겨 롯데백화점 지하에서 부대찌개를 맛있게 먹은 것이 죄라면 죄다.

터미널 반대편 정류장에 가보았으나 도림사거리 방향 버스가 없다. 차편도 하나뿐이다. 신기루에 홀렸나 생각하며 가까운 곳이니 택시를 탔다. 택시를 타고 버스정류장을 물으니 터미널 반대편에 버스가 있다고 알려준다. 도림사거리에 도착하여 기억을 더듬으며 어제 내려온 길을 따라갔다. 작은 봉우리가 다섯이라 오봉산이다. 강원도 오봉산의 웅장한 산세가 생각났다. 다섯 개 봉우리마다 서해랑길 직진 화살표가 보여 따라 걸었다.

오봉산을 내려와 승기천변길을 걷는다. 승기천은 인천 미추홀구 수봉산에서 발원하여 남동공단 유수지를 거쳐 황해로 흘러드는 하천이다. 승기천은 승학산 북쪽에 있던 마을인 승기리에서 따왔다는 설이 있다. 천변에 자전거길이 잘 조성되어 있어 걷기에도 좋다.

걷는 중간에 원인제 안내판이 보인다. 인천 이씨의 본향이라고 해서 둘러볼 요량인데 휴일은 쉰다는 안내가 보여 일요일인 줄 알았다. 요즈음은 날짜만 신경 쓰지 요일에는 관심이 적다. 뒤편으로 돌아 승기천으로 내려가려는데 신혼부부가 별도로 승낙을 얻었는지 원인제 안뜰에서 웨딩 촬영을 하고 있다. 열린 문으로 잠시 들어가 사진을 몇 장 찍었다.

"오늘은 외부인 출입은 안 됩니다."

안내인이 제지한다. 나가라는 말은 하지 않았다. 외부인인 신혼부부가 웨딩 촬영을 하고 있기 때문이다.

"이왕 열려 있으니 잠깐 둘러 나갈게요."

한 바퀴 돌아 나왔다. 뒷길에 빨간 동백이 피어 반가워서 가까이 갔더니 조화를 매달아놓은 것이다. 동백은 꽃이 피지 않은 상태의 푸른 기상도 좋은데 구태여 그럴 필요가 있는지 모르겠다. 살다 야외에서 조화 동백꽃을 다 보다니….

점심을 먹으며 반주를 한잔했다. 집 근처라 그런지 마음이 가볍다. 알딸딸한 기분으로 인천에 살고 있는 둘째아들에게 전화하고 문학산에 오른다. 문학경기장이 내려다보인다. 군데군데 비류백제의 역사를 써놓았다. 역사에 관심이 있는 나로서는 그냥 지나칠 수가 없어 걸음을 멈추고 읽어보았다. 아직 명확하게 밝혀지지 않은 비류백제의 역사는 신비 속에 숨어 있다. 중고등학교 다닐 때 비류백제는 역사책에 등장하지 않았다.

술바위(중바위) 전설

문학산 하산길 안내판에 술바위를 소개해 놓았다. 전통주를 공부하고 10년 이상 술을 빚고 있는 나로서는 술바위가 궁금했다. 언덕 위에 있는 바위를 살펴보아도 어느 것이 술바위인지 모르겠다. 바위 근처까지 걸어가서 보아도 찾을 수 없었다. 지나가는 노인이 앞에 보이는 것이 술바위라고 알려주어 가까이 가서 사진을 찍었으나 술바위 같다는 생각이 들지 않았다. 근처를 지나가는 여러 사람에게 물어도 아는 사람이 없다. 거의 포기하고 몇 발짝 내려오니 반대편 바위에 사진과 같은 구멍이 보였다. 정성 들여 사진에 담았다.

안내판에 기록되어 있는 술바위 설화가 재미있다.

"옛날 술바위에는 신기하게도 술이 나왔다고 전한다. 지나가는 길손이 삼호현 고개에 접어들어 쉬어갈 때 바위에서 여인이 나와 술 석 잔을 권하고 돌아갔다고 한다. 여기서 나오는 술의 맛이 기가 막히게 좋았기 때문에 어느 날 이 근처를 지나가던 중이 술 석 잔을 마시고 욕심을 부려 더 마시려 하자 여인은 사라지고 그 이후로 다시는 술이 나오지 않았다고 한다."

영월 주천(酒泉)은 양반이 가면 청주가 나오고 상민이 가면 탁주가 나왔다고 한다. 양반 복색을 한 상민이 갔는데 탁주가 나와 술샘을 파괴하였다고 한다. 그래서 전통주를 빚으며 호를 '주천(酒泉)'으로 했다. 살아있는 동안 평생 술이 마르지 않게 하겠다고.

문학산에 있는 술바위. 중바위라고도 한다. 이곳에서 여인이 나와 지나가는 길손에게 술 석 잔을 권했다는 설화가 전해진다.

차이나타운과 자유공원

인천은 역사적으로 해상교통의 요충지였다. 삼국시대 대중국 교류 창구로 영토쟁탈의 중심에 있었다. 백제시대 미추홀에서 고구려 점령 당시는 매소홀(買召忽)로 신라가 삼국통일 후에는 소성(邵城)으로 바뀌었다.

조선 후기 강화도조약에 따라 개항하여 서구 문물을 받아들이게 되었다. 개항장의 근대 창고 건물을 리모델링하여 만든 근대문학관에서 문인들의 발자취를 자세히 살펴보았다. 중고등학교 국어책에서 공부했던 시와 소설들이 많아서 한층 마음에 와닿았다.

인천 개항 당시 창고를 리모델링한 한국근대문학관. 근대문학관에서 그 당시의 중요한 문학작품들을 직접 눈으로 확인하며 체험할 수 있다.

　중국과 교류가 빈번해 차이나타운까지 넓게 자리하고 있다. 이곳에 몇 번 와보았지만 처음으로 자장면박물관에 들어가 보았다. 최초의 자장면집 공화춘이 있었다는 곳. 여러 가지 자장면 만드는 장면이나 배달 기구 등이 전부이지만 그것을 지켜 나가는 것이 중요하다는 걸 새삼 느꼈다. 특히 낡아서 스러져 가는 간판의 연륜이 그랬다.

　공화춘의 이름을 이어가는 중국집에서 자장면을 먹었다. 점심을 먹기에는 아직 이른 시간이다. 60석이 넘는 3층 홀에 내가 제일 먼저 들어갔다. 일반 자장면보다 비싼 1만 2000원인 공화춘 자장면을 먹었다. 중학교 졸업식 때 자장면을 처음 먹었던 것 같다. 청요리가 청나라 요리라는 뜻으로 '중국요리'를 달리 이르는 말이란 걸 안 것은 한참 후의 일이다.

최초의 중국집이었던 공화춘. 자장면 박물관으로 옷을 갈아입고 방문객을 맞이하고 있다.

맥아더 장군 동상이 있는 자유공원에 올라 역사 속에서 중요했던 인천상륙작전을 그려보았다. 높은 곳이라 인천 앞바다가 가깝고 넓게 보였다.

한남정맥 줄기 원적산

자유공원에서 내려와 도심 구간을 걷는다. 신포시장 근처를 지나며 100미터도 되지 않는 곳에 있는 아들이 운영하는 화장품점을 그냥 지나치지 못하고 들렀다.

커피 한잔 마시고 인천 시내를 통과하여 함봉산, 원적산을 걷는다. 고향인 안성 칠장산에서 시작하는 한남정맥 줄기라고 소개되어 있다. 정맥값을 하는지 높지 않

안성 칠장산에서 시작하여 부평 원적산을 지나 서북쪽으로 김포 문수산에 이르는 산줄기를 한남정맥(漢南正脈)이라 한다.

은 산이지만 제법 험하다. 한남정맥은 안성 칠장산에서 시작하여 김포 문수산에 이르는 산줄기다.

칠장산에서 시작하여 태안반도 지령산에서 꼬리를 내리는 금북정맥이 있으며, 칠장산에서 시작하여 속리산 천황봉에 이르는 산줄기가 한남금북정맥이다.

고향에서 시작한 세 개의 정맥길을 걸으려고 인천 조은산악회를 따라 금북정맥과 한남금북정맥길을 걸었다. 문수산에 이르는 한남정맥은 이미 산악회에서 마친 일정이라 걷지 못하였다. 한남정맥의 막바지 길에 발을 디딘 것이다.

시간이 부족하여 다음 코스인 계양산을 넘지 못할 것 같아 계양산 산림공원까지 도심 구간은 택시를 이용했다. 산을 넘지 않고 둘레길이라 힘은 들지 않았지만 해가 떨어질까 봐 발길을 재촉했다. 겨울이지만 빠른 발걸음이 등에서 땀을 끌어냈다. 왼쪽 발가락에 물집까지 잡혀 아프기까지 한다. 붕대를 꺼내 발가락에 감았다. 당일치기 도보여행에서 발가락 물집이라니. 완주를 코앞에다 두고 참 아이러니한 일이다.

귀가하기 위하여 공항철도와 인천지하철 2호선이 있는 검암역에 도착했다. 공항철도 역사 입구에 서해랑길 안내판이 보인다. 오늘 무사히 잘 걸었다고 환영하는 듯하다. 오늘 하루는 계양산 구간을 넘기 위해 힘든 일정을 소화했다. 고생했다, 류규형. 아직 생생하다고 칭찬해주었다.

가현산에서 〈그리워〉를 불렀다

인천 2호선 검단역에서 내렸다. 왼쪽으로 엊저녁에 본 공항철도 역이 보인다. 시천유원지로 들어섰다. 아라뱃길이 좌우로 연결되어 있다. 원래 목적이 물류 유통이라고 했는데 배는 보이지 않는다. 그게 꼭 필요했는지 세금 낭비는 아니었는지? 뱃길 옆으로 조성된 자전거길은 가르마처럼 시원하다. 서해랑길 리본이나 화살표는 보이지 않는다. 걷는 중년 남자에게 마전 방향을 물었더니 강의 반대편을 알려준다. 네이버지도에서 화살표는 맴돌았다. 네이버지도는 엘리베이터를 타고 다리 위로 올라가는 것까지 알려주지 못했다. 엘리베이터를 타고 올라갔더니 다리 위에서 서해랑길 리본이 반겨준다.

마전중학교를 지나 언덕길을 오른다. 가현산으로 오르는 길이다. 대명포구까지 가는 길이 대부분 산길이다. 점심이 문제가 될 듯싶었다. 산길 입구에 '국밥생각'이란 상호가 눈에 띈다. 들어갔더니 배달 전문 음식점이란다. 사정하니 젊은 주인이 플라스틱 통에 반찬과 밥 그리고 끓인 국까지 챙겨준다. 환경호르몬은 생각할 겨를도 없이 그냥 밥을 준 것만 고맙다. 매장 공간이 여유가 있어 테이크아웃과 식당을 겸해도 될 듯한데 인건비 등을 생각하면 쉽게 벌일 일은 아닐듯했다.

나지막한 산길을 걸어 가현산(歌絃山, 해발 215미터)에 오른다. 인천 서구와 김포 양촌읍에 걸쳐 있는 산이다. 서해안 바닷가에 있어 서쪽 바다를 바라보는 뛰어난 풍광을 바라보면 절로 노래를 부르게 된다고 산 이름이 말해준다.

나는 구로문화원에서 가곡을 몇 년 배웠다. 어설픈 실력이지만 가곡 〈그리워〉를 불렀다. 가현산이 조금 더 노력하면 잘 부르겠다고 격려해준다. 계속 이어지는 나지막한 산들. 수안산(해발 147미터) 그리고 승마산(해발 130미터) 정상에서 바라보는 강화도가 액자 속 빛바랜 사진처럼 안개에 싸여 신비롭다.

김포 대곶면 약암리에 있는 약암온천(藥岩溫泉) 앞을 지난다. 철종이 이곳을 행차 중 눈병을 온천물로 씻어 고쳤다고 하여 이곳 지명을 약암으로 하명하였다고 전

가현산 남쪽 세자봉에 있는 정각. 한남정맥 표시와 서해랑길 이정표가 붙어 있다.

해진다. 지하 400미터에서 퍼 올리는 철분과 무기질이 함유된 천연 염천수는 공기와 만나 붉은색으로 변한다. 약암온천은 홍염천으로 유명세를 탔다. 집에서 가까워 가족과 함께 예전에 가끔 이용하던 온천이다. 넓은 주차장에 차가 한 대도 없다. 호텔과 온천이 휴업 중인 모양이다. 길었던 코로나의 영향을 피해가지 못하는 듯하다. 역사성을 가지고 있는 온천이 문을 걸어 닫은 것이 안타까웠다. 이 글을 쓰며 전화해 보았다. 휴일과 국경일에만 영업을 하고 있다니 그래도 다행이다.

대명포구는 강화 해협을 사이에 두고 강화도와 마주보고 있다. 규모는 작아도 어판장이 있다. 오랜만에 와보니 현대식 건물이 크게 들어섰다. 어판장도 새롭게 단장했다. 자연산이라는 광어회를 떴다. 양이 많다. 회와 매운탕거리를 들고 나왔는데 횟집에서 호객하는 아주머니가 횟집에서도 양념을 판단다. 야채는 물론 탕까지 해서 1만 원이라니 거저다. 저녁 6시인데 손님이 한 명도 없다. 9시까지 영업을 한다는데 손님은 오지 않는다. 한 사람이라도 들어오면 편하게 회를 먹을 텐데 마음이 편치 않았다. 밥 반 공기를 팔았다. 처음 있는 일이다. 소주 한 병까지 마셨는데 1만 5500원이다. 남은 회에 얼음을 담아 포장하고 근처 모텔을 찾았다. 방값이 5만 원이란다. 혼자니 깎아달라고 해도 안 된다고 한다. 어쩔까 하다가 남은 회를 집 근처에 살고 있는 큰아들 가족에게 먹여야겠다는 생각에 이르렀다.

대명포구 거쳐 강화도로

살아가며 무엇을 안다는 것은 때로 중요하다. 그러나 아집이 일을 그르치기도 한다. 어제 대명포구에서 버스를 타고 검단사거리에서 내려 전철을 이용했다. 코리아 둘레길 안내에 따르면 대명포구는 김포공항에서 공항철도를 타고 구래역에서 버스를 이용하라고 되어 있다. 걸리는 시간이 한 시간 25분으로 많이 소요된다. 지하철 앱으로 확인해 보니 송내역에서 검단사거리까지는 45분이다. 그래서 아는 길을 택했다. 검단사거리에 도착해 보니 대명항 가는 버스 편이 보이지 않는다. 어제 모텔을 이용하지 않아 절약한 몫이라고 생각하며 택시를 탔다. 인천 시내에서 주로 운전했다는 노인은 대명항이 처음이란다. 그는 내 걷기 여행에 대한 자랑질을 잘 들어주었다.

대명항 어시장에 들어서니 맨 앞쪽 가게의 여자가 오늘은 무엇을 사러 왔느냐며 아는 체를 한다. 어제 처음으로 잠깐 만났는데 아는 체하는 것이 싫지 않다. 내일 완주 후 아들네 가족과 다시 이곳에 오면 이 집에서 회를 떠야겠다는 생각을 한다.

초지대교를 지나 큰길 옆으로 나 있는 구도로를 걸었다. 전등사 입구 못 미쳐 음식점이 보였다. 며칠 외식을 하다 보니 먹을 음식이 마땅치 않았는데 마침 설렁탕집이 보여 들어갔다. 창가 옆에 앉았더니 예약석이라며 옮겨달라고 하여 옆자리로

서해안 가장 북쪽에 있는 대명포구 어판장. 이른 시간인데도 손님들이 제법 있다.

이동했다. 또 다른 팀이 들어와 그 자리에 앉았다. 서빙하는 여자는 또 예약석이라 했다. 서너 차례 똑같은 일이 벌어졌다. 예약석이라고 써서 올려놓으면 손님이나 종업원 모두의 수고를 덜어줄 텐데, 답답하다는 생각이 들어 훈수하고 싶은 오지랖을 참았다.

식사를 마칠 무렵 예약석이라는 자리에 손님이 하나둘 들어왔다. 네 개의 좌석을 가득 채웠다. 주인공은 키 작은 100세 할머니다. 아직 정정하고 청력도 좋다. 노인은 가족의 도움을 받지 않고 혼자서 걸었다. 목소리도 카랑카랑했다. 증손자 이름까지 불러주었다. 가족들 모두 유쾌하고 분위기도 좋았다.

요양병원에 계신 올해 100세인 어머니 생각이 났다. 어머니도 승용차 접촉 사고가 없었다면 굽어진 허리에 지팡이를 짚고 아직 걷고 있을 것이다. 2년 전까지 증손자 이름까지 기억했다. 작년에 코로나 감염 이후 기억력이 떨어지셨다.

"생각이 안 나."

아들 이름을 골똘히 생각해내시며, 이제는 손주 이름을 기억하지 못하는 걸 안타까워 하셨다.

길옆에 금풍양조장 간판이 보인다. 아주 오래된 양조장이다. 낡은 2층에 옛 양조 시설을 전시해 놓았다. 1층에서 시음 행사를 하며 술을 팔고 있다. 다섯 명의 손님이 시음하고 있다. 시음하고 탁주를 한 병 샀다. 나도 술 빚는 사람이라서 사준 것이다. 유리병이라 꽤 무게가 나갔다. 다른 때 같으면 엄두도 내지 못할 일이다. 늘어나는 배낭의 무게가 부담되지만 내일 걷기 여행이 끝나니 이런 여유도 부려본 것이다.

3대째 이어오는 강화도에 있는 금풍양조장. 양조장 건물은 약 100년 전 건축 당시의 모습을 대체적으로 유지하고 있는 가치가 인정되어 인천광역시 등록문화재로 등재되었다.

금 간 고려 희종의 비석

　고려 21대 왕 희종(1181~1237)의 무덤인 석릉(碩陵). 희종은 최충헌 무신정권의 횡포가 심해지자 그를 제거하려다 실패하고 재위 7(1211)년에 폐위되어 교동도로 유배되었다. 고려 고종 24(1237)년 세상을 떠나 이곳에 안장되었다.

　희종의 말로처럼 능도 초라하다. 금이 간 비석이 더욱 애처로워 보인다.

　문화재청은 사적 제369호로 지정만 할 것이 아니라 문화재의 유지 보수를 해야 되지 않을까? 비석이 다 깨져야 보수하려나?

　이규보 선생 묘지를 지나 야트막한 산길을 걷는다. 좀 지루했다. 반대편에서 내려오는 사람에게 인사하고 지나쳤다. 산기슭 밭에서 일하던 나이 든 노인이 혼자 다

고려 21대 왕 희종의 무덤인 석릉. 최충헌을 제거하려다가 실패하고 폐위된 후 교동도에 유배되었다.

니냐며 말을 걸어온다. 잠시 서서 10여 분 객담을 나누었다. 사람도 없는 산골에서 살며 그도 외로울 것이다.

외포항에서 1박 하고 내일 일찍 걷기로 했다. 잠을 자려고 집에 다녀오려면 너무 많은 시간이 걸린다. 편의점에서 생수를 사며 주인 남자에게 숙소를 물었다. 그가 추천해준 모텔로 갔다. 주말이라 혼자 이용해도 6만 원을 달라고 해서 되돌아 나왔다. 외포항에 들어서며 모텔을 여럿 보았다. 외포항 중심부에 있는 오래된 모텔을 찾았다. 4만 원인데 혼자니 3만 5000원이라고 한다. 기분 좋게 현금을 주었다. 가성비치고는 최고의 모텔이다. 작은 방이지만 깔끔하고 침구도 깨끗하다.

세월을 낚는 사람들

아침 6시에 일어났다. 어제 모텔 주인이 근처에 아침을 하는 식당이 있다고 알려주었지만 컵밥을 먹었다. 편의점에서 마침 원 플러스 원으로 산 컵밥 두 개가 배낭에 있어 이것도 해결해야 했다. 아침 7시에 모텔을 나섰다. 이른 시간인데 바다에 낚싯배 한 척이 풍광을 연출하고 있다. 이 아침 바다에 두둥실 떠 있는 강태공의 마음이 궁금했다. 사진처럼 아주 여유로울 것 같았다.

오늘 오후 3시까지 강화 평화 전망대에 도착한다고 큰아들에게 말해두었다. 시간을 계산해 보니 여유가 있다. 가는 중에 낚시하는 사람들과 이야기를 나누었다. 아직 겨울 추위가 다 가시지 않은 2월 말인데도 낚시꾼

이른 아침 안개에 쌓여 떠 있는 낚싯배 한 척. 선계(仙界)의 풍경처럼 다가왔다.

이 많다. 바닷가 길을 걸으며 많은 낚시꾼을 보았다. 공릉동에서 왔다는 일흔한 살의 남자. 자리를 편 지 한 시간이 지났는데 입질도 하지 않는다며 웃는다. 바닷길과 경사진 바닷가. 낚싯대를 드리고 있는 뒷모습과 아침 바다의 풍광이 아름다워서 사진 한 장을 찍었다. 그에게 한 컷 찍는다고 말은 했지만 정작 그 사진을 보내줄 생각에는 미치지 못했다. 이른 아침부터 처음 만난 낯선 사람에게 사진을 보낸다고 전화번호를 달라고 하는 것도 이상한 일일 것 같았다.

낚시를 하는 두 번째 남자도 일흔한 살이라고 한다. 그는 민물과 바닷물이 만나는 둑에서 낚시를 하고 있다. 자리를 편 지 10분 만에 망둥어 한 마리 잡았다며 신바람이 났다. 다시 잡히는 모습이라도 보려고 기다렸으나 내 소망을 채워주지는 않았다. 남양주에서 왔다는 그는 목수라고 했다. 봉고차까지 개조하여 차 뒤편에서 잠을 자기도 한단다. 인상이 푸근하고 착해 보였다.

세 번째 만난 사람들은 부부였다. 일흔여섯 되었다는 남자가 낚시 도구를 걸머메고 힘들게 앞에 간다. 여자는 간이의자 두 개를 들고 뒤에서 따라간다. 낚시하러 다니는 여자는 처음 보았다. 남편이 혼자서는 낚시하지 않는다며 여자가 환하게 웃었다. 금실 좋아 보이는 부부다.

서해랑길 종지부(2월 26일 토요일)

낚시꾼들과 이야기를 나누다 마지막 코스 성덕산을 간과했다. 험하지는 않지만 그래도 산은 산이다. 별악봉으로 이어지는 긴 코스다. 큰아들 가족과 약속한 시간에 늦지 않으려고 걸음을 재촉했다. 겨울 끝자락의 추운 날씨에도 등에서 땀이 흘러내린다.

평화전망대 들머리에 도착해서 아들에게 전화를 했다. 5분쯤 후면 도착한다고 대답한다. 큰아들 내외와 손녀가 함께 왔다. 마지막 언덕길을 손녀 손을 잡고 걷고 싶었는데 아들은 인도도 없는데 어떻게 걷느냐고 핀잔을 준다. 내가 당연히 찻길 쪽으로 걸을 텐데 말이다. 초등학교 1학년인 손녀 연서는 아직 새침데기이다. 전망대에서 망원경을 통해 북한 주민들도 보았다. 아직 농사철은 이른데 들판에 서성거리는 모습들이 생경하다.

돌아오는 길에 대명항에 들렀다. 연서는 갑오징어가 먹고 싶다고 했다. 아는 체를 해주던 가게에서 서

강화도 평화전망대에서 남파랑길과 서해랑길을 마치며 큰아들 내외와 손녀와 함께.

대회와 주꾸미를 샀다. 양념집에 들러 오징어와 주꾸미 그리고 서대회를 펼쳐놓으니 푸짐하다. 엄청 큰 서대회인데 셋이서 다 먹었다. 아들 내외는 처음 먹는데 식감이 좋다고 했다. 나는 40여 년 전 여수에서 먹어보았던 서대회의 맛을 찾지 못하였다. 아주 즐거운 완주기념 뒤풀이다.

남파랑길에 이어 서해랑길 완주까지 97일 걸렸다. 당연한 일처럼 대단하다는 생각은 들지 않았다. 누구나 끈기 있게 도전하면 세상 일이 이루지 못할 것이 없다고 생각해 본다. 혼자서 대단한 일정을 소화했다고 나 자신에게 박수를 보낸다. 칠순이 넘은 나이에 3270킬로미터가 넘는 거리를 걸었다. 경부고속도로 416킬로미터 기준 네 번 왕복하는 거리를 걸었다. 꽤 먼 거리다.

지금까지 걸을 수 있는 건강한 몸을 주신 하늘에 계신 키 작은 아버지, 요양병원에 계신 어머니 감사합니다.

코리아 둘레길의 완결판인 강화에서 고성에 이르는 DMZ길은 정식 개통이 되지 않았다. 이번 걷기 길의 글을 마무리하면, 이번에는 해파랑길을 남진할 것인지, 영남길을 걸을 것인지, 또 다른 고민을 할 것 같다.

평화전망대 광장에 봄비 내리면

겨우내 아득하던 적막
저만큼 멀어져 갔다

바다를 바라보는 공원
아이 셋이 비를 맞으며
재잘재잘 달리기 시작했다

지난 가을 느지막이 이울어진
풀꽃의 눈 눈들
수런거림에 깨어나
비를 맞았다

그곳, 바다 내음 가까운 전망대 아래
오륙도에서 해남 땅끝까지 46일
땅끝에서 평화 전망대까지 51일
마지막 남긴 발자국
가슴 떨림 남아 있음을 겨우 알았다

어깨 기대 봄비가 재잘거렸다
 ─이제 고성에서 나진까지 걸어야지

그날

남파랑길
NAMPARANG TRAIL

완보를 축하합니다

부산
환여울문화마을

창원
진해벚꽃

고성&통영
삼축암

거제
가라산

남해&사천&하동
다랭이논

광양&순천
순천만습지

여수
거북선대교&자라돔대

보성&고흥
고흥 우주발사전망대

장흥&강진
다산초당

해남&완도
땅끝탑

서해랑길
SEOHAERANG TRAIL

완보를 축하합니다

해남&진도&영암

목포&무안&신안
태량남생식물원

함평&영광
백수해안로

고창&부안
적벽강

김제&군산
새창이다리

서천&보령&홍성

태안&서산&당진

아산&평택&화성

안산&시흥

인천&김포&강화

지은이 류규형

경기도 안성시 출생 / 경기도 부천시 거주
안성 안법중학교 졸업
안성 농업고등전문학교 졸업
동국대학교 졸업
경희대 경영대학원 졸업
중앙대 예술대학원 문예창작전문가과정 수료

경기대 평생교육원 전통주 강사
계간문예작가회 이사

현재 누룩으로 술을 빚고, 풍류를 즐기며 시 쓰기와 소설 공부 중이다.
저서로는 『우리 쌀로 빚는 전통주 이야기』, 시집 『이화주 빚으며』 등이 있다.

홀로 두 발로 삼천킬로미터
코리아 둘레길 남파랑길과 서해랑길 이야기

ⓒ류규형, 2024

1판 1쇄 인쇄__2024년 10월 20일
1판 1쇄 발행__2024년 10월 30일

지은이__**류규형**
펴낸이__**양정섭**

펴낸곳__**경진출판**
　　　등록__제2010-000004호
　　　사업장주소__서울특별시 금천구 시흥대로 57길 17(시흥동) 영광빌딩 203호
　　　전화__070-7550-7776 팩스__02-806-7282
　　　스마트스토어〈경진출판 예서의 책〉__https://smartstore.naver.com/kyungjinpub/
　　　이메일__mykyungjin@daum.com

값 26,000원
ISBN 979-11-93985-36-6 13810